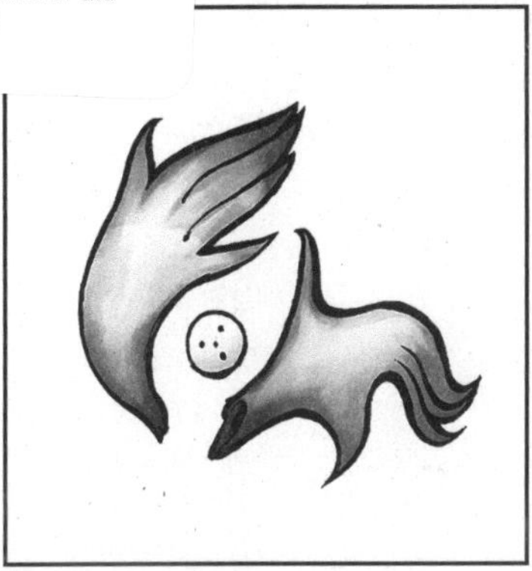

KOHEI HORIKOSHI

Vielen Dank, dass du Band 38 in die Hand genommen hast! Seit der WM in Katar schaue ich ziemlich viel Fußball. Es baut mich auf, wenn ich sehe, wie die Spieler ihr Bestes geben!

MY HERO ACADEMIA

Vol. 38

HOPES

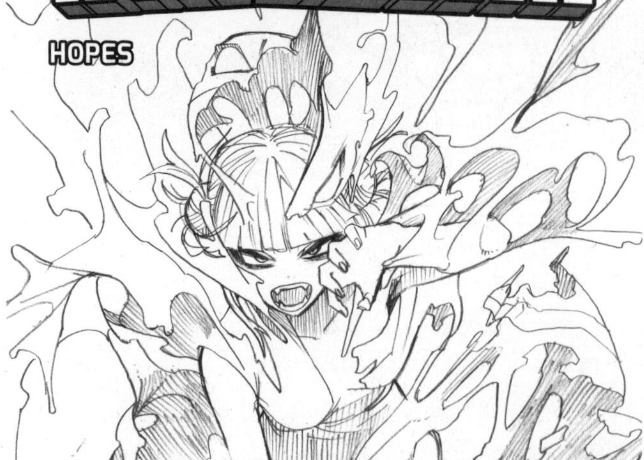

Diese Zeichnung für das Cover wurde abgelehnt. Ich wollte gerade damit beginnen, die Konturen nachzuzeichnen, als mir auffiel, dass die Komposition fast identisch mit der des vorherigen Bands war. Also weg damit in die Ablage! Im Sinne der Abwechslung ist es dann ein Close-Up-Portrait geworden.

CARLSEN MANGA

Völckersstraße 14-20, 22765 Hamburg
Aus dem Japanischen von Antje Bockel

Redaktion: Anne Berling
Textbearbeitung: Steffen Haubner
Produktionsmanagement: Wiebke Düsedau
Grafik: Sonnenfisch Production – Laura Bartels

ISBN: 978-3-551-79996-8

MY HERO ACADEMIA VOL. 38

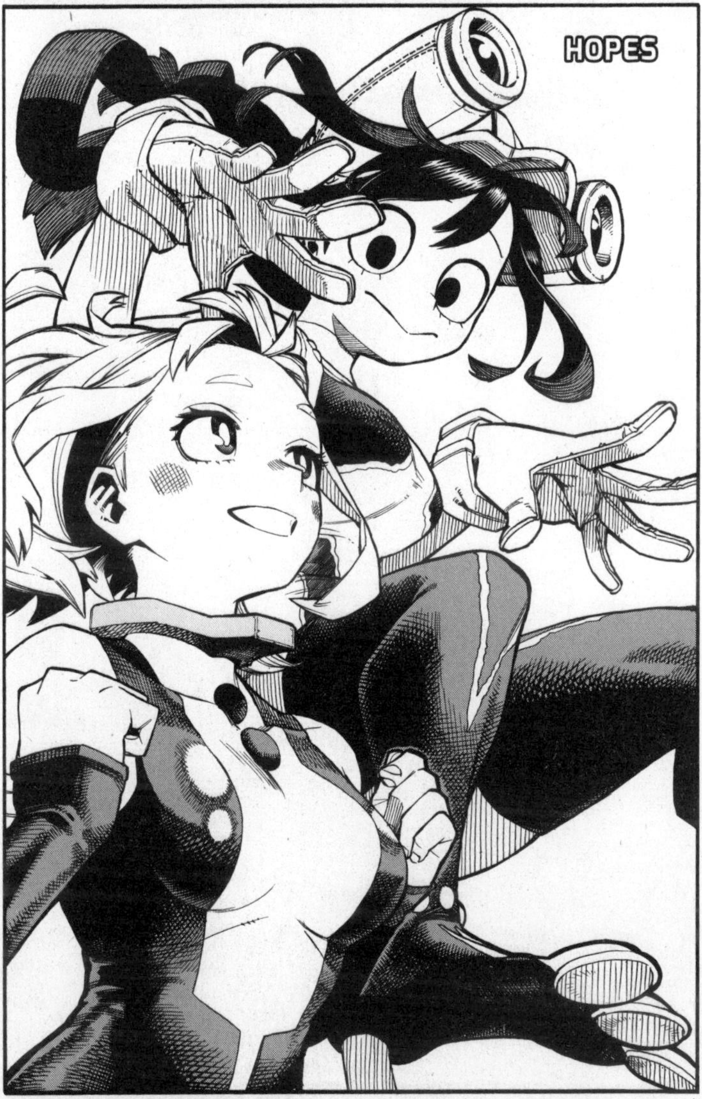

KOHEI HORIKOSHI

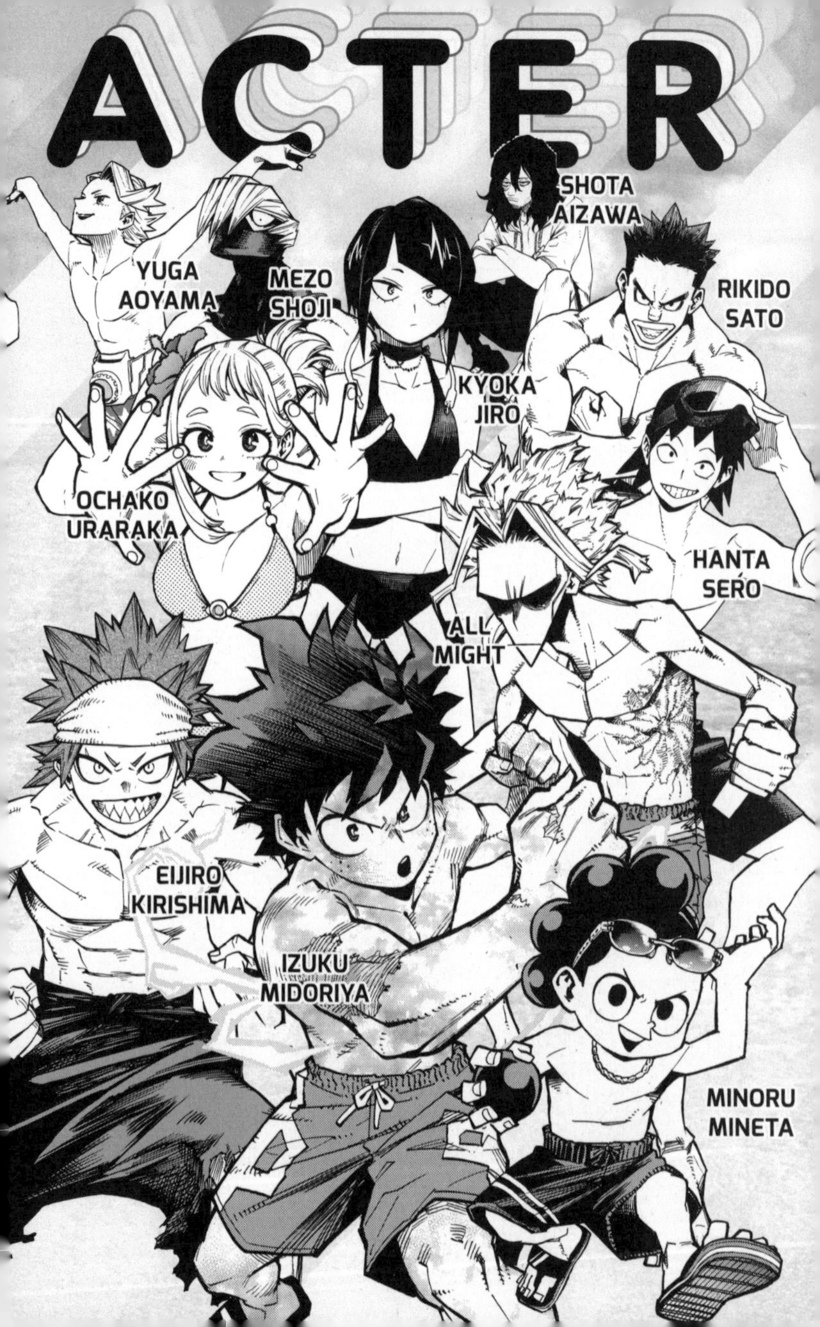
ACTER
SHOTA AIZAWA
YUGA AOYAMA
MEZO SHOJI
RIKIDO SATO
KYOKA JIRO
OCHAKO URARAKA
HANTA SERO
ALL MIGHT
EIJIRO KIRISHIMA
IZUKU MIDORIYA
MINORU MINETA

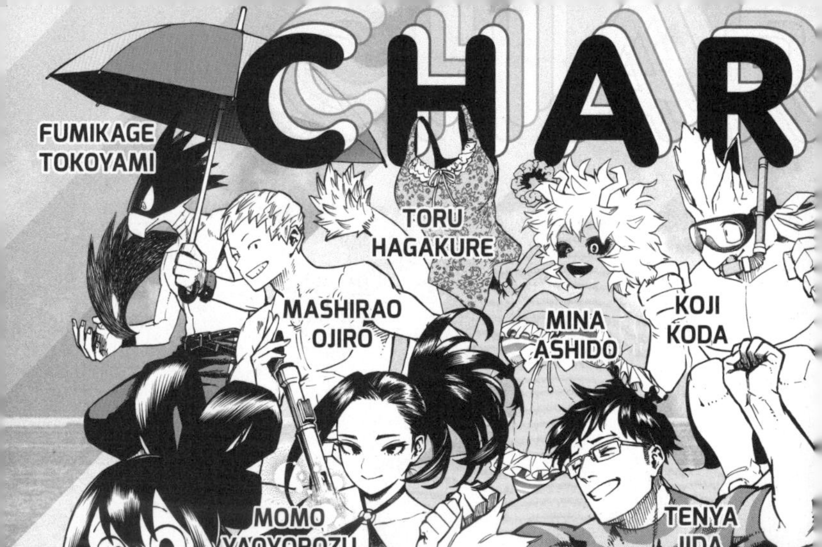

STORY

EINES TAGES BEGANNEN SICH BEI DEN MENSCHEN PARANORMALE PHÄNOMENE ZU ZEIGEN. MAN NANNTE DIESE ANLAGEN »MACKEN«. NACH UND NACH ENTSTAND EINE GESELLSCHAFT VON SUPERHELDEN, IN DER DIE MEISTEN MENSCHEN IRGENDEINE BESONDERE VERANLAGUNG BESITZEN. ALLERDINGS FÜHRTE DIESE »PARANORMALITÄT« AUCH ZU EINER ZUNAHME DER KRIMINALITÄT UND SCHLIESSLICH ZU EINER KATASTROPHALEN SITUATION, WELCHER DER STAAT MACHTLOS GEGENÜBERSTAND. DAS WAR DER ZEITPUNKT, ZU DEM AUS DER BEVÖLKERUNG PERSONEN HERVORTRATEN, DIE DEM BÖSEN DIE STIRN BOTEN. SIE AGIERTEN WIE DIE SUPERHELDEN AUS COMICS UND SCHLIESSLICH WURDE IHRE TÄTIGKEIT ZU EINER ALLGEMEIN ANERKANNTEN ÖFFENTLICHEN ARBEIT, UM DIE SICHERHEIT IM ALLTAG ZU GEWÄHRLEISTEN. DIES IST DIE GESCHICHTE EINES JUNGEN »OHNE MACKE«, DER EIN GROSSER HELDENFAN IST UND SICH DURCH DIE BEGEGNUNG MIT EINEM DER BESTEN VON IHNEN SELBST ZUM HELDEN ENTWICKELT.

MY HERO ACADEMIA

Vol. 38

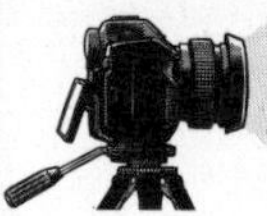

●LIVE

コンテンツ

CONTENTS

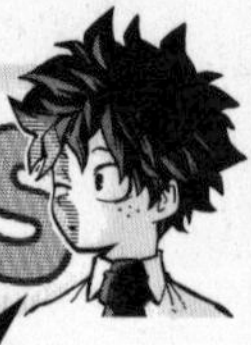

HOPES

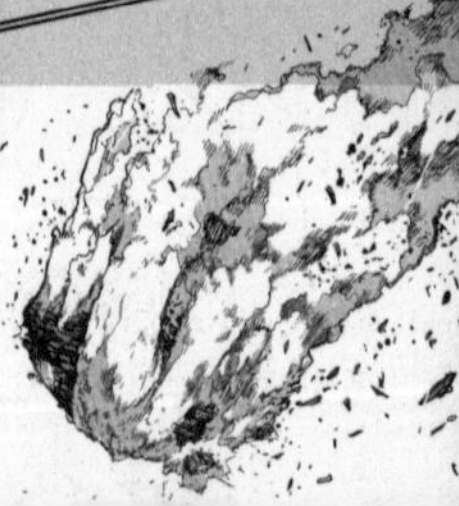

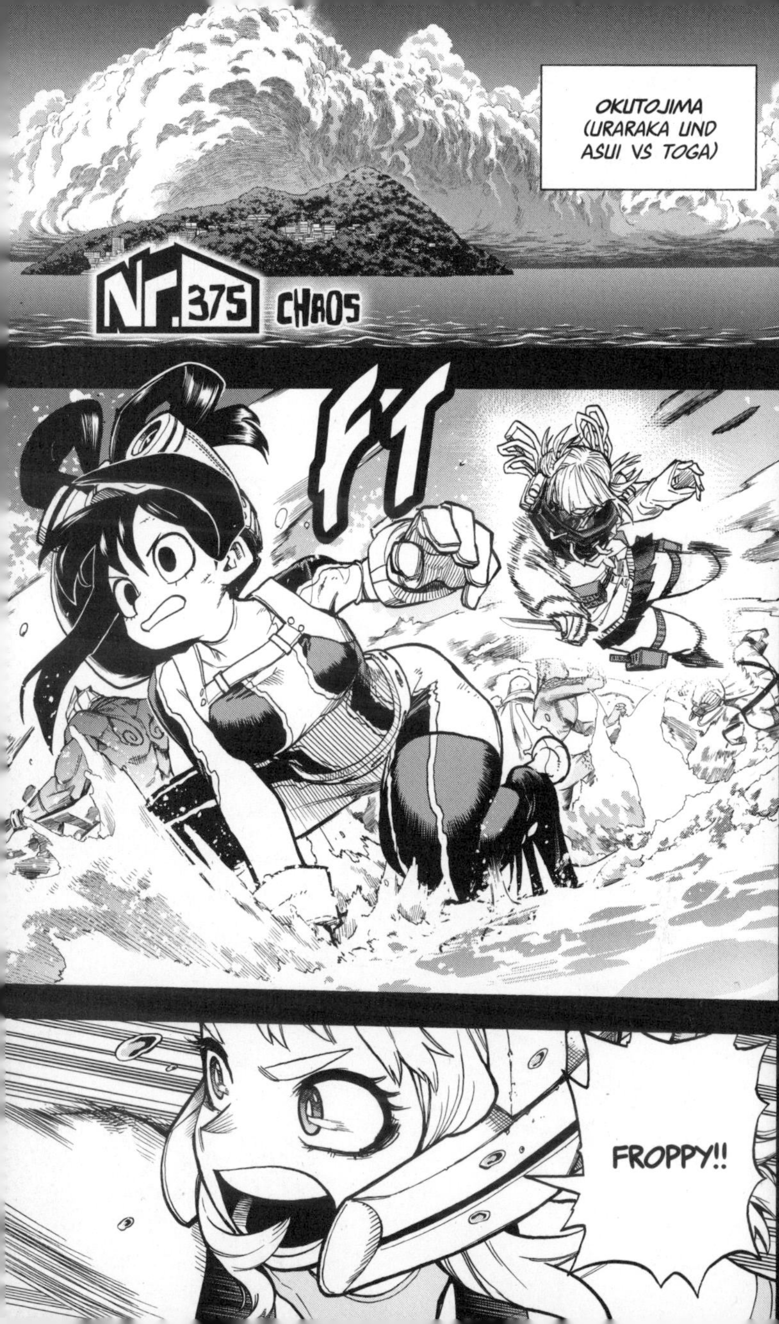
OKUTOJIMA
(URARAKA UND
ASUI VS TOGA)
NR. 375 CHAOS
FROPPY!!

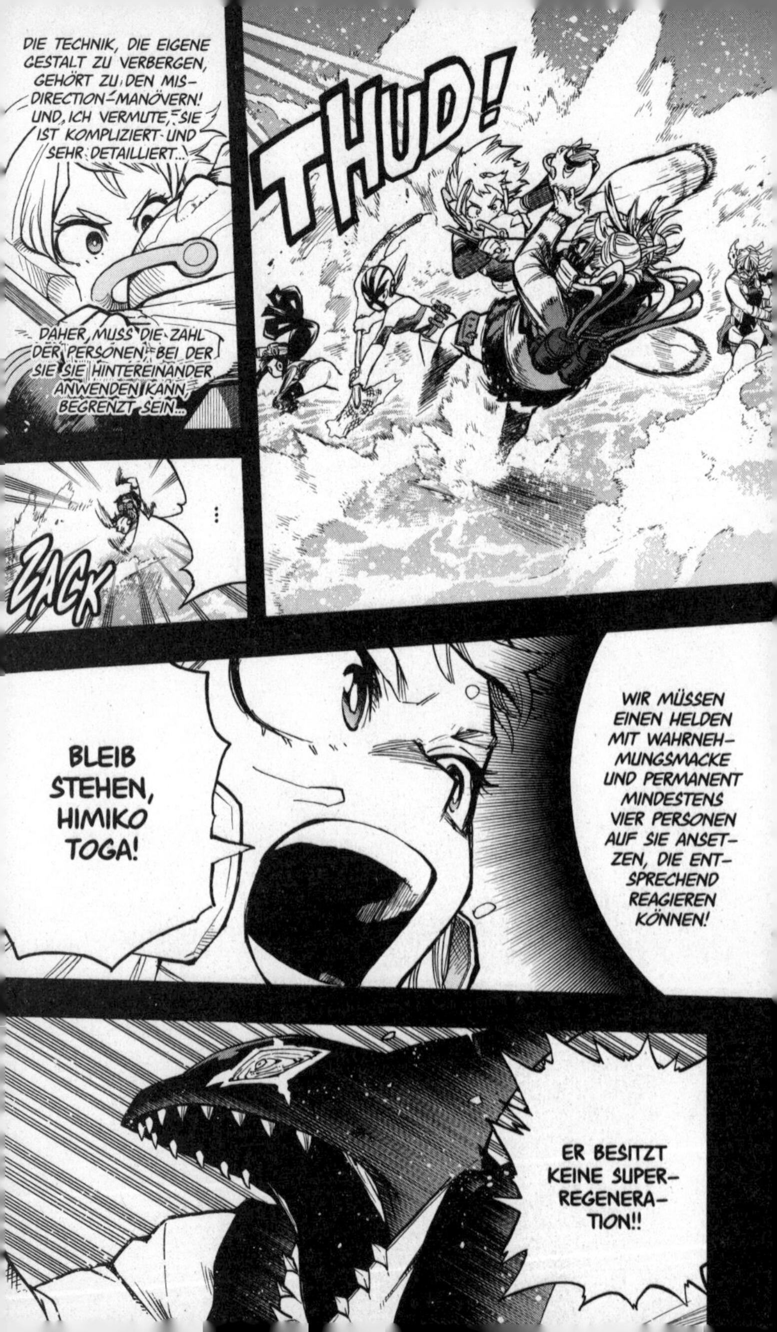
THUD!
DIE TECHNIK, DIE EIGENE GESTALT ZU VERBERGEN, GEHÖRT ZU DEN MIS-DIRECTION-MANÖVERN! UND, ICH VERMUTE, SIE IST KOMPLIZIERT UND SEHR DETAILLIERT...
DAHER MUSS DIE ZAHL DER PERSONEN, BEI DER SIE SIE HINTEREINANDER ANWENDEN KANN, BEGRENZT SEIN...
ZACK
...
WIR MÜSSEN EINEN HELDEN MIT WAHRNEH-MUNGSMACKE UND PERMANENT MINDESTENS VIER PERSONEN AUF SIE ANSET-ZEN, DIE ENT-SPRECHEND REAGIEREN KÖNNEN!
BLEIB STEHEN, HIMIKO TOGA!
ER BESITZT KEINE SUPER-REGENERA-TION!!

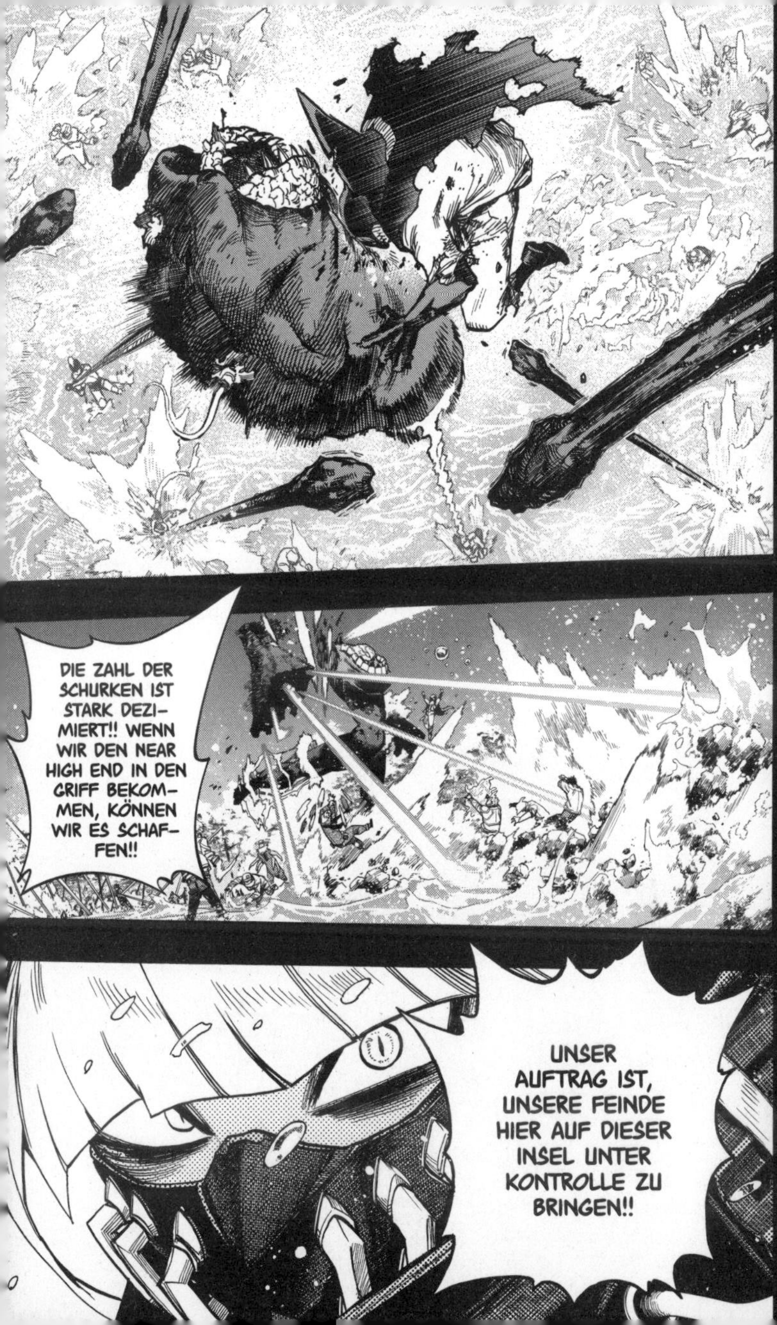
DIE ZAHL DER SCHURKEN IST STARK DEZI-MIERT!! WENN WIR DEN NEAR HIGH END IN DEN GRIFF BEKOM-MEN, KÖNNEN WIR ES SCHAF-FEN!!
UNSER AUFTRAG IST, UNSERE FEINDE HIER AUF DIESER INSEL UNTER KONTROLLE ZU BRINGEN!!

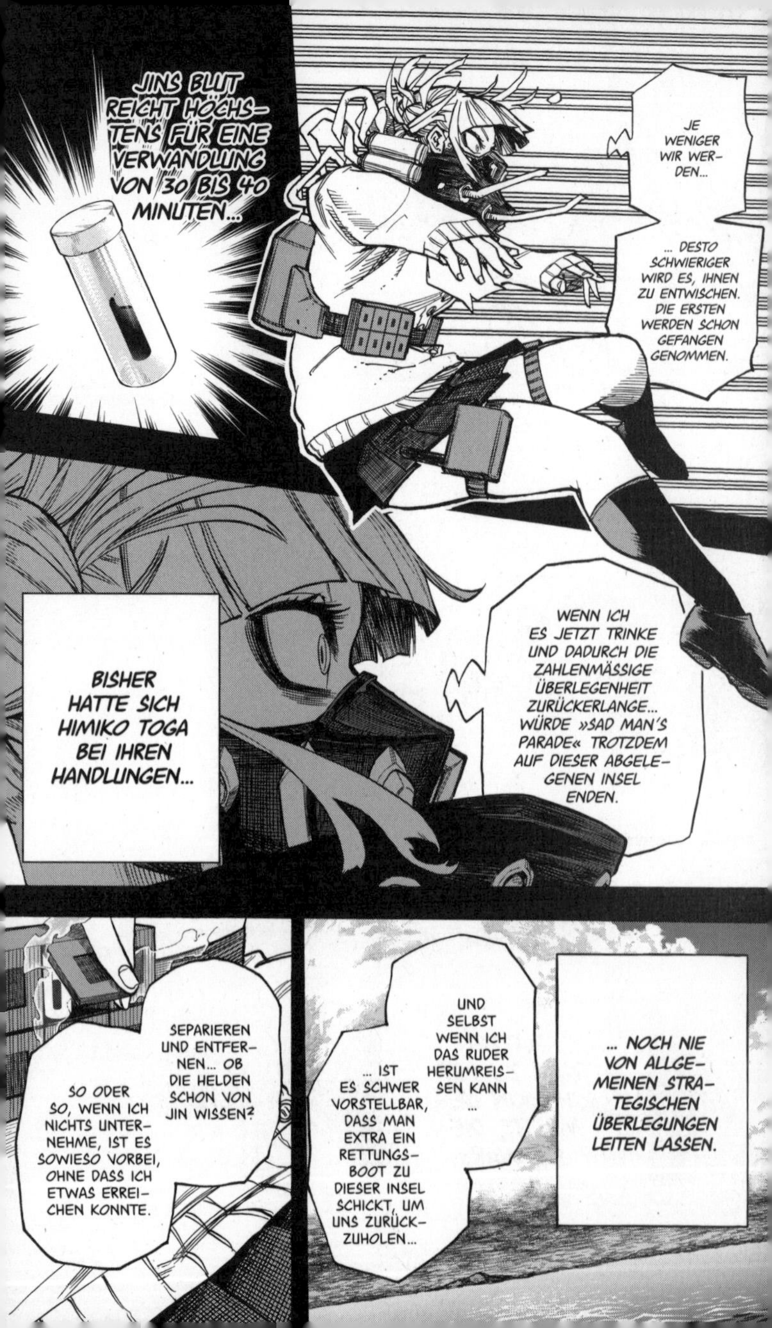
JE WENIGER WIR WERDEN...
... DESTO SCHWIERIGER WIRD ES, IHNEN ZU ENTWISCHEN. DIE ERSTEN WERDEN SCHON GEFANGEN GENOMMEN.
JINS BLUT REICHT HÖCHSTENS FÜR EINE VERWANDLUNG VON 30 BIS 40 MINUTEN...
WENN ICH ES JETZT TRINKE UND DADURCH DIE ZAHLENMÄSSIGE ÜBERLEGENHEIT ZURÜCKERLANGE... WÜRDE »SAD MAN'S PARADE« TROTZDEM AUF DIESER ABGELEGENEN INSEL ENDEN.
BISHER HATTE SICH HIMIKO TOGA BEI IHREN HANDLUNGEN...
... NOCH NIE VON ALLGEMEINEN STRATEGISCHEN ÜBERLEGUNGEN LEITEN LASSEN.
UND SELBST WENN ICH DAS RUDER HERUMREISSEN KANN ...
... IST ES SCHWER VORSTELLBAR, DASS MAN EXTRA EIN RETTUNGSBOOT ZU DIESER INSEL SCHICKT, UM UNS ZURÜCKZUHOLEN...
SEPARIEREN UND ENTFERNEN... OB DIE HELDEN SCHON VON JIN WISSEN?
SO ODER SO, WENN ICH NICHTS UNTERNEHME, IST ES SOWIESO VORBEI, OHNE DASS ICH ETWAS ERREICHEN KONNTE.

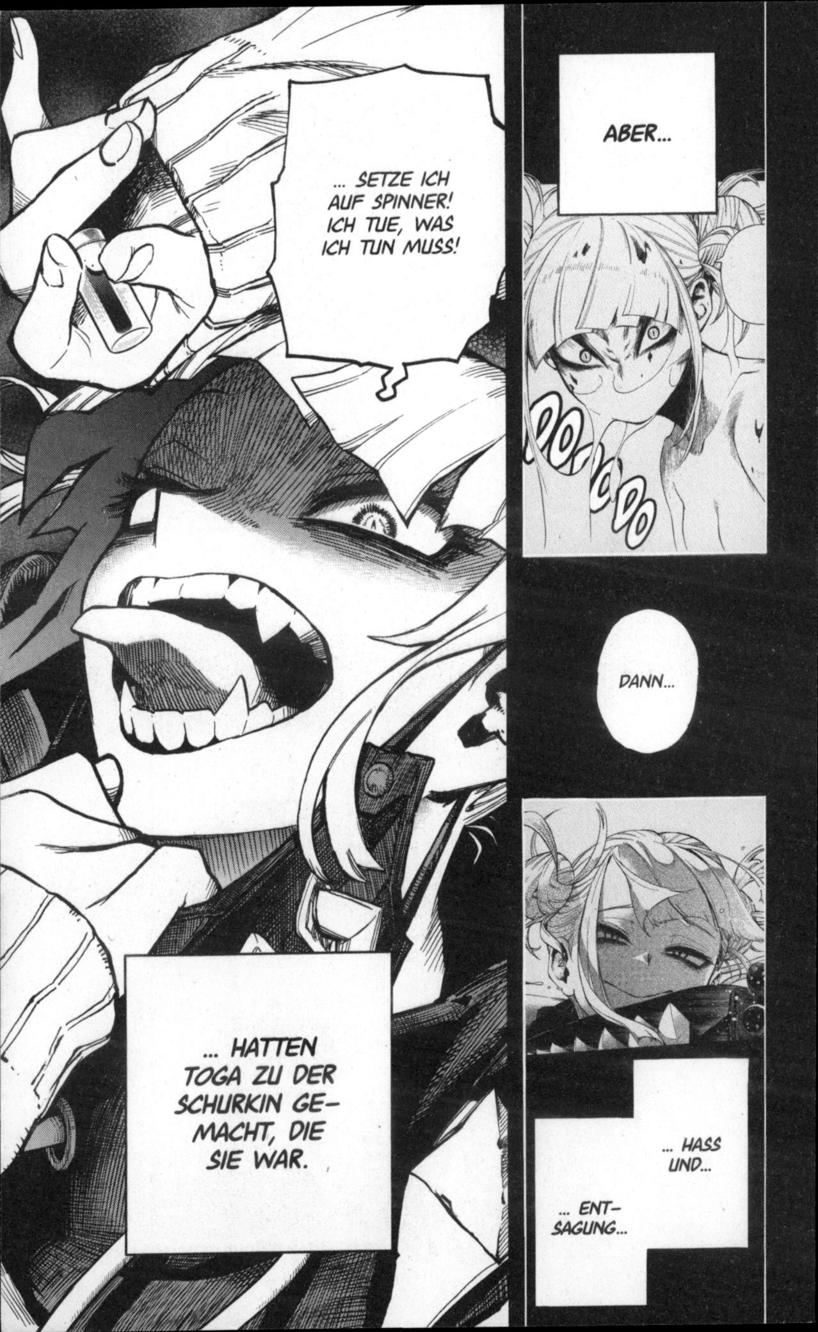
... SETZE ICH AUF SPINNER! ICH TUE, WAS ICH TUN MUSS!
ABER...
DODODODO
DANN...
... HASS UND...
... ENT-SAGUNG...
... HATTEN TOGA ZU DER SCHURKIN GE-MACHT, DIE SIE WAR.

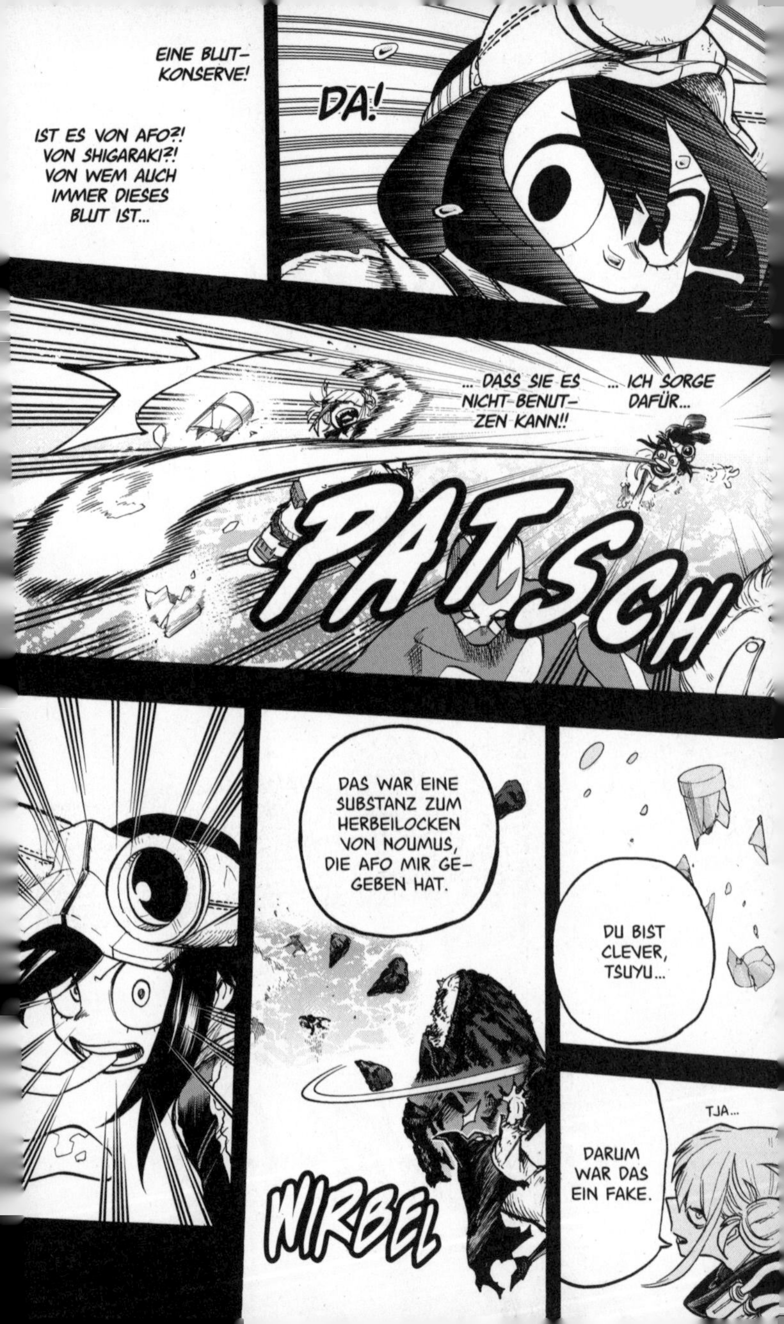
DA!
EINE BLUT-KONSERVE!
IST ES VON AFO?! VON SHIGARAKI?! VON WEM AUCH IMMER DIESES BLUT IST...
... ICH SORGE DAFÜR...
... DASS SIE ES NICHT BENUT-ZEN KANN!!
PATSCH
DU BIST CLEVER, TSUYU...
TJA...
DARUM WAR DAS EIN FAKE.
DAS WAR EINE SUBSTANZ ZUM HERBEILOCKEN VON NOUMUS, DIE AFO MIR GE-GEBEN HAT.
WIRBEL

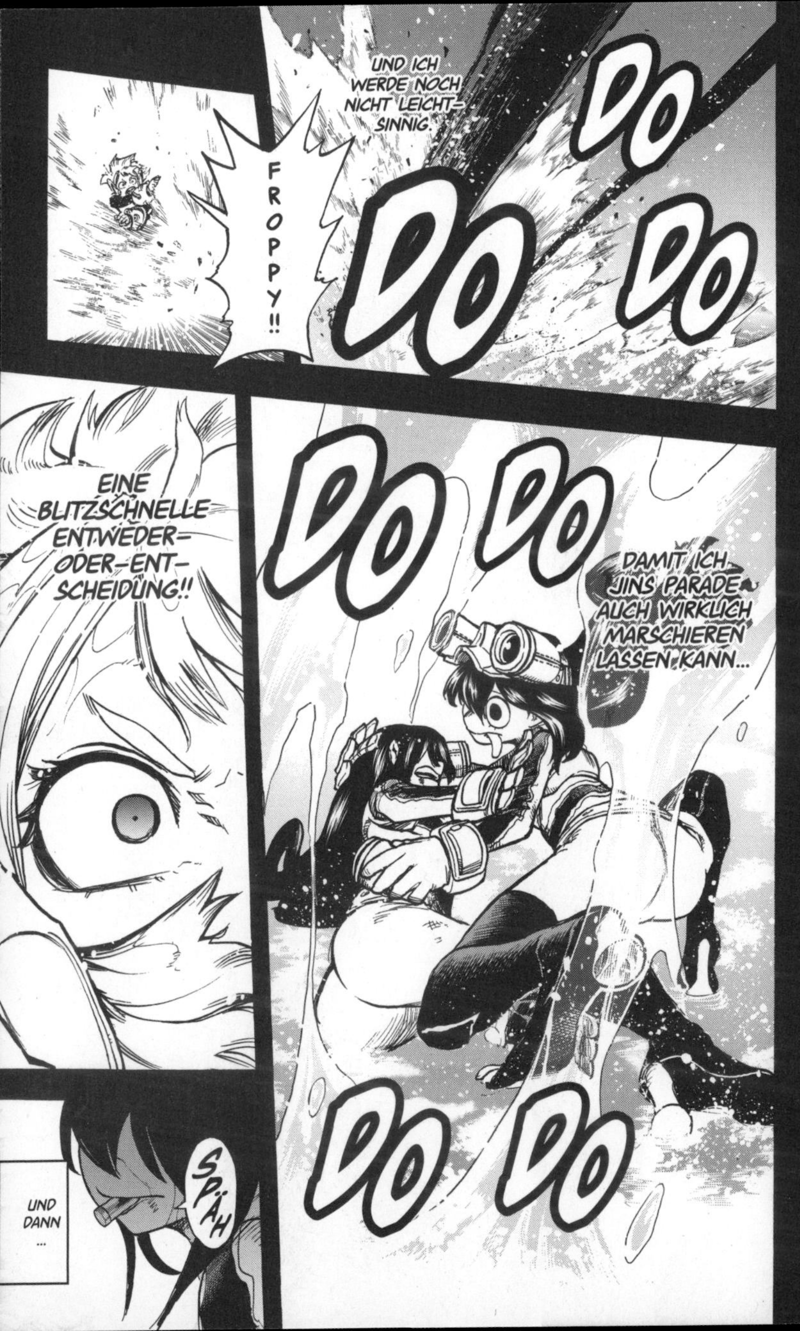

UND ICH WERDE NOCH NICHT LEICHT-SINNIG.
DO DO DO DO
FROPPY!!
DO DO
DAMIT ICH JINS PARADE AUCH WIRKLICH MARSCHIEREN LASSEN KANN...
EINE BLITZSCHNELLE ENTWEDER-ODER-ENT-SCHEIDUNG!!
DO DO
SPÄH
UND DANN ...

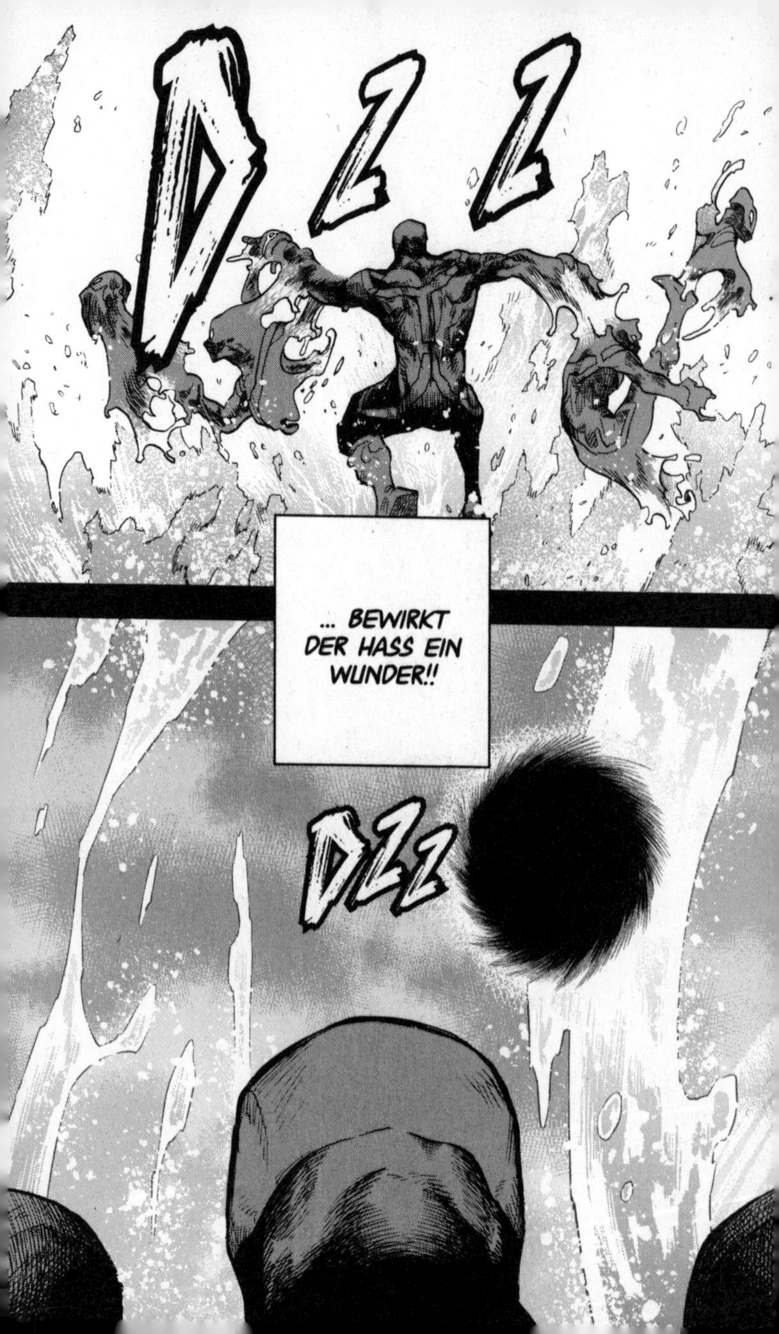
DZZ
... BEWIRKT DER HASS EIN WUNDER!!
DZZ

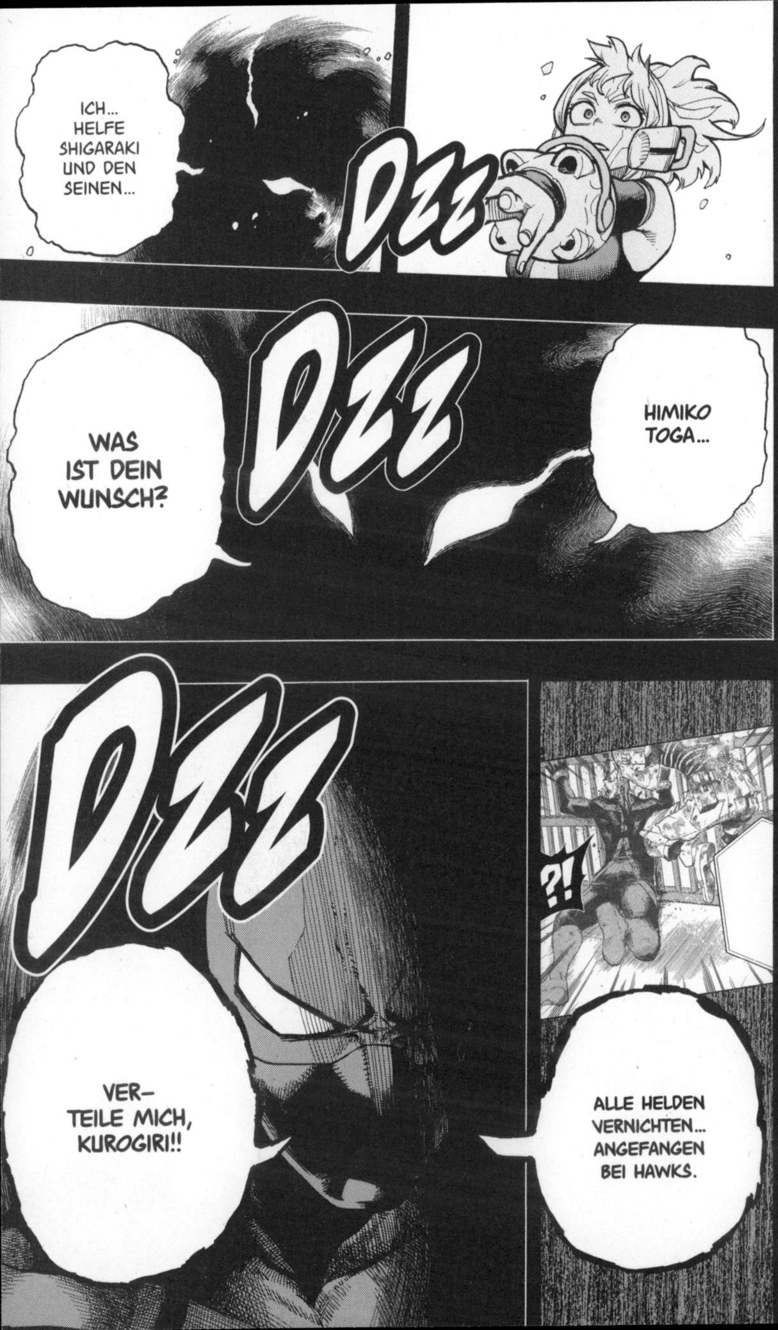
ICH... HELFE SHIGARAKI UND DEN SEINEN...
DZZ
DZZ
HIMIKO TOGA...
WAS IST DEIN WUNSCH?
DZZ
?!
ALLE HELDEN VERNICHTEN... ANGEFANGEN BEI HAWKS.
VER-TEILE MICH, KUROGIRI!!

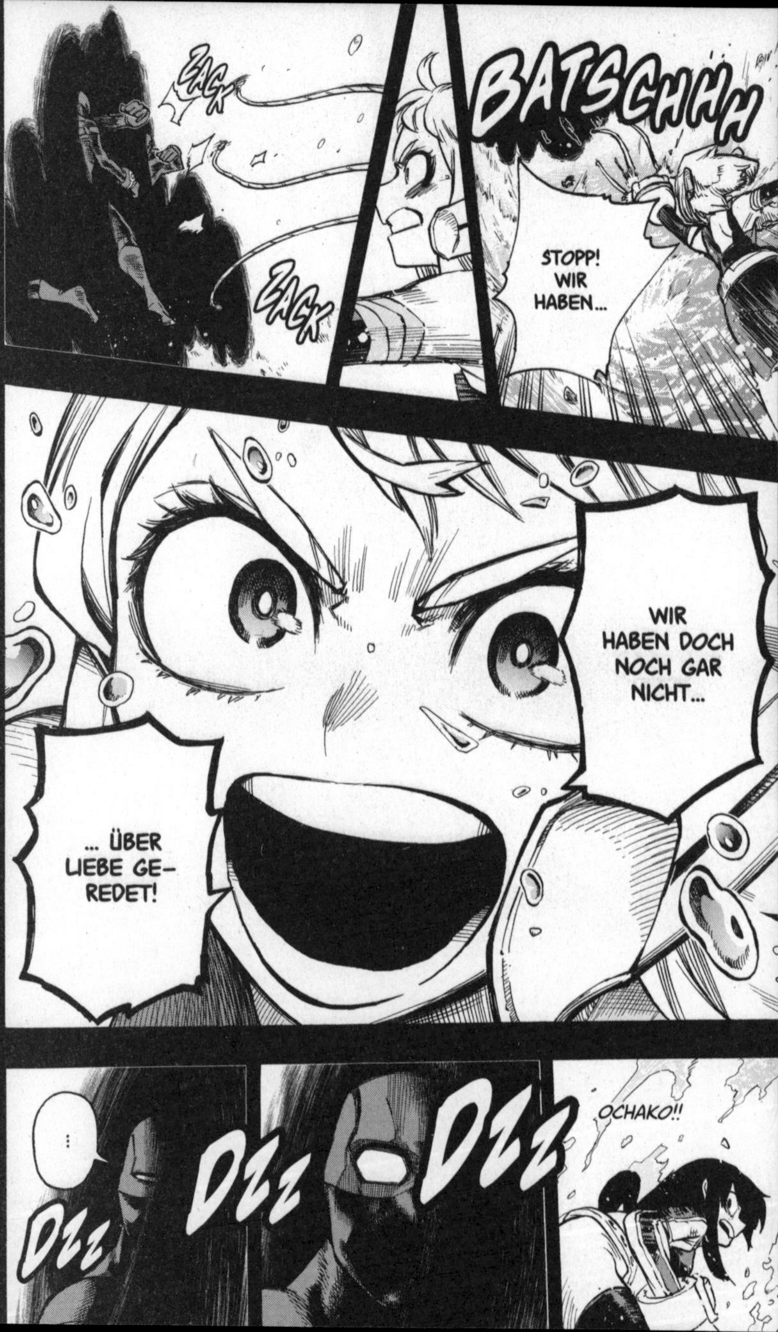
BATSCHHH
STOPP! WIR HABEN...
ZACK
ZACK
WIR HABEN DOCH NOCH GAR NICHT...
... ÜBER LIEBE GE-REDET!
OCHAKO!!
DZZ
DZZ
...
DZZ

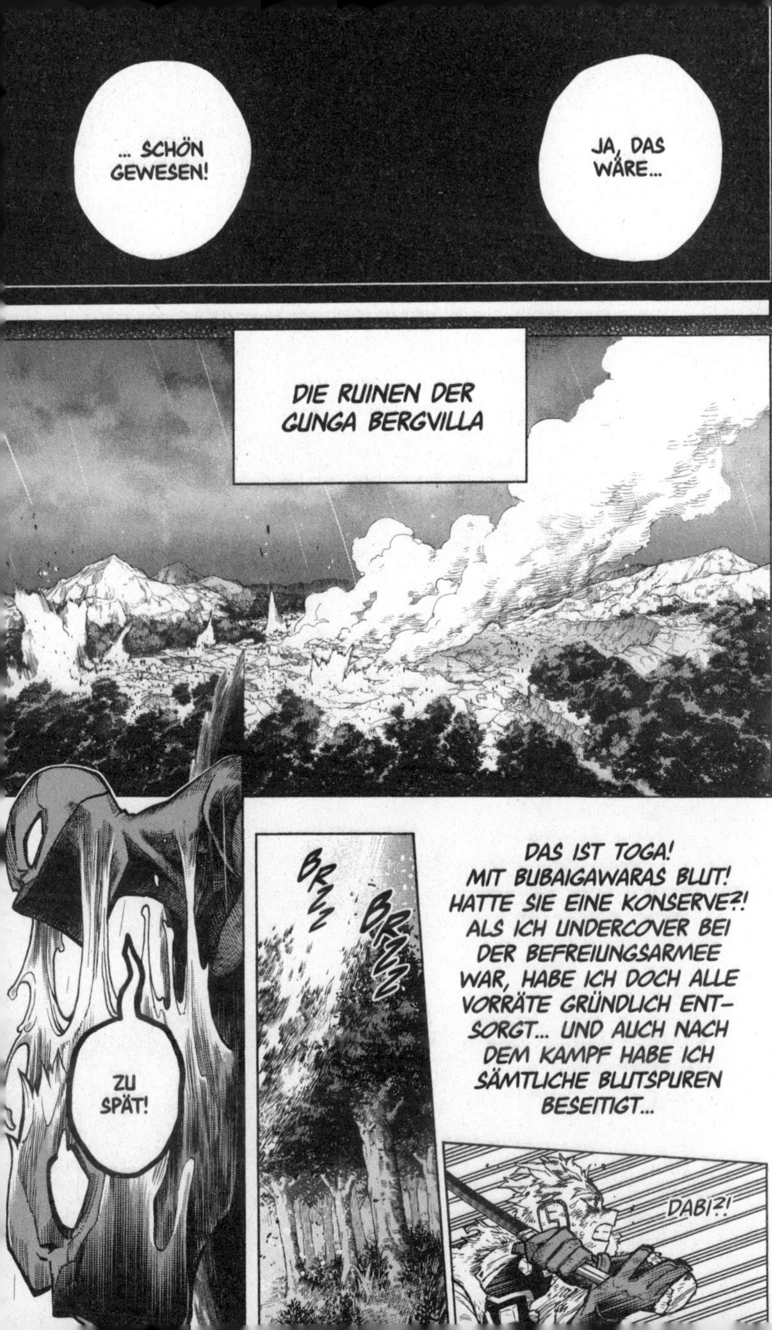
JA, DAS WÄRE...
... SCHÖN GEWESEN!
DIE RUINEN DER GUNGA BERGVILLA
DAS IST TOGA! MIT BUBAIGAWARAS BLUT! HATTE SIE EINE KONSERVE?! ALS ICH UNDERCOVER BEI DER BEFREIUNGSARMEE WAR, HABE ICH DOCH ALLE VORRÄTE GRÜNDLICH ENT-SORGT... UND AUCH NACH DEM KAMPF HABE ICH SÄMTLICHE BLUTSPUREN BESEITIGT...
BRZZ
BRZZZ
DABI?!
ZU SPÄT!

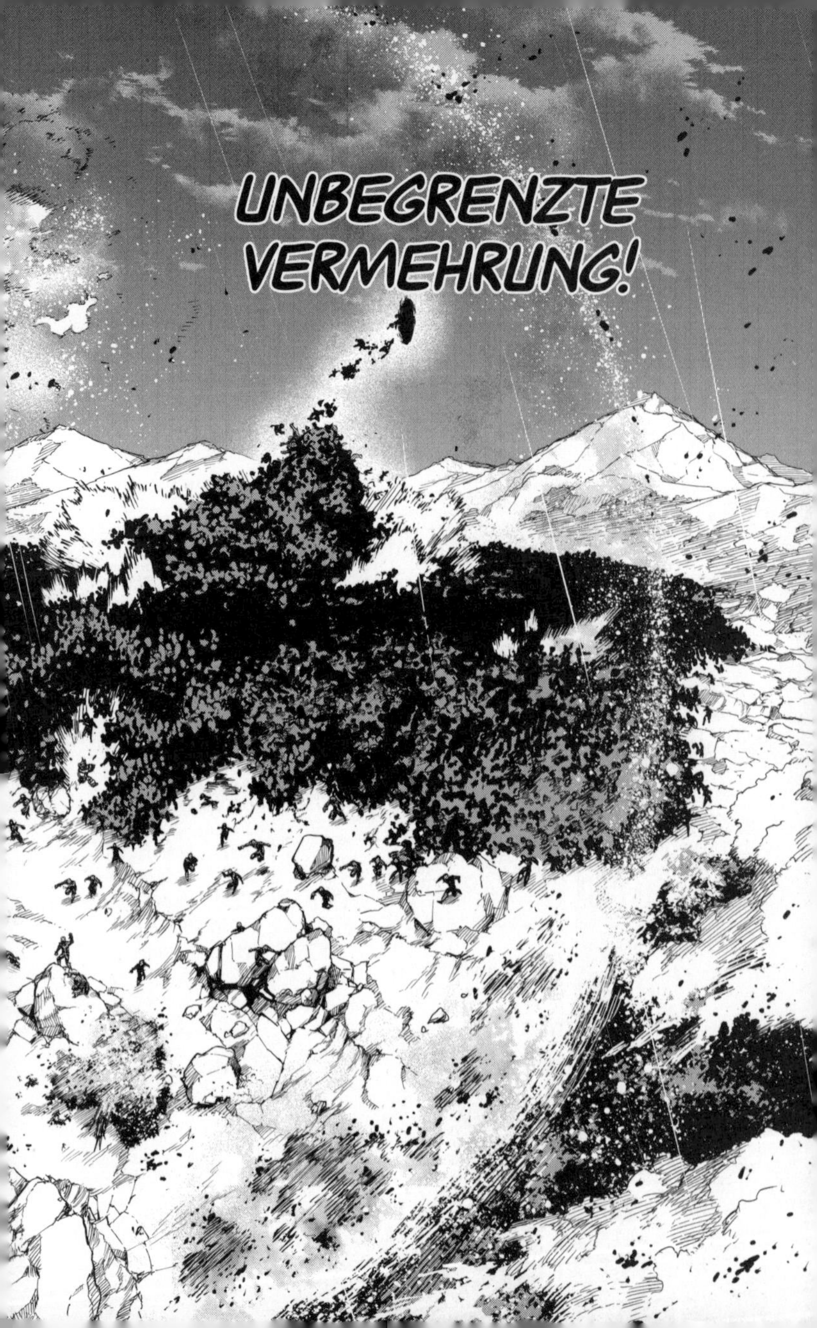
UNBEGRENZTE VERMEHRUNG!

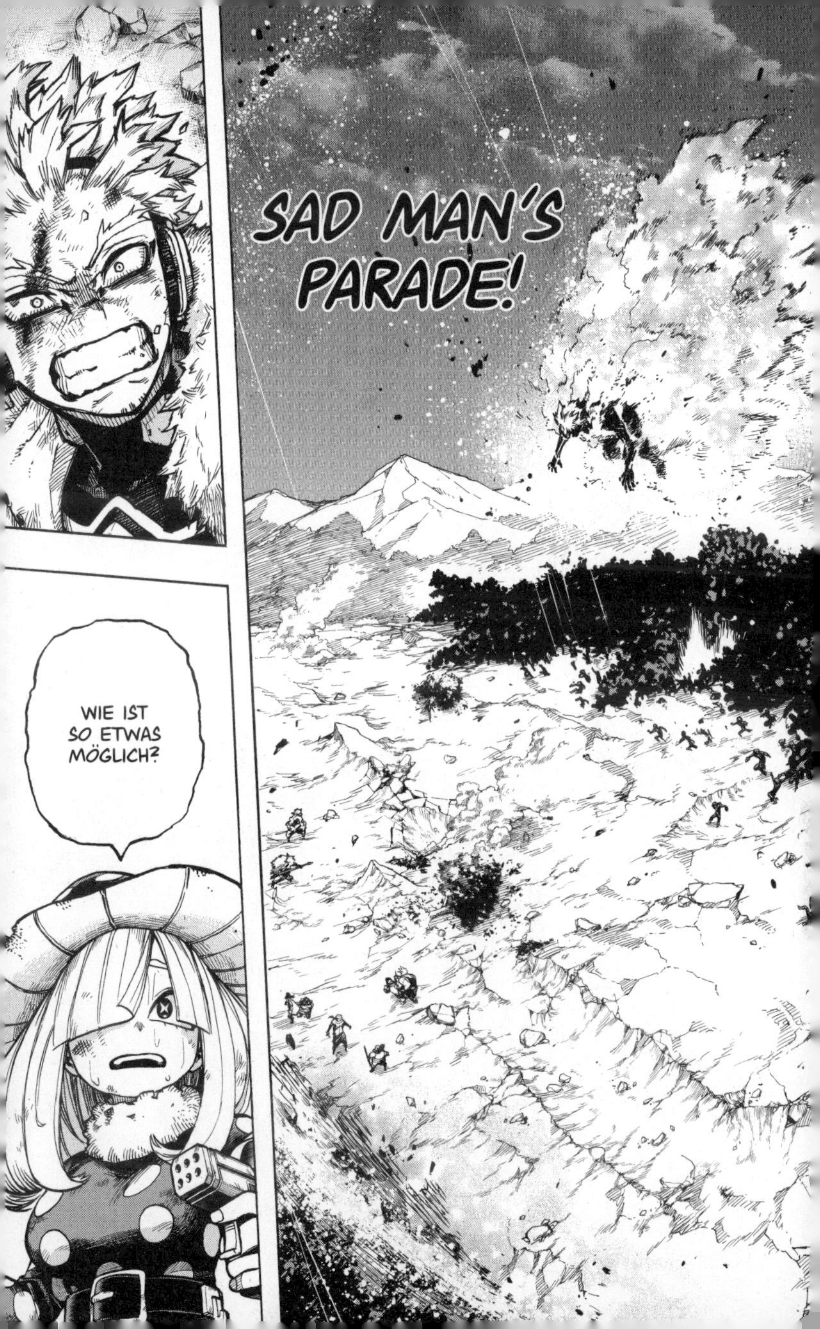
SAD MAN'S PARADE!
WIE IST SO ETWAS MÖGLICH?

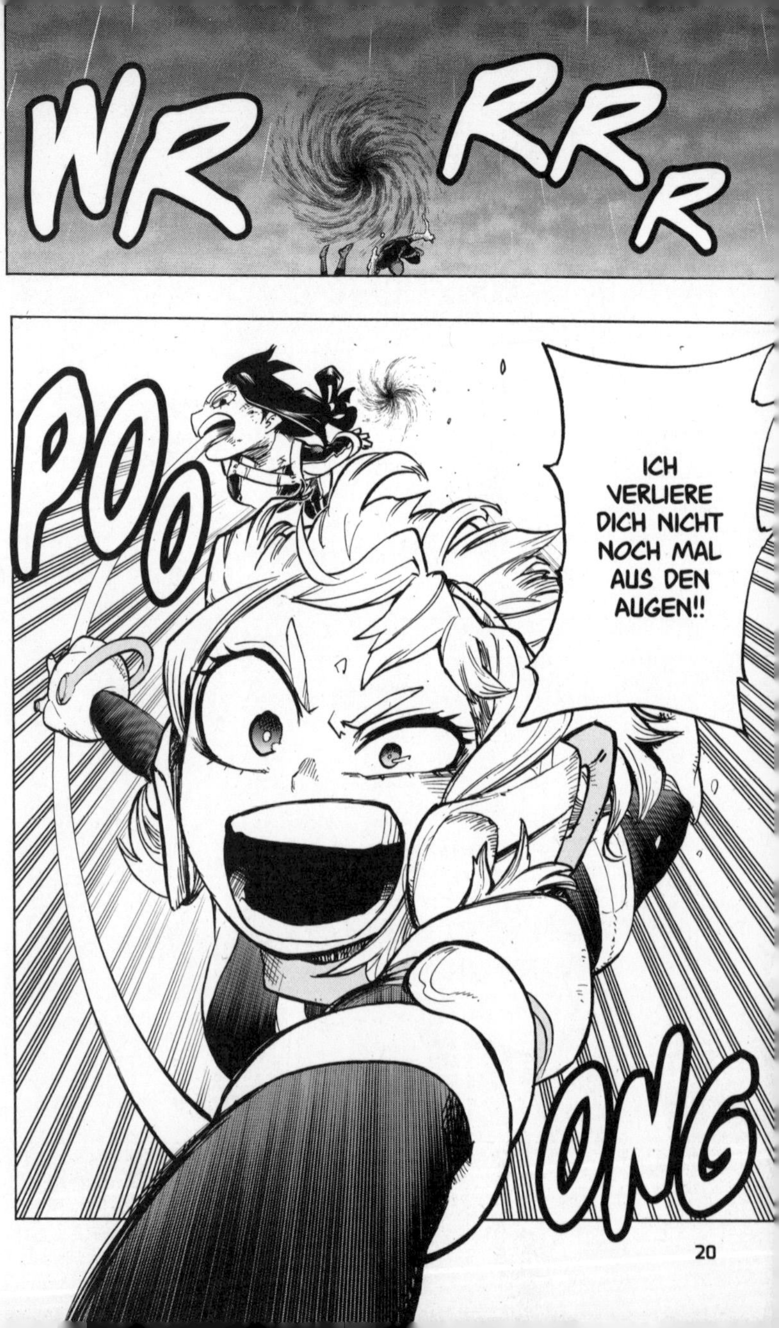
WRRRRR
POO
ICH VERLIERE DICH NICHT NOCH MAL AUS DEN AUGEN!!
ONG

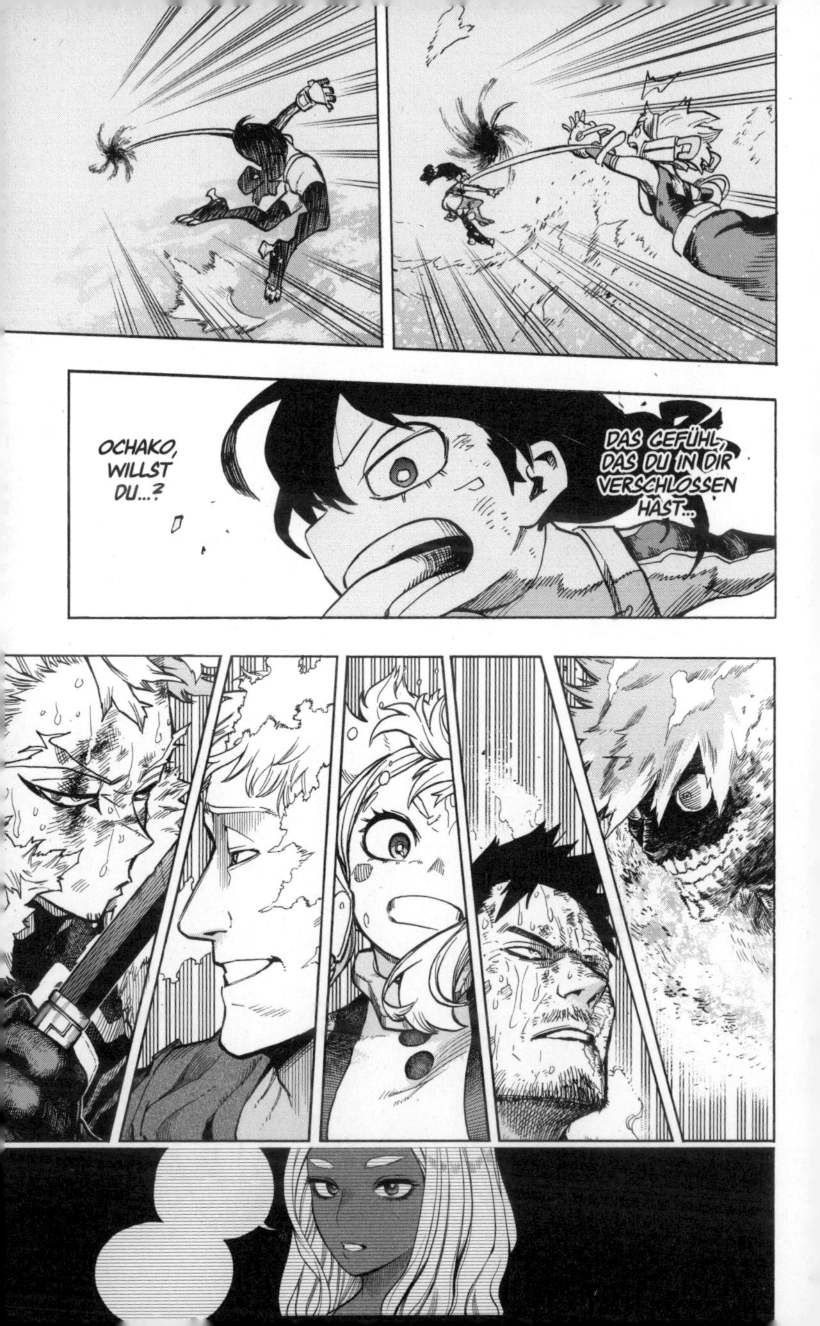
DAS GEFÜHL, DAS DU IN DIR VERSCHLOSSEN HAST...
OCHAKO, WILLST DU...?

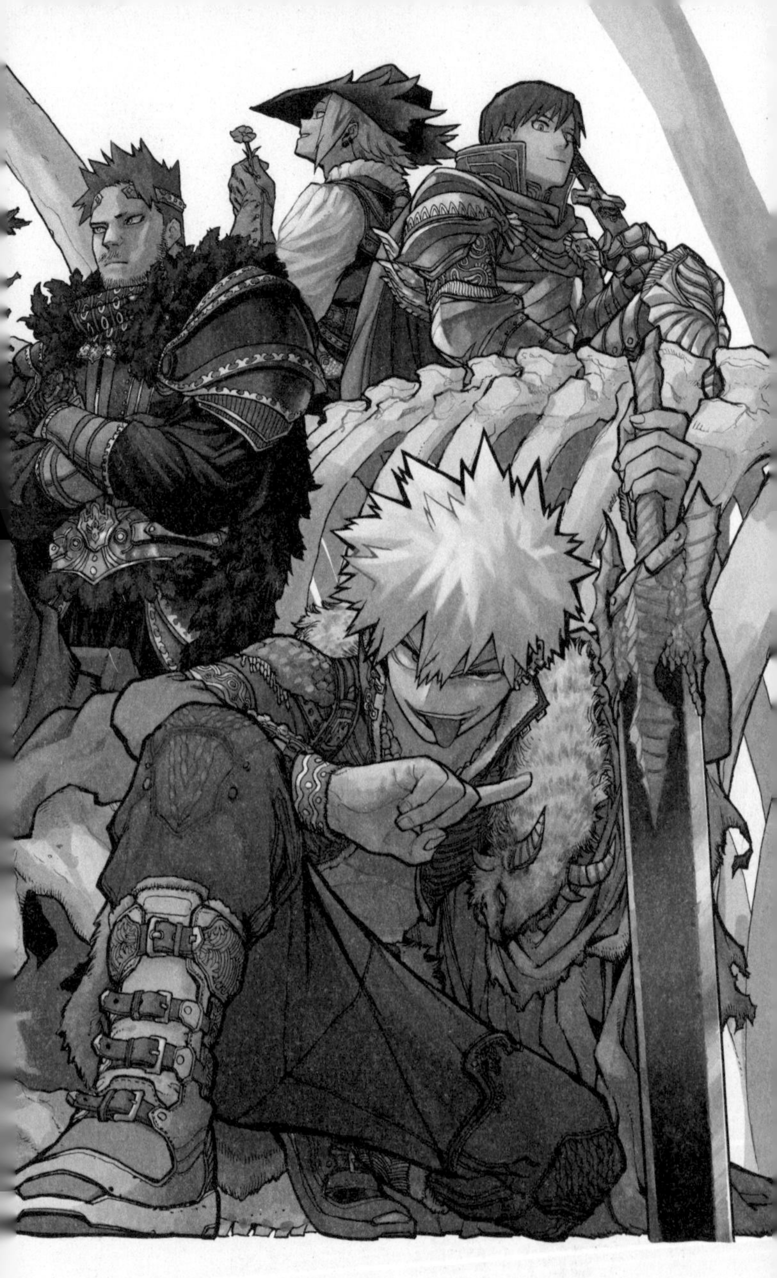

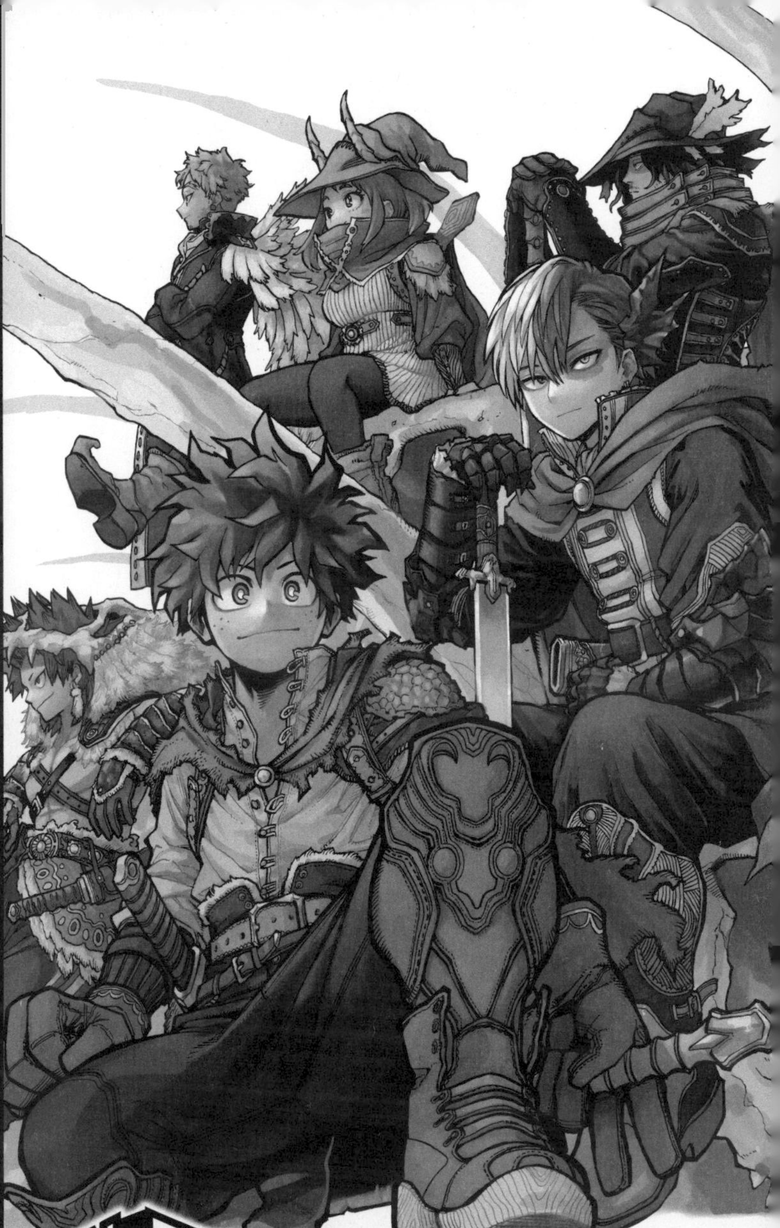

Nr. 376 ZU FRÜH GEFREUT

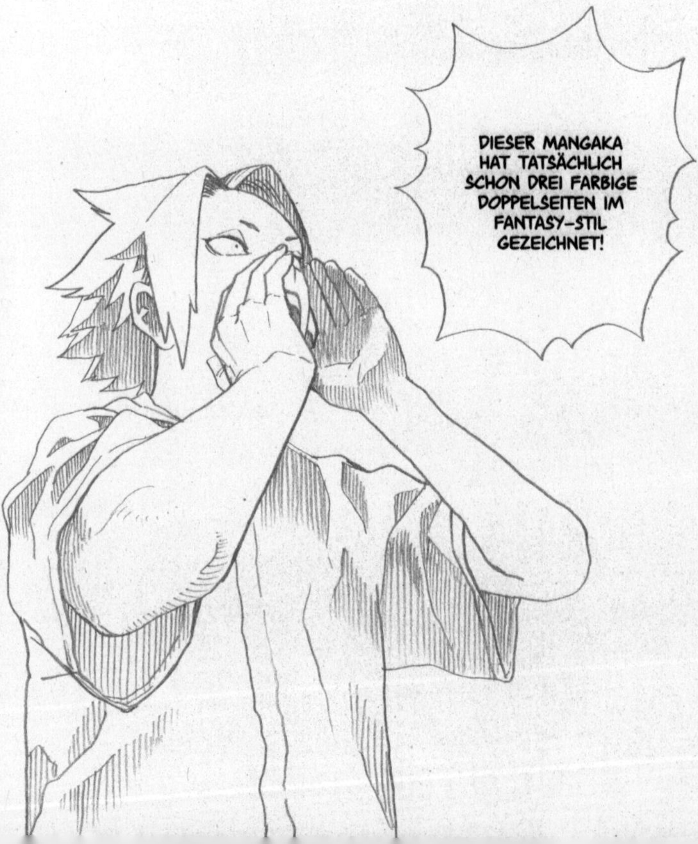
DIESER MANGAKA HAT TATSÄCHLICH SCHON DREI FARBIGE DOPPELSEITEN IM FANTASY-STIL GEZEICHNET!

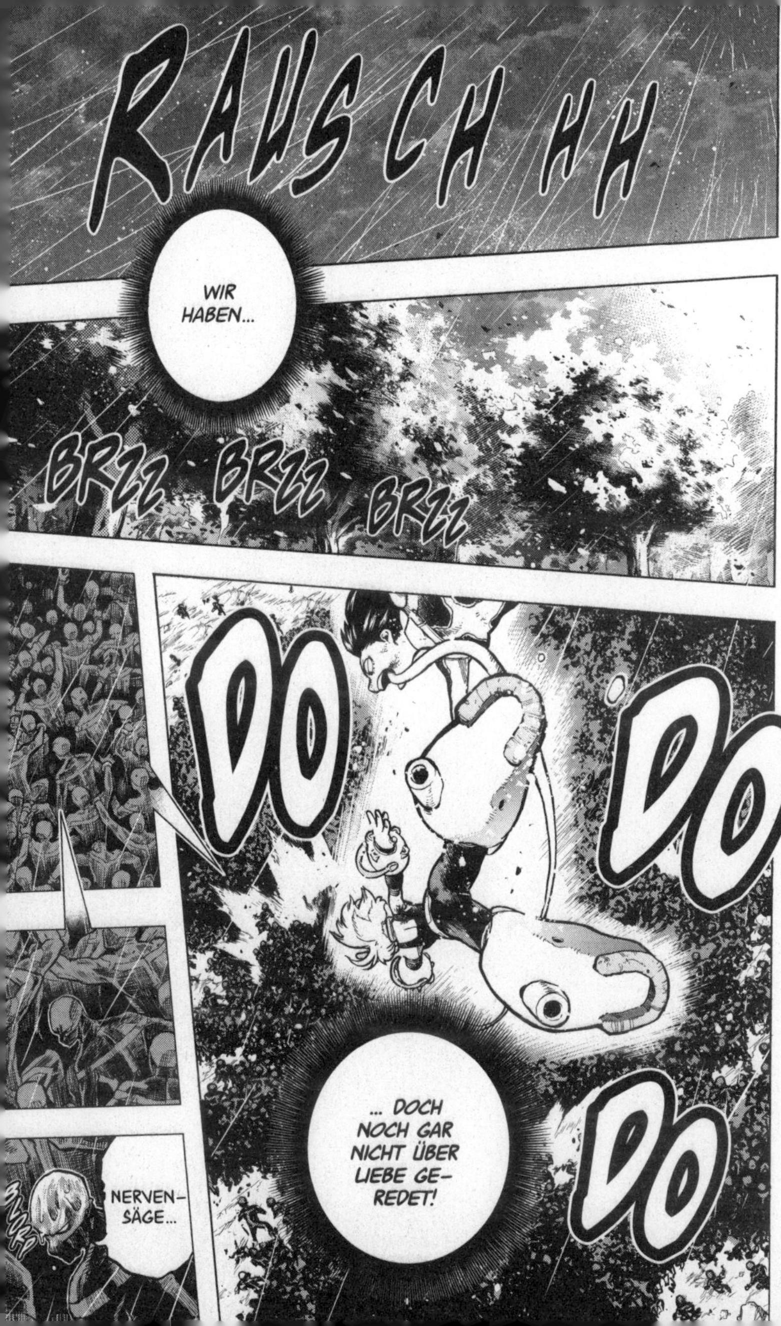

RAUSCHHH
WIR HABEN...
BRZZ BRZZ BRZZ
DO DO DO
... DOCH NOCH GAR NICHT ÜBER LIEBE GE-REDET!
NERVEN-SÄGE...

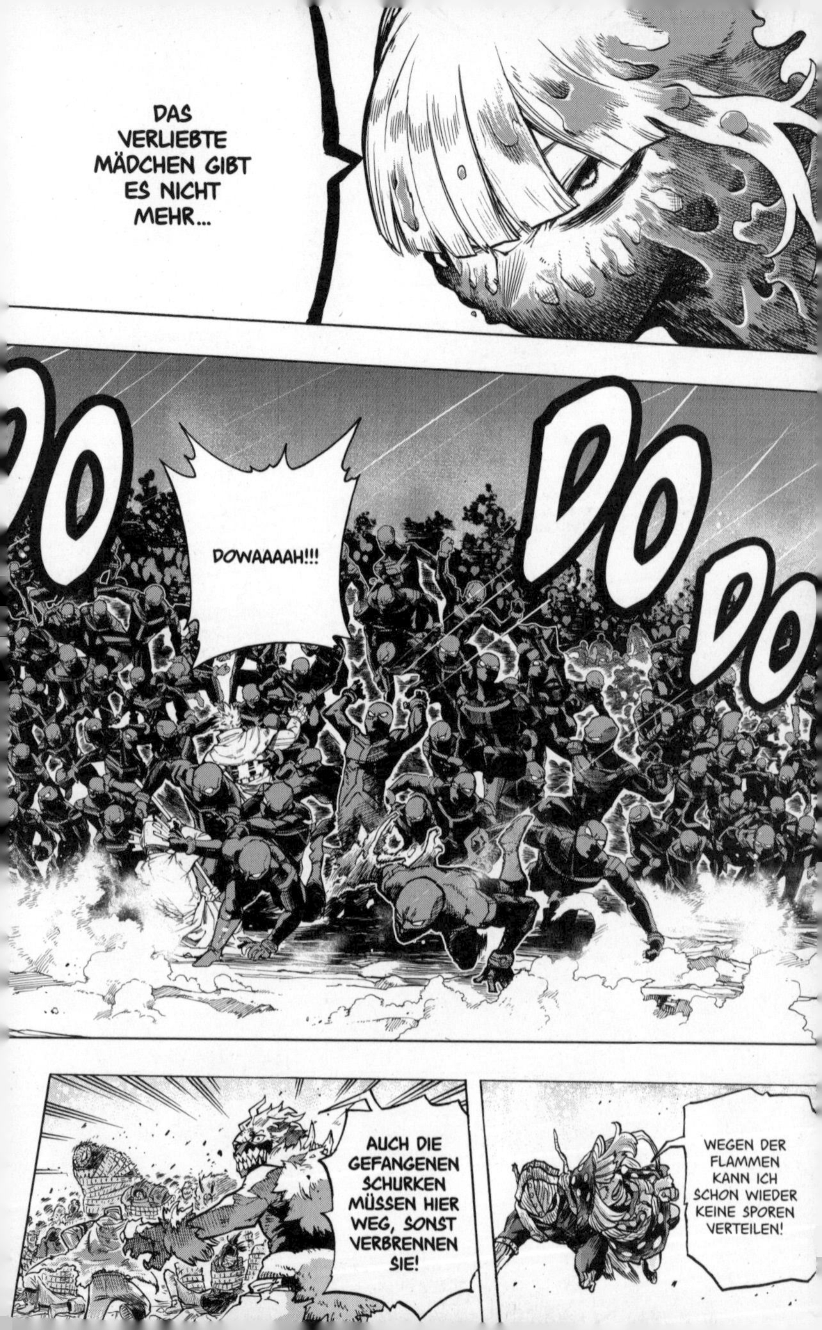
DAS VERLIEBTE MÄDCHEN GIBT ES NICHT MEHR...
DO
DOWAAAAH!!!
DO DO DO
AUCH DIE GEFANGENEN SCHURKEN MÜSSEN HIER WEG, SONST VERBRENNEN SIE!
WEGEN DER FLAMMEN KANN ICH SCHON WIEDER KEINE SPOREN VERTEILEN!

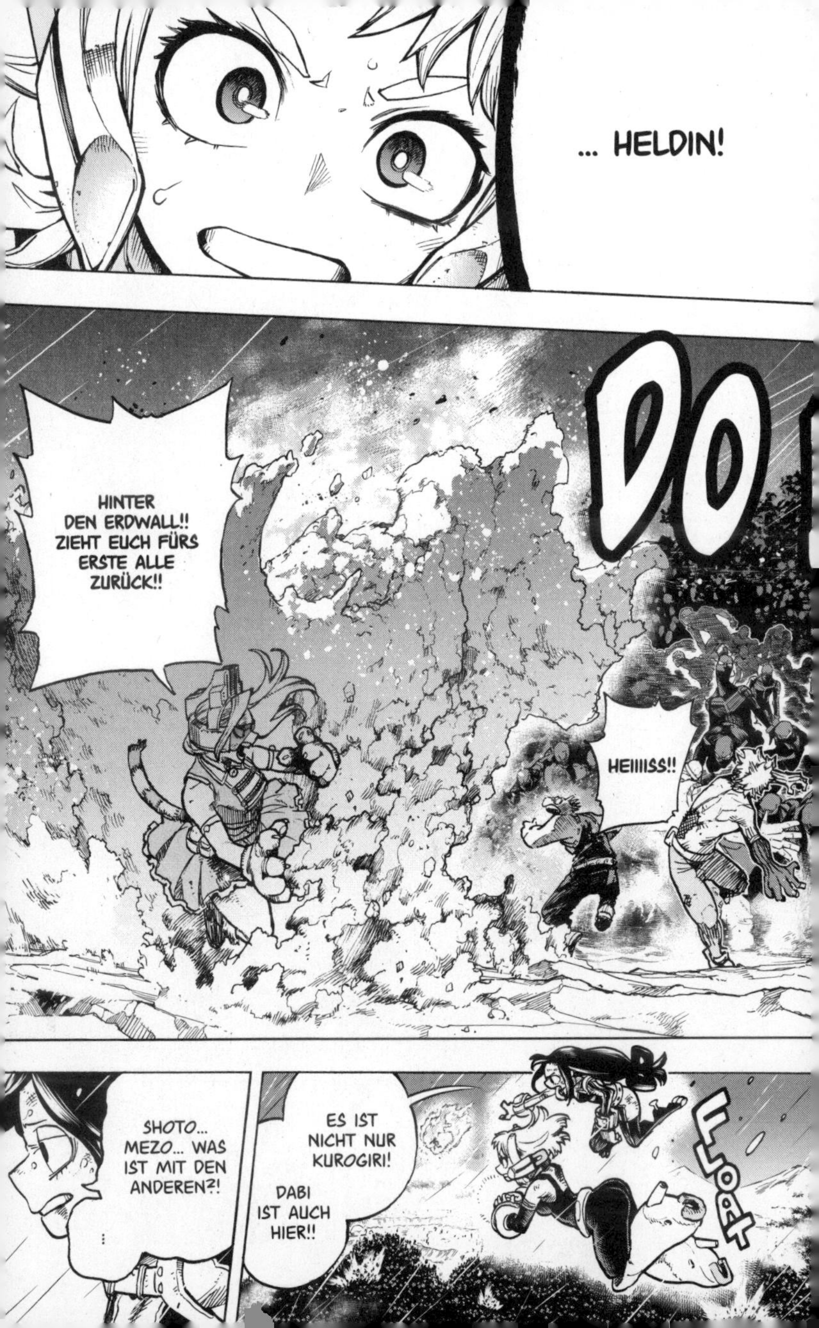
... HELDIN!
DO
HINTER DEN ERDWALL!! ZIEHT EUCH FÜRS ERSTE ALLE ZURÜCK!!
HEIIIISS!!
FLOAT
ES IST NICHT NUR KUROGIRI!
DABI IST AUCH HIER!!
SHOTO... MEZO... WAS IST MIT DEN ANDEREN?!
...

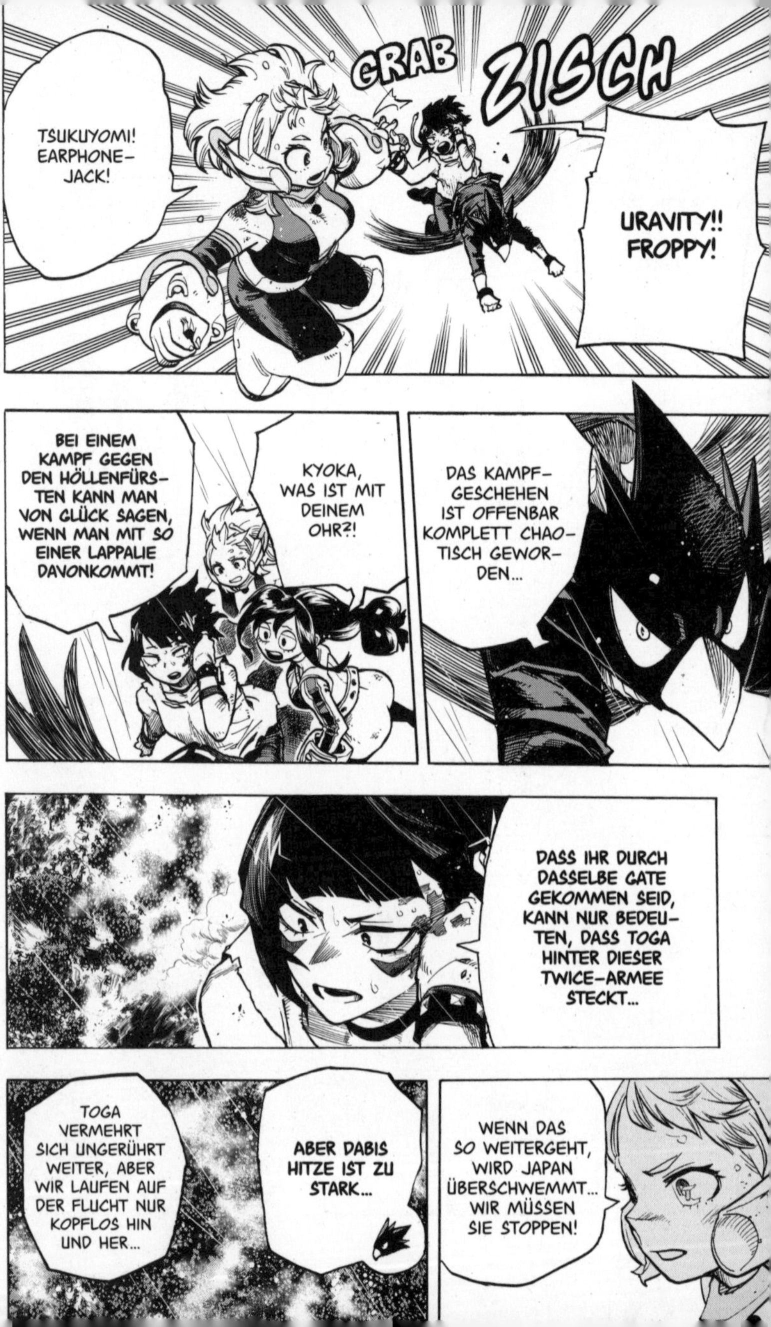
ZISCH
GRAB
URAVITY!! FROPPY!
TSUKUYOMI! EARPHONE-JACK!
DAS KAMPF-GESCHEHEN IST OFFENBAR KOMPLETT CHAOTISCH GEWORDEN...
KYOKA, WAS IST MIT DEINEM OHR?!
BEI EINEM KAMPF GEGEN DEN HÖLLENFÜRSTEN KANN MAN VON GLÜCK SAGEN, WENN MAN MIT SO EINER LAPPALIE DAVONKOMMT!
DASS IHR DURCH DASSELBE GATE GEKOMMEN SEID, KANN NUR BEDEUTEN, DASS TOGA HINTER DIESER TWICE-ARMEE STECKT...
WENN DAS SO WEITERGEHT, WIRD JAPAN ÜBERSCHWEMMT... WIR MÜSSEN SIE STOPPEN!
ABER DABIS HITZE IST ZU STARK...
TOGA VERMEHRT SICH UNGERÜHRT WEITER, ABER WIR LAUFEN AUF DER FLUCHT NUR KOPFLOS HIN UND HER...

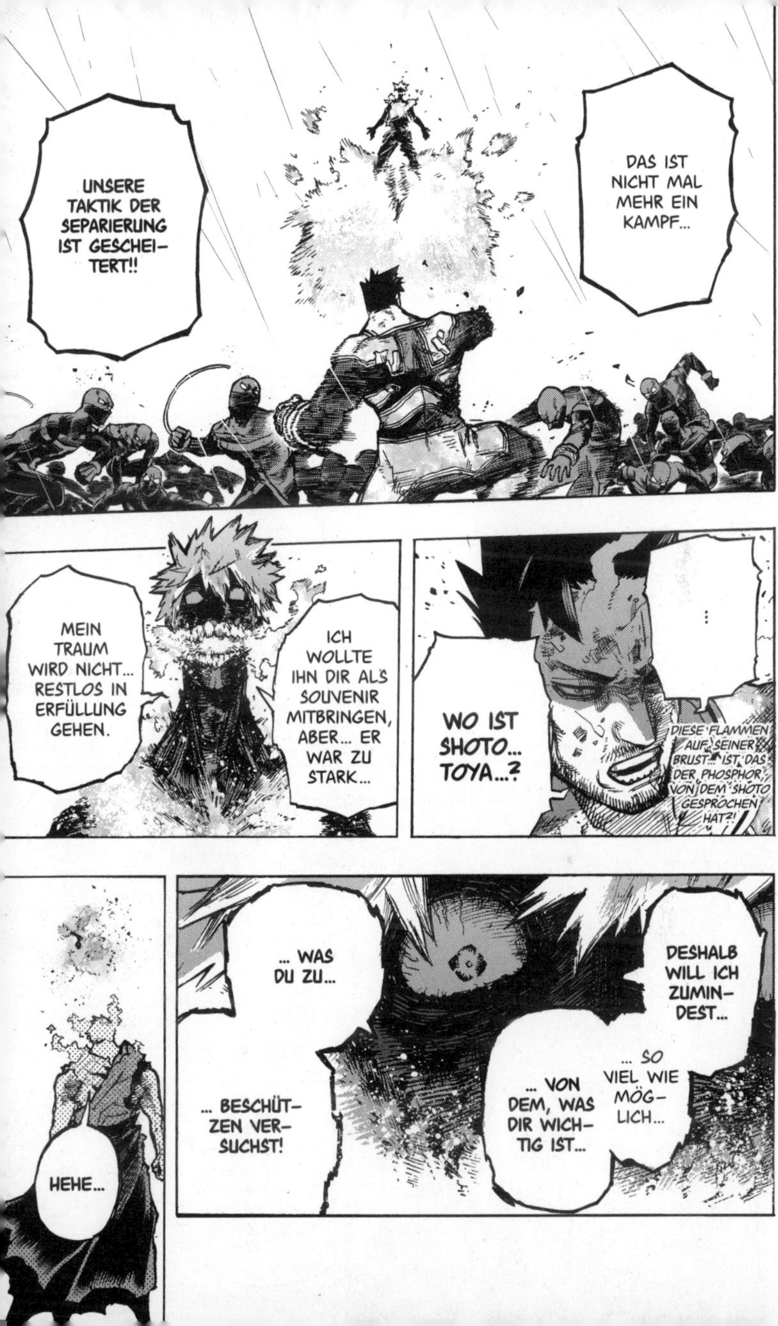
DAS IST NICHT MAL MEHR EIN KAMPF...
UNSERE TAKTIK DER SEPARIERUNG IST GESCHEI-TERT!!
...
WO IST SHOTO... TOYA...?
DIESE FLAMMEN AUF SEINER BRUST... IST DAS DER PHOSPHOR, VON DEM SHOTO GESPROCHEN HAT?!
ICH WOLLTE IHN DIR ALS SOUVENIR MITBRINGEN, ABER... ER WAR ZU STARK...
MEIN TRAUM WIRD NICHT... RESTLOS IN ERFÜLLUNG GEHEN.
DESHALB WILL ICH ZUMIN-DEST...
... SO VIEL WIE MÖG-LICH...
... VON DEM, WAS DIR WICH-TIG IST...
... WAS DU ZU...
... BESCHÜT-ZEN VER-SUCHST!
HEHE...

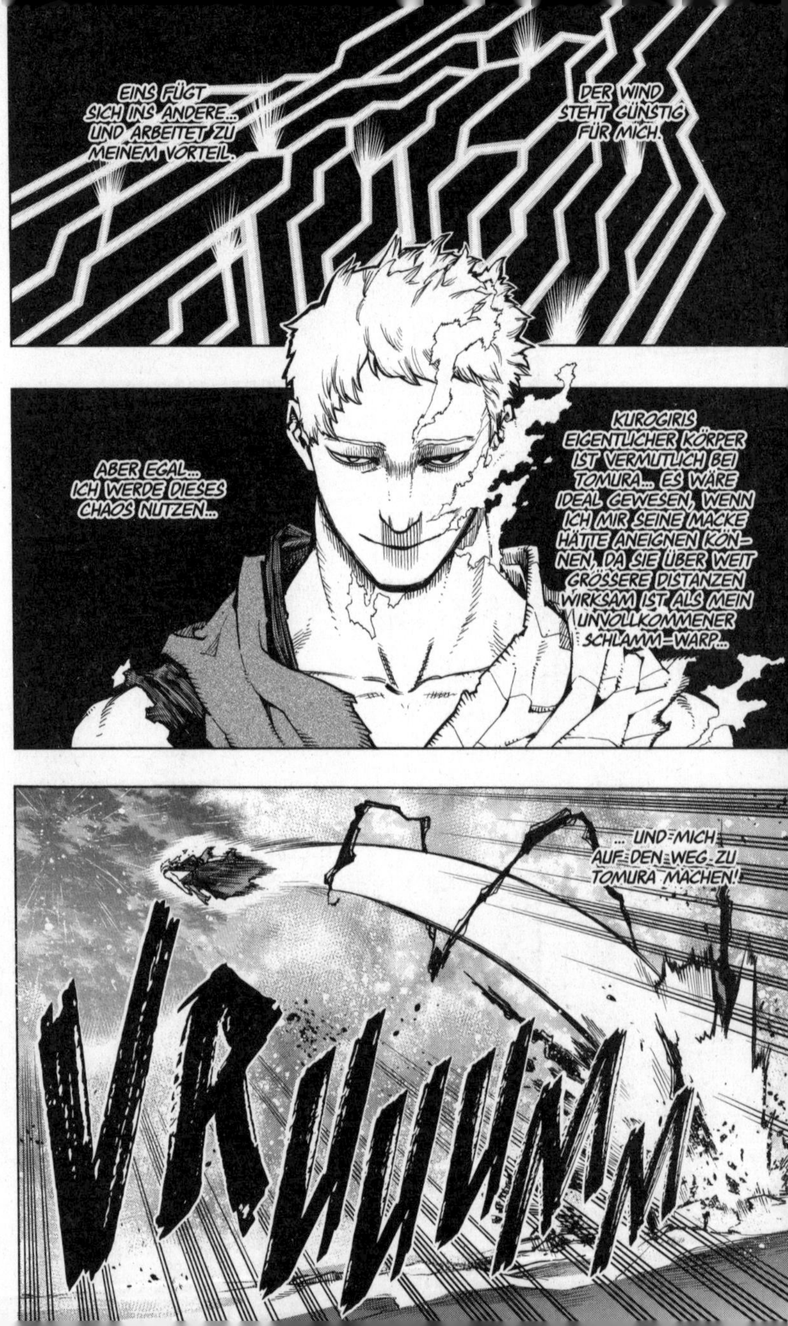
DER WIND STEHT GÜNSTIG FÜR MICH.
EINS FÜGT SICH INS ANDERE... UND ARBEITET ZU MEINEM VORTEIL.
KUROGIRIS EIGENTLICHER KÖRPER IST VERMUTLICH BEI TOMURA... ES WÄRE IDEAL GEWESEN, WENN ICH MIR SEINE MACKE HÄTTE ANEIGNEN KÖN-NEN, DA SIE ÜBER WEIT GRÖSSERE DISTANZEN WIRKSAM IST ALS MEIN UNVOLLKOMMENER SCHLAMM-WARP...
ABER EGAL... ICH WERDE DIESES CHAOS NUTZEN...
... UND MICH AUF DEN WEG ZU TOMURA MACHEN!
VRUUUMM

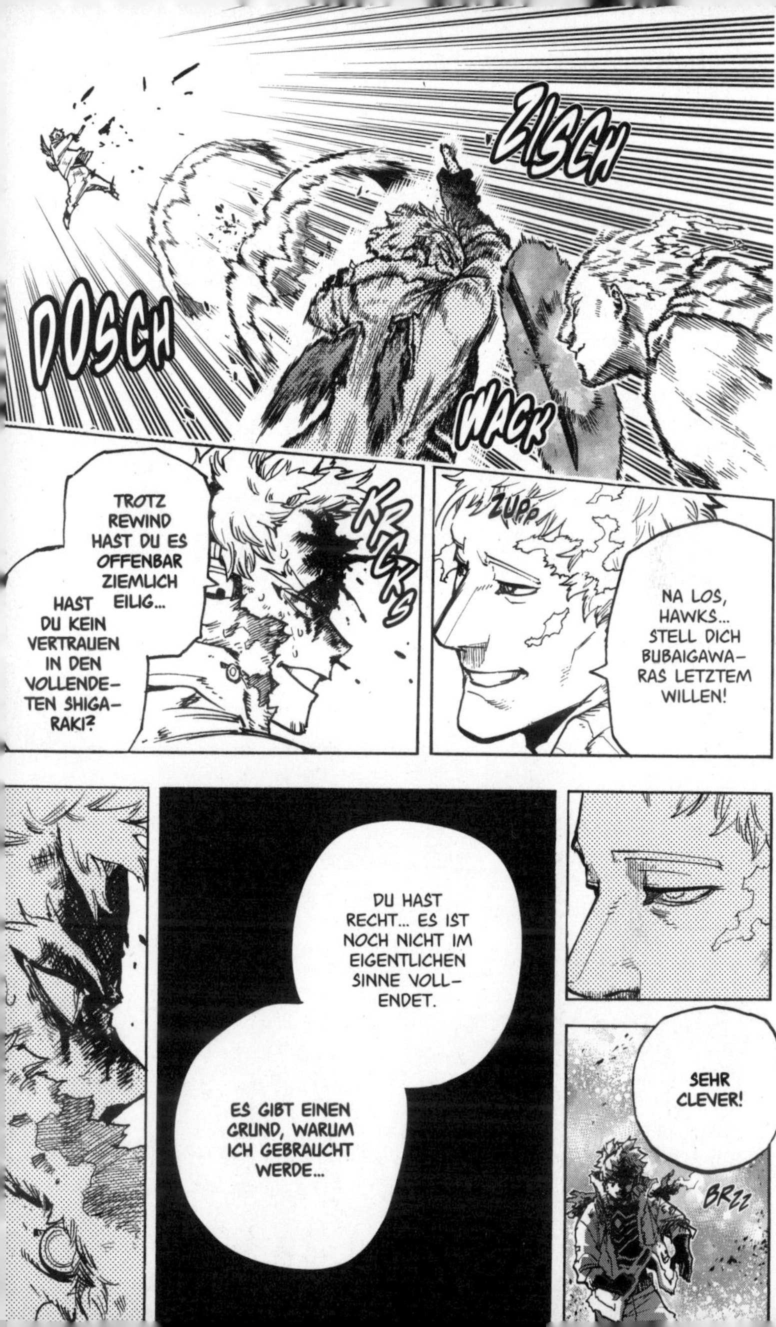
ZISCH
DOSCH
WACK
ZUPP
NA LOS, HAWKS... STELL DICH BUBAIGAWARAS LETZTEM WILLEN!
KRCRS
TROTZ REWIND HAST DU ES OFFENBAR ZIEMLICH EILIG...
HAST DU KEIN VERTRAUEN IN DEN VOLLENDETEN SHIGARAKI?
SEHR CLEVER!
BRZZ
DU HAST RECHT... ES IST NOCH NICHT IM EIGENTLICHEN SINNE VOLLENDET.
ES GIBT EINEN GRUND, WARUM ICH GEBRAUCHT WERDE...

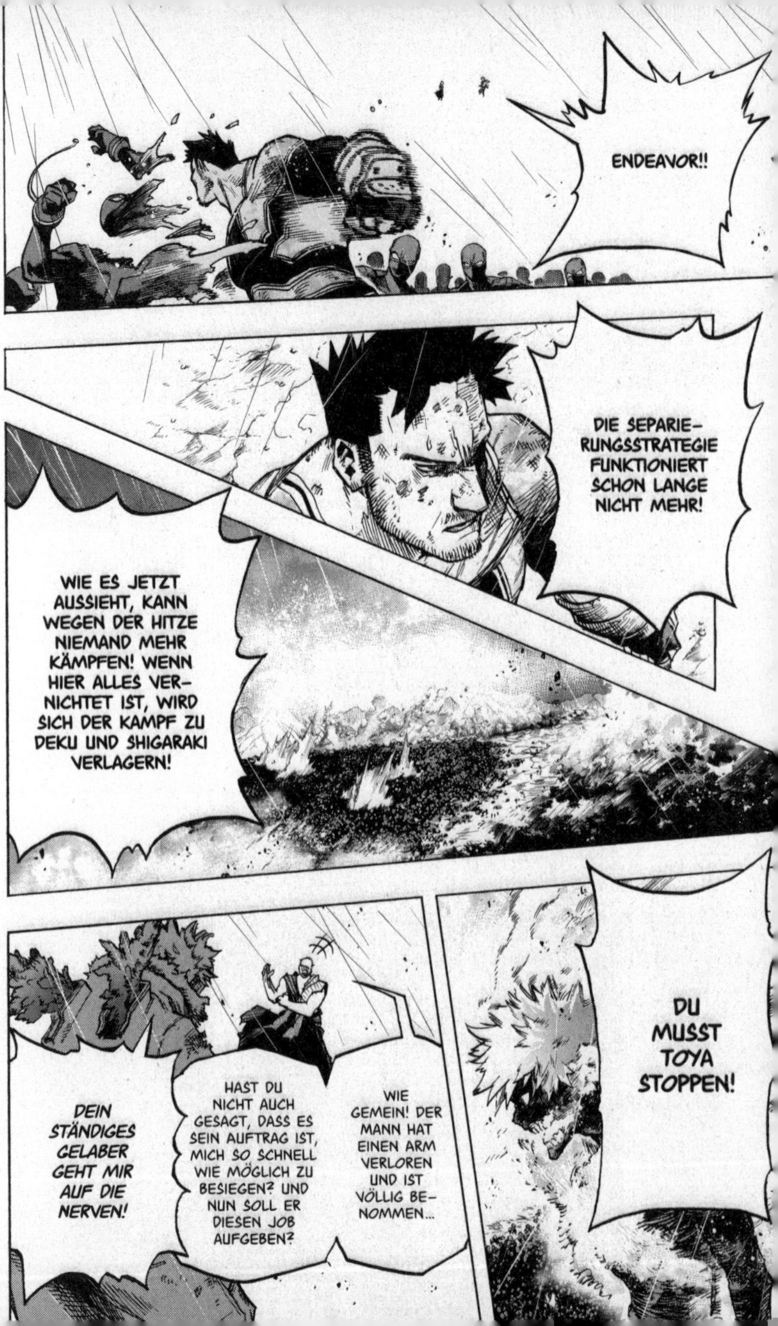
ENDEAVOR!!
DIE SEPARIE-RUNGSSTRATEGIE FUNKTIONIERT SCHON LANGE NICHT MEHR!
WIE ES JETZT AUSSIEHT, KANN WEGEN DER HITZE NIEMAND MEHR KÄMPFEN! WENN HIER ALLES VER-NICHTET IST, WIRD SICH DER KAMPF ZU DEKU UND SHIGARAKI VERLAGERN!
DU MUSST TOYA STOPPEN!
WIE GEMEIN! DER MANN HAT EINEN ARM VERLOREN UND IST VÖLLIG BE-NOMMEN...
HAST DU NICHT AUCH GESAGT, DASS ES SEIN AUFTRAG IST, MICH SO SCHNELL WIE MÖGLICH ZU BESIEGEN? UND NUN SOLL ER DIESEN JOB AUFGEBEN?
DEIN STÄNDIGES GELABER GEHT MIR AUF DIE NERVEN!

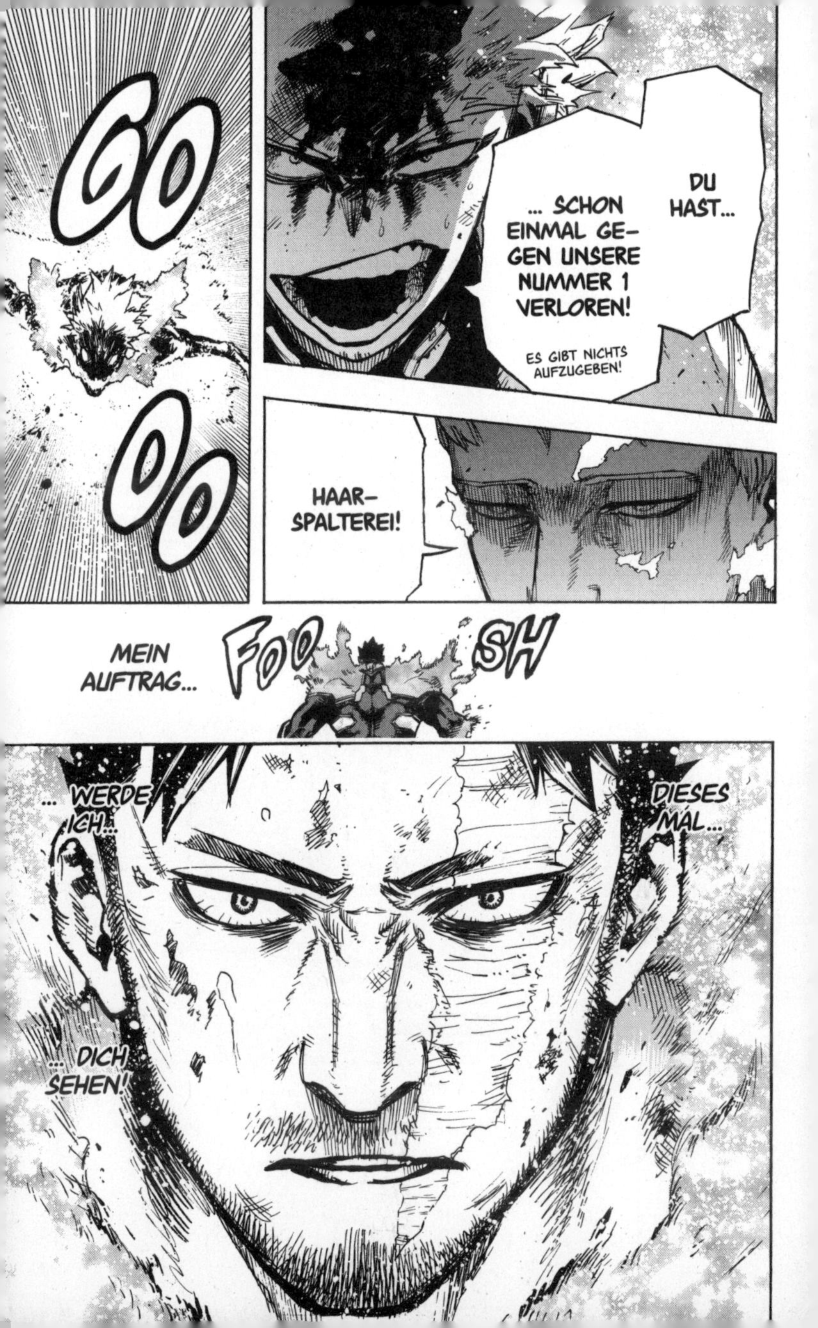
DU HAST...
... SCHON EINMAL GEGEN UNSERE NUMMER 1 VERLOREN!
ES GIBT NICHTS AUFZUGEBEN!
GOOOO
HAARSPALTEREI!
MEIN AUFTRAG...
FOOSH
DIESES MAL...
... WERDE ICH...
... DICH SEHEN!

SHUEISHA

TWICE UND TOGA UND NACHTRAG

Damit Twice mit seiner Macke Dinge vermehren kann, benötigt er Informationen über sie.

Damit sie seine Macke benutzen kann, hat Toga im Voraus eine winzige Menge seines Blutes getrunken, sich in ihn verwandelt und sich auf diese Weise Informationen besorgt. Und wenn sie nicht gestorben sind, dann leben sie noch heute.

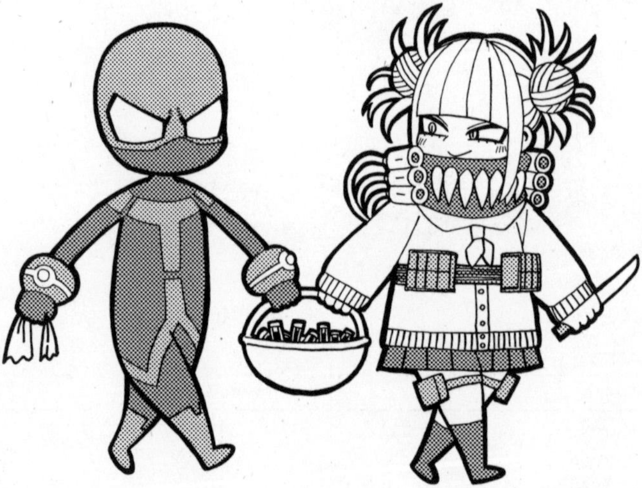

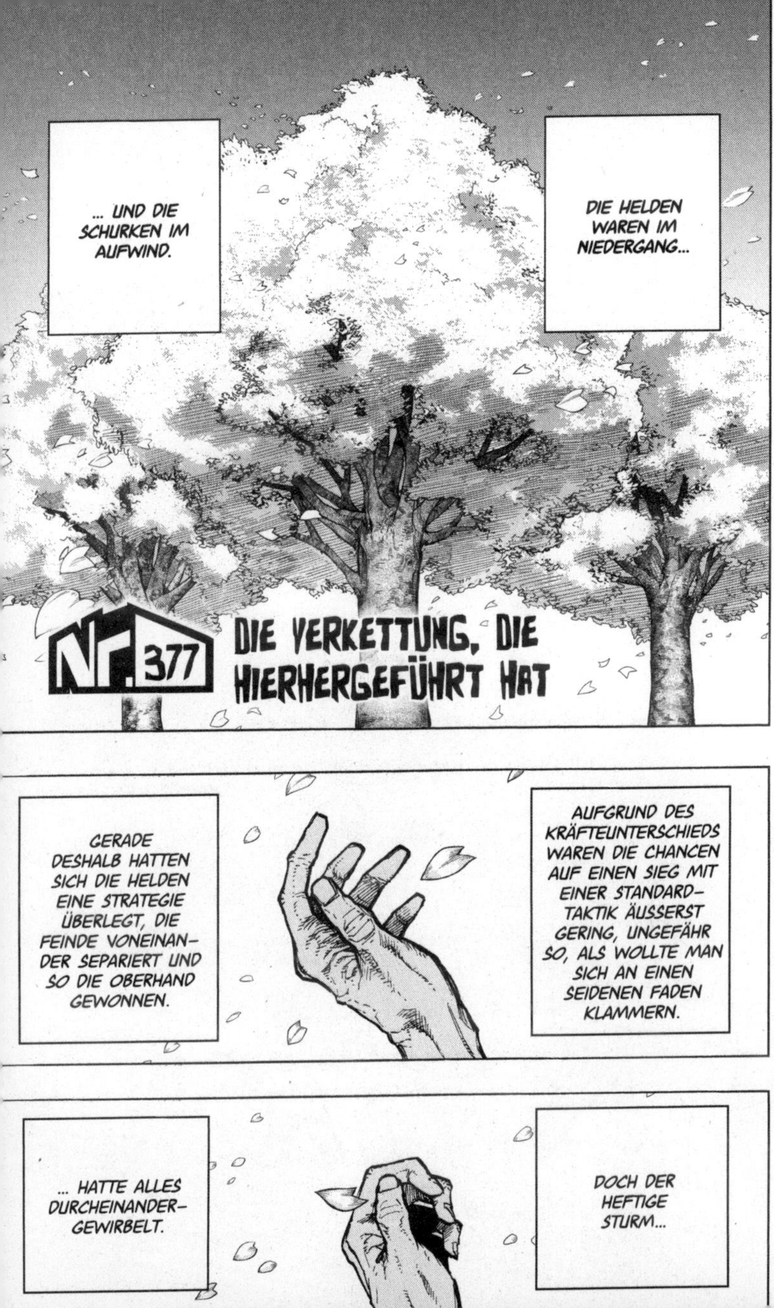
DIE HELDEN WAREN IM NIEDERGANG...
... UND DIE SCHURKEN IM AUFWIND.
NR. 377
DIE VERKETTUNG, DIE HIERHERGEFÜHRT HAT
AUFGRUND DES KRÄFTEUNTERSCHIEDS WAREN DIE CHANCEN AUF EINEN SIEG MIT EINER STANDARD-TAKTIK ÄUSSERST GERING, UNGEFÄHR SO, ALS WOLLTE MAN SICH AN EINEN SEIDENEN FADEN KLAMMERN.
GERADE DESHALB HATTEN SICH DIE HELDEN EINE STRATEGIE ÜBERLEGT, DIE FEINDE VONEINANDER SEPARIERT UND SO DIE OBERHAND GEWONNEN.
DOCH DER HEFTIGE STURM...
... HATTE ALLES DURCHEINANDERGEWIRBELT.

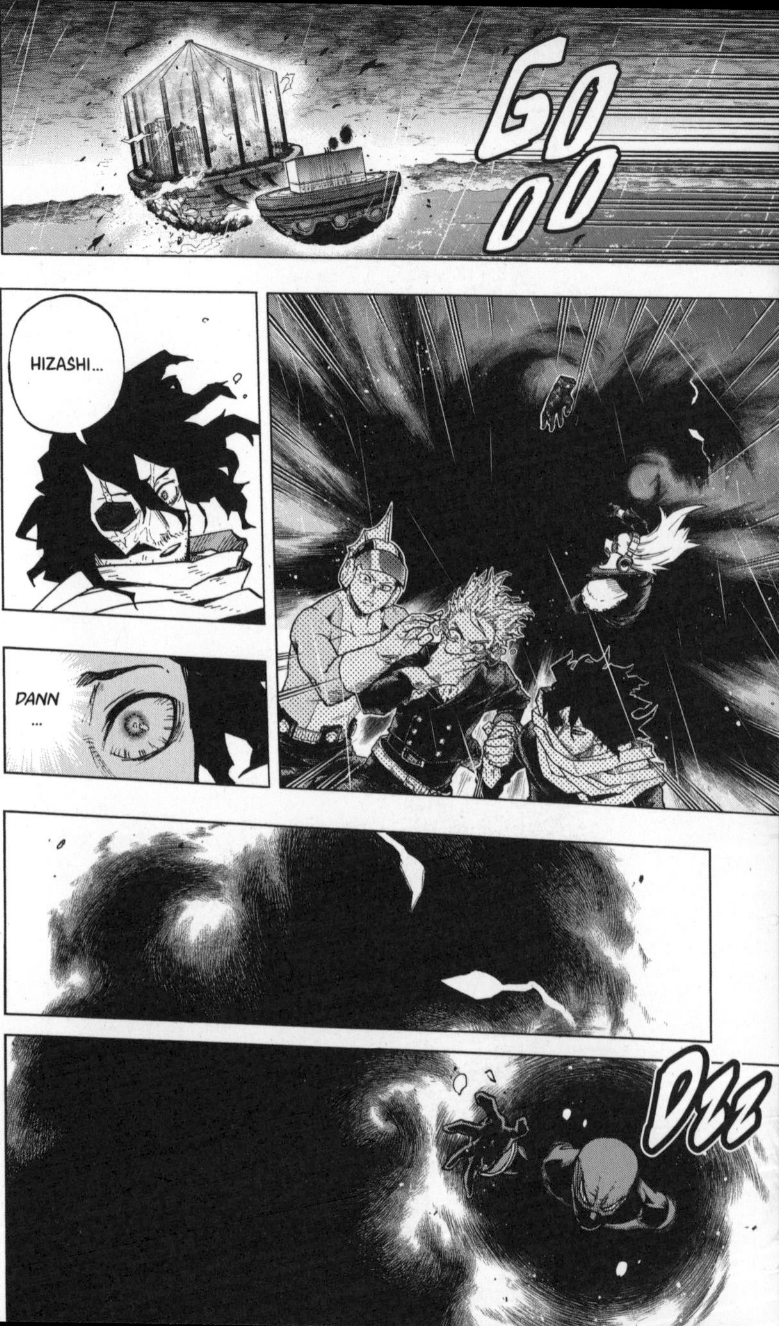
GOOO
HIZASHI...
DANN
...
DZZ

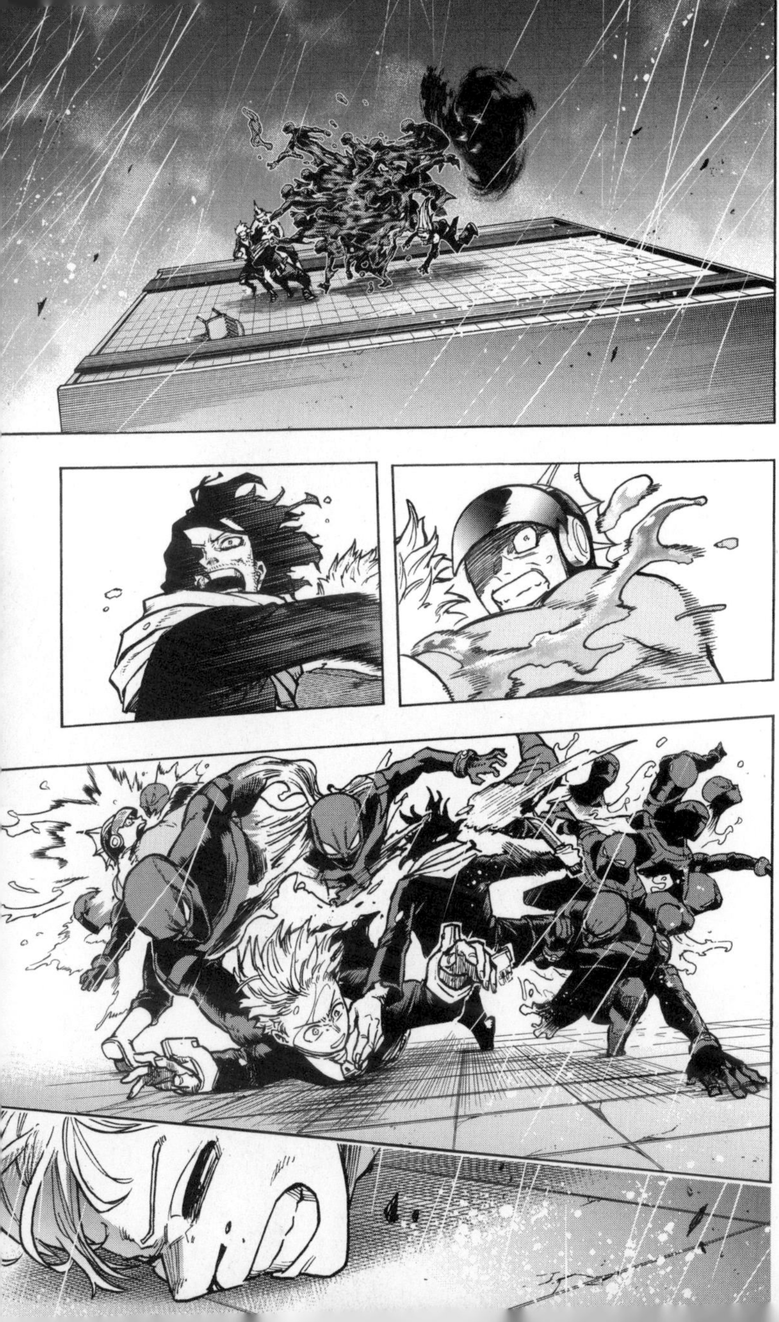

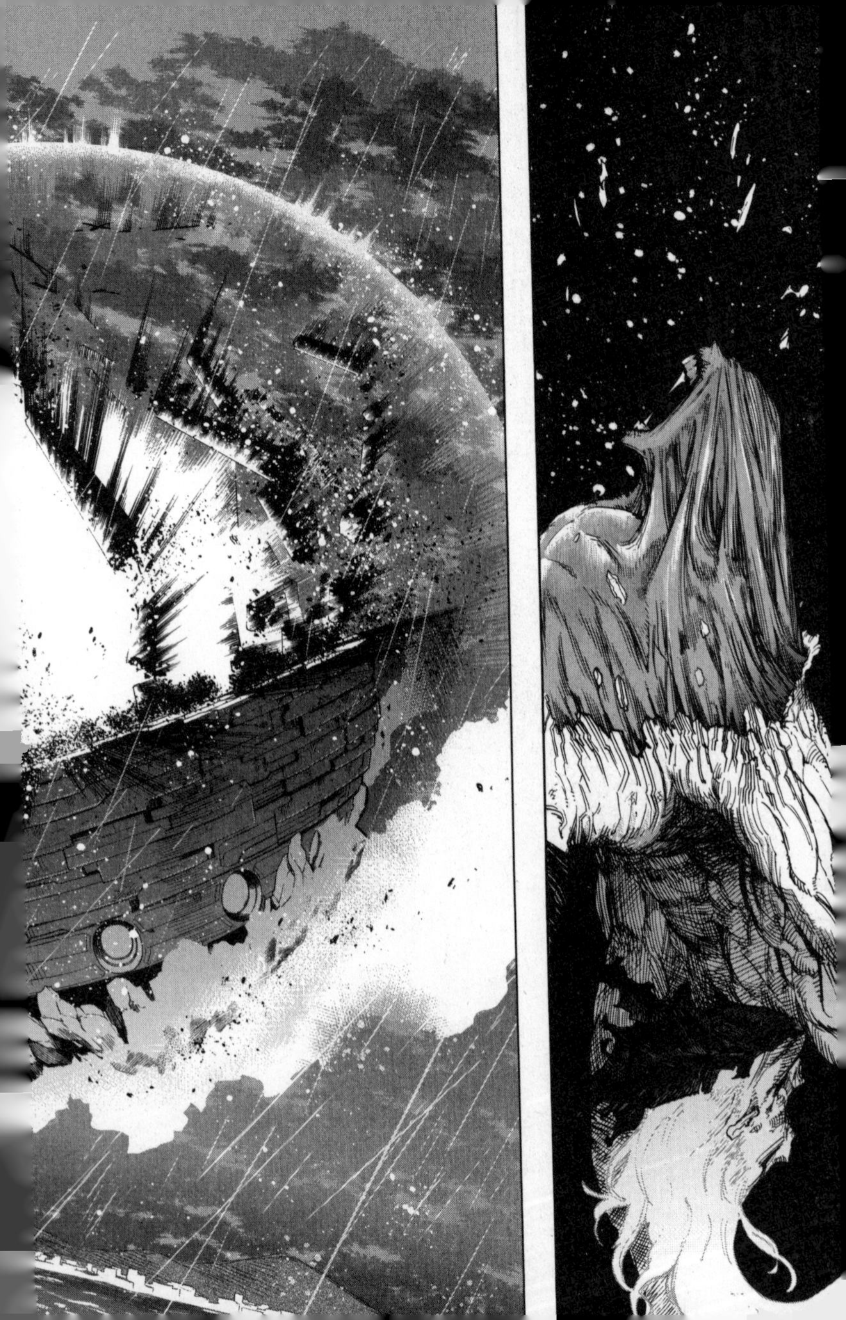

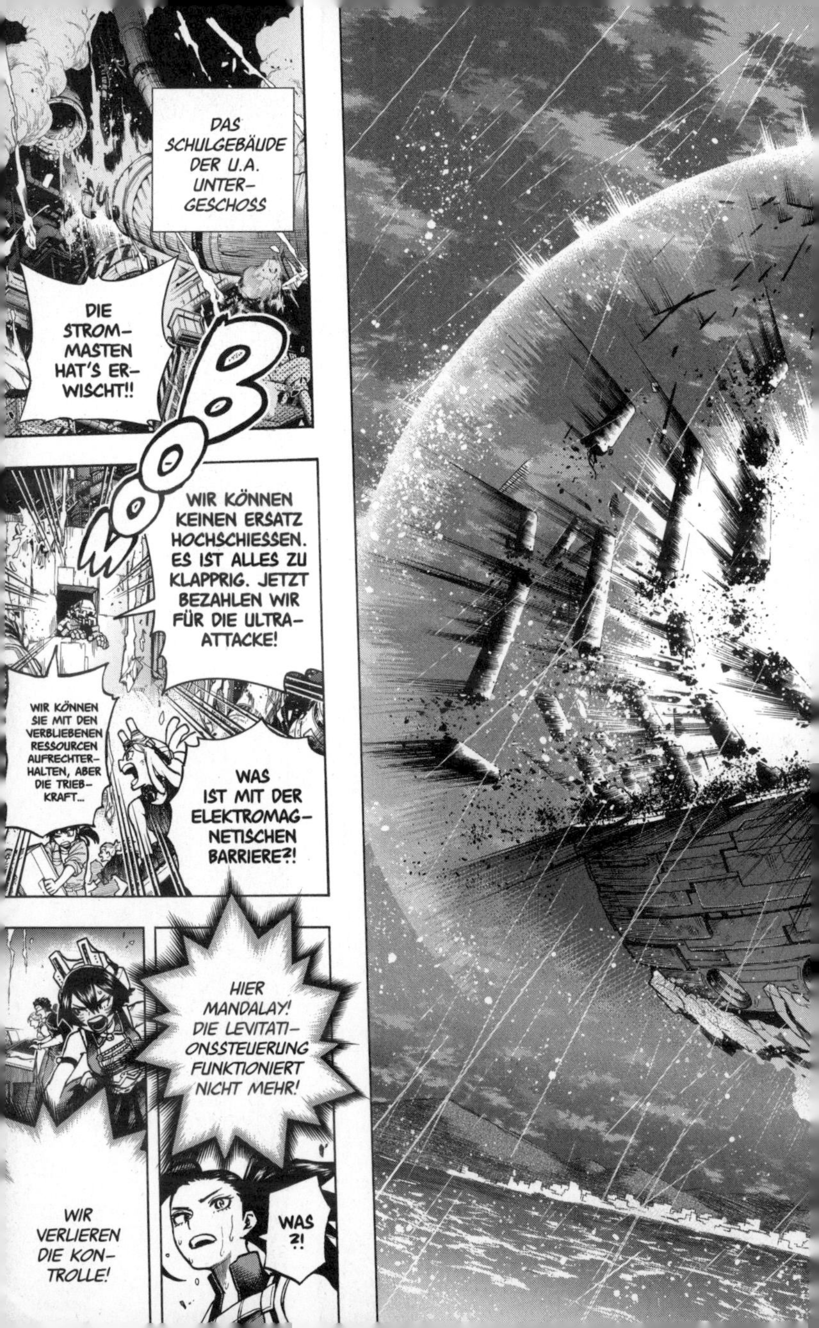
DAS SCHULGEBÄUDE DER U.A. UNTER-GESCHOSS
DIE STROM-MASTEN HAT'S ER-WISCHT!!
BOOOM
WIR KÖNNEN KEINEN ERSATZ HOCHSCHIESSEN. ES IST ALLES ZU KLAPPRIG. JETZT BEZAHLEN WIR FÜR DIE ULTRA-ATTACKE!
WAS IST MIT DER ELEKTROMAG-NETISCHEN BARRIERE?!
WIR KÖNNEN SIE MIT DEN VERBLIEBENEN RESSOURCEN AUFRECHTER-HALTEN, ABER DIE TRIEB-KRAFT...
HIER MANDALAY! DIE LEVITATI-ONSSTEUERUNG FUNKTIONIERT NICHT MEHR!
WAS?!
WIR VERLIEREN DIE KON-TROLLE!

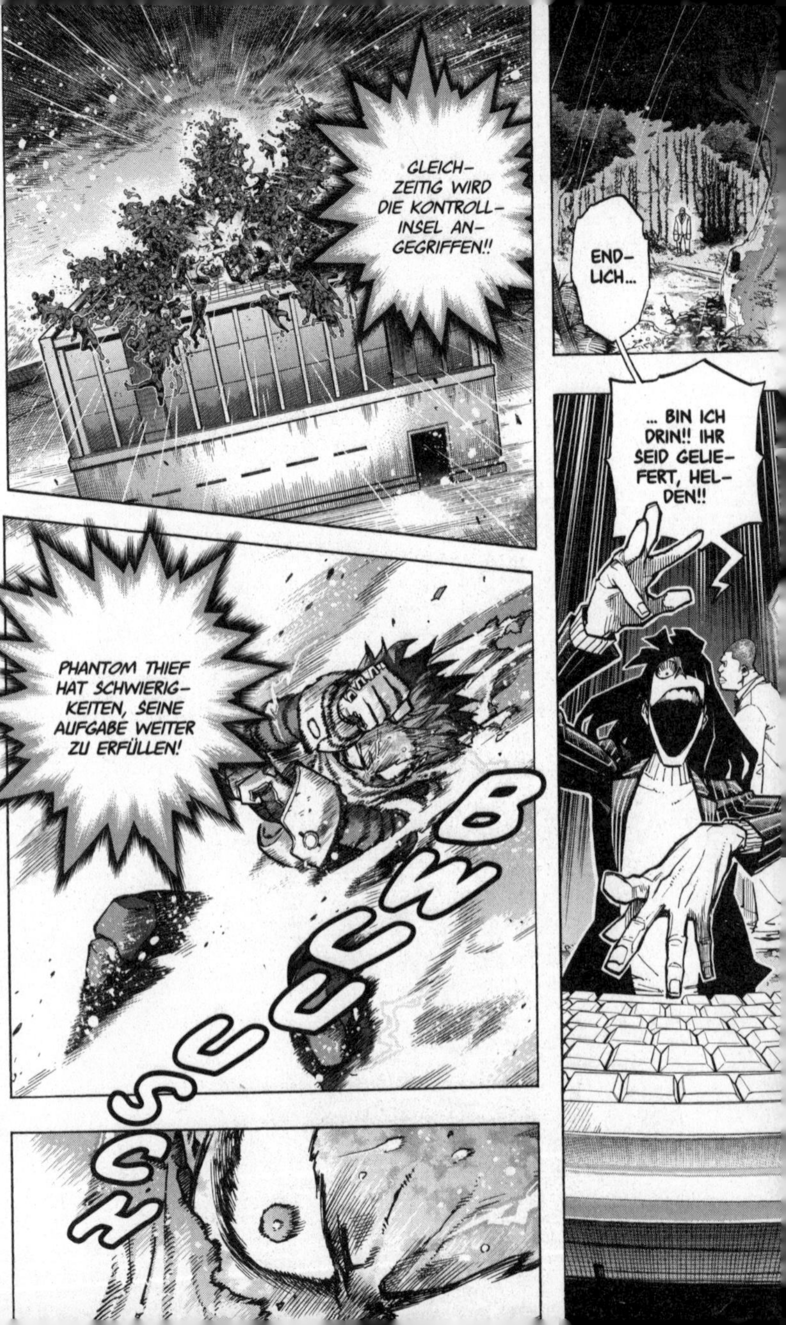

GLEICH-
ZEITIG WIRD
DIE KONTROLL-
INSEL AN-
GEGRIFFEN!!
ENDLICH...
... BIN ICH
DRIN!! IHR
SEID GELIE-
FERT, HEL-
DEN!!
PHANTOM THIEF
HAT SCHWIERIG-
KEITEN, SEINE
AUFGABE WEITER
ZU ERFÜLLEN!
BWUSCH
SCHH

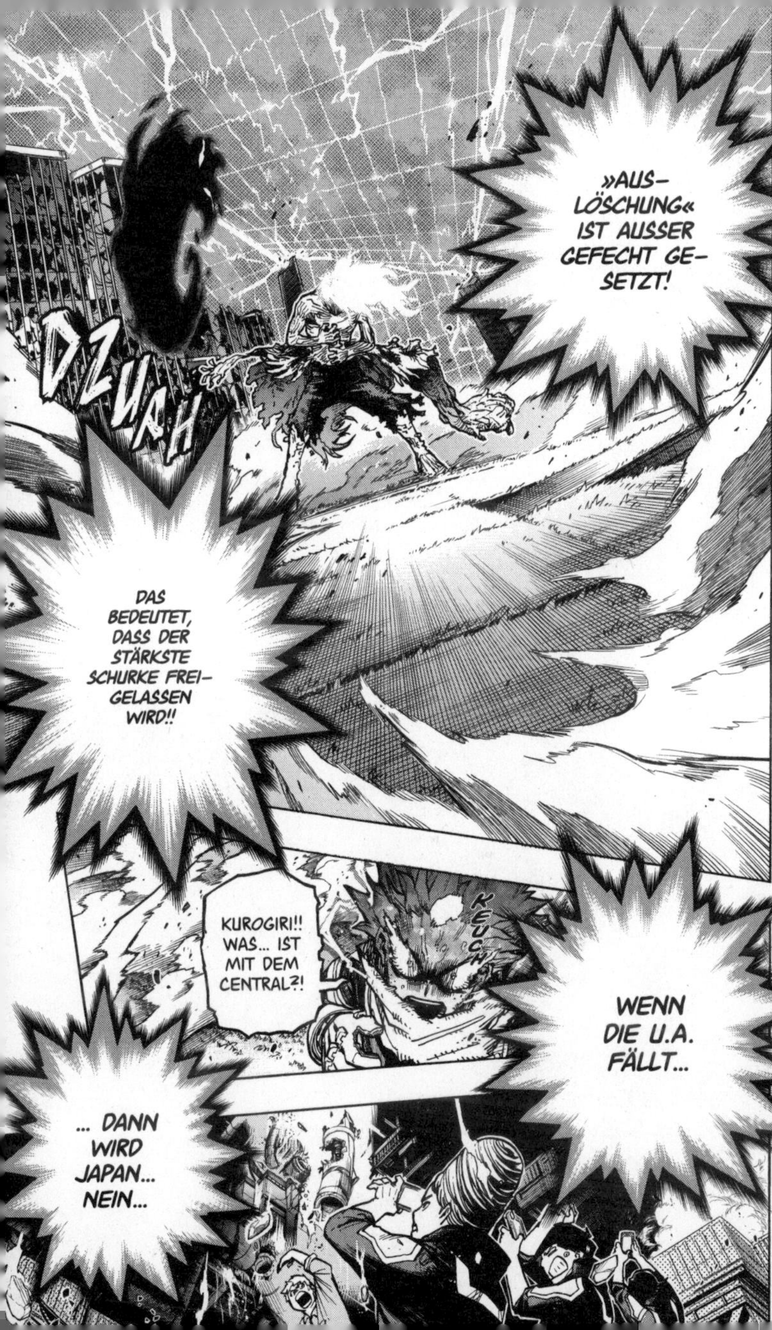
»AUS-LÖSCHUNG« IST AUSSER GEFECHT GESETZT!
DZUAH
DAS BEDEUTET, DASS DER STÄRKSTE SCHURKE FREIGELASSEN WIRD!!
KEUCH
KUROGIRI!! WAS... IST MIT DEM CENTRAL?!
WENN DIE U.A. FÄLLT...
... DANN WIRD JAPAN... NEIN...

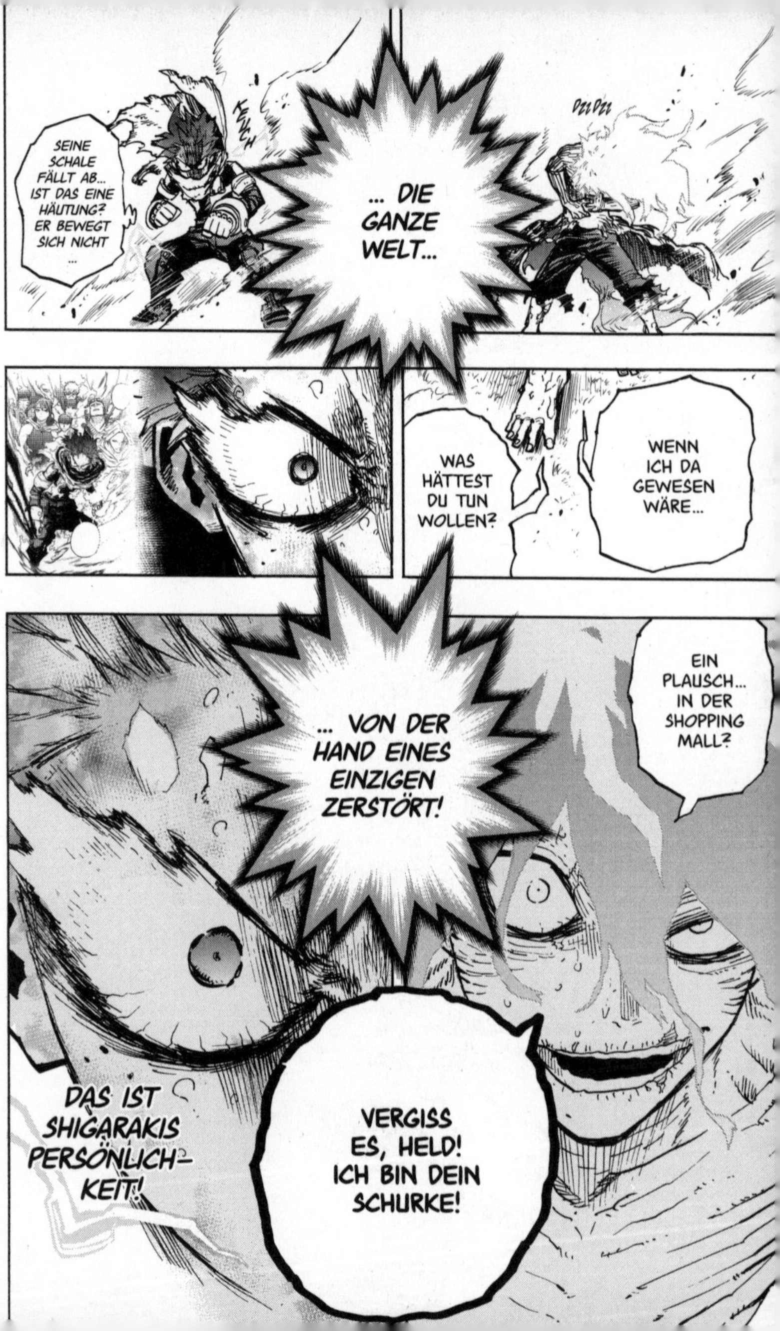
DZZ DZZ
KENCH
SEINE SCHALE FÄLLT AB... IST DAS EINE HÄUTUNG? ER BEWEGT SICH NICHT ...
... DIE GANZE WELT...
WENN ICH DA GEWESEN WÄRE...
WAS HÄTTEST DU TUN WOLLEN?
EIN PLAUSCH... IN DER SHOPPING MALL?
... VON DER HAND EINES EINZIGEN ZERSTÖRT!
VERGISS ES, HELD! ICH BIN DEIN SCHURKE!
DAS IST SHIGARAKIS PERSÖNLICH-KEIT!

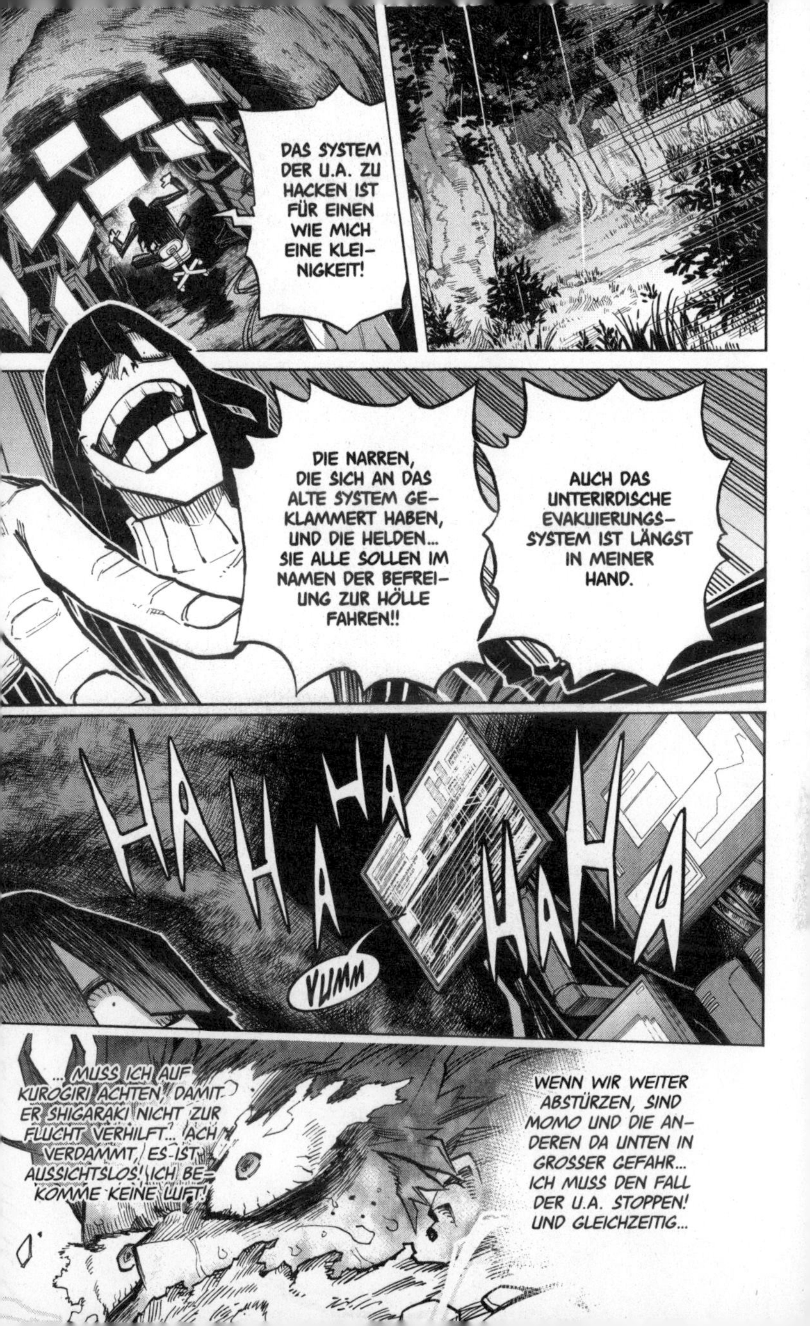
DAS SYSTEM DER U.A. ZU HACKEN IST FÜR EINEN WIE MICH EINE KLEI-NIGKEIT!
AUCH DAS UNTERIRDISCHE EVAKUIERUNGS-SYSTEM IST LÄNGST IN MEINER HAND.
DIE NARREN, DIE SICH AN DAS ALTE SYSTEM GE-KLAMMERT HABEN, UND DIE HELDEN... SIE ALLE SOLLEN IM NAMEN DER BEFREI-UNG ZUR HÖLLE FAHREN!!
HAHAHA
HAHAHA
VUMM
WENN WIR WEITER ABSTÜRZEN, SIND MOMO UND DIE AN-DEREN DA UNTEN IN GROSSER GEFAHR... ICH MUSS DEN FALL DER U.A. STOPPEN! UND GLEICHZEITIG...
... MUSS ICH AUF KUROGIRI ACHTEN, DAMIT ER SHIGARAKI NICHT ZUR FLUCHT VERHILFT... ACH VERDAMMT, ES IST AUSSICHTSLOS! ICH BE-KOMME KEINE LUFT!

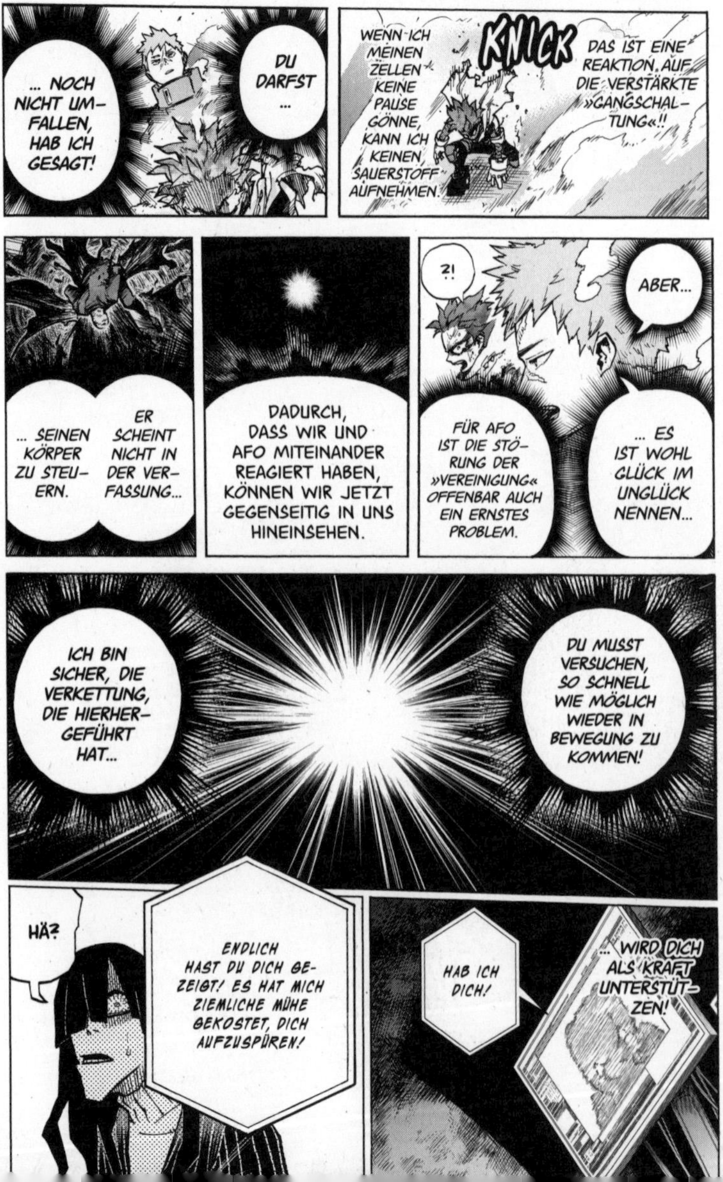

DAS IST EINE REAKTION AUF DIE VERSTÄRKTE »GANGSCHALTUNG«!!
KNICK
WENN ICH MEINEN ZELLEN KEINE PAUSE GÖNNE, KANN ICH KEINEN SAUERSTOFF AUFNEHMEN.
DU DARFST ...
... NOCH NICHT UMFALLEN, HAB ICH GESAGT!
ABER...
?!
... ES IST WOHL GLÜCK IM UNGLÜCK NENNEN...
FÜR AFO IST DIE STÖRUNG DER »VEREINIGUNG« OFFENBAR AUCH EIN ERNSTES PROBLEM.
DADURCH, DASS WIR UND AFO MITEINANDER REAGIERT HABEN, KÖNNEN WIR JETZT GEGENSEITIG IN UNS HINEINSEHEN.
ER SCHEINT NICHT IN DER VERFASSUNG...
... SEINEN KÖRPER ZU STEUERN.
DU MUSST VERSUCHEN, SO SCHNELL WIE MÖGLICH WIEDER IN BEWEGUNG ZU KOMMEN!
ICH BIN SICHER, DIE VERKETTUNG, DIE HIERHERGEFÜHRT HAT...
... WIRD DICH ALS KRAFT UNTERSTÜTZEN!
HAB ICH DICH!
ENDLICH HAST DU DICH GEZEIGT! ES HAT MICH ZIEMLICHE MÜHE GEKOSTET, DICH AUFZUSPÜREN!
HÄ?

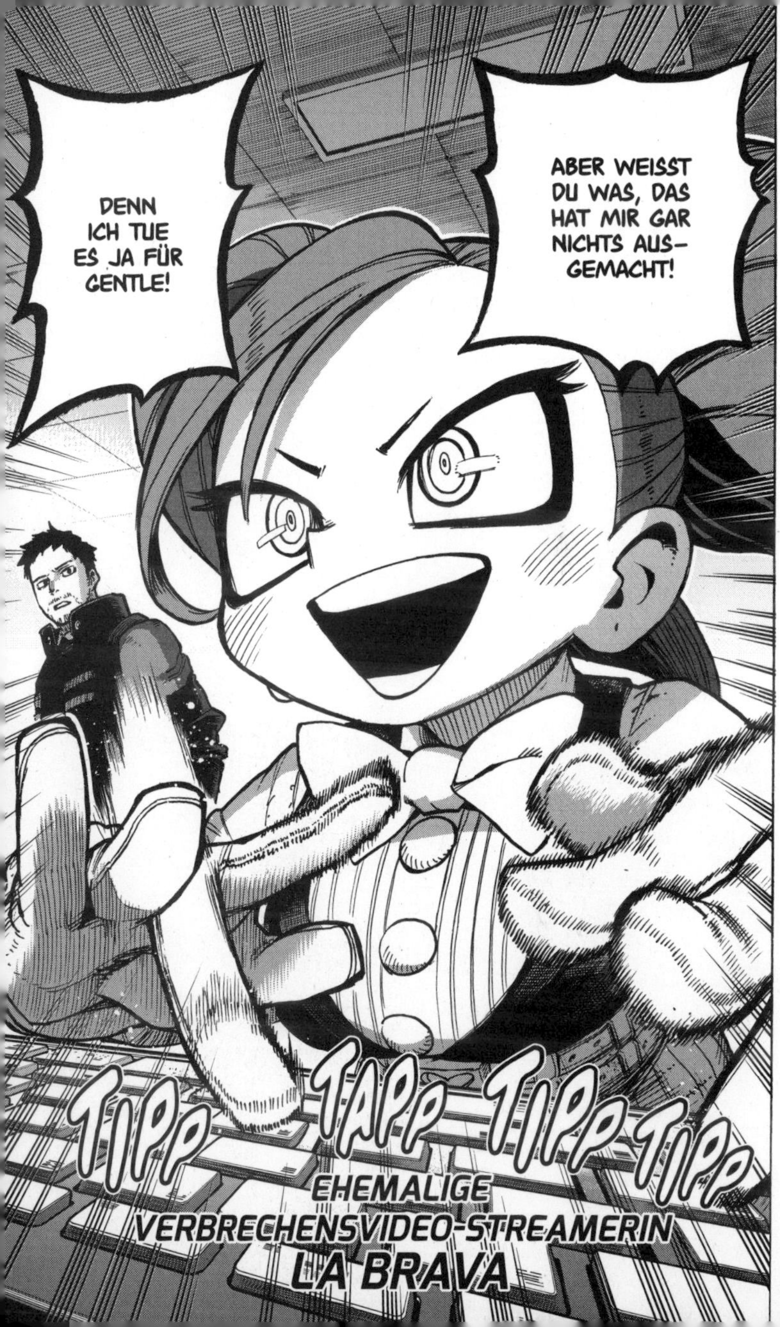
ABER WEISST DU WAS, DAS HAT MIR GAR NICHTS AUS-GEMACHT!
DENN ICH TUE ES JA FÜR GENTLE!
TIPP TAPP TIPP TIPP
EHEMALIGE VERBRECHENSVIDEO-STREAMERIN
LA BRAVA

THE

La Brava. Diejenigen, die sich fragen: »Wer war das noch mal?«, sollten Band 19 lesen! Ihr müsst ihn nicht ganz lesen, es reicht, wenn ihr einfach kurz durchblättert. Denke ich.
Weil sie so lange nicht aufgetreten ist, hatte ich mir überlegt, ihr ein luftiges Kleid anzuziehen, aber ~~weil es so anstrengend zu zeichnen war~~ aus Gründen habe ich es dann gelassen.

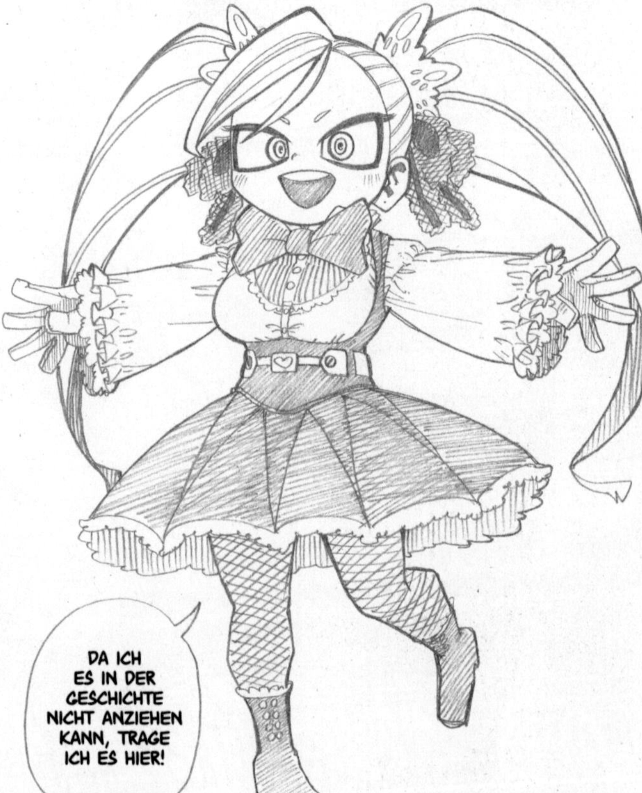

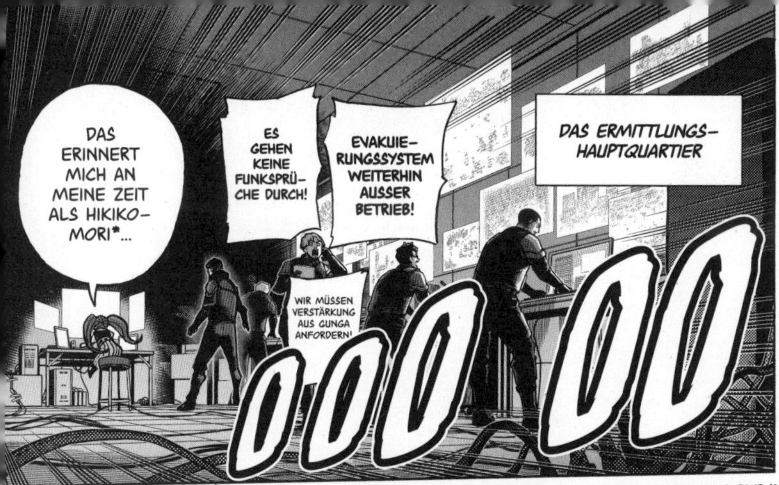

* ZURÜCKGEZOGEN LEBENDER SOZIOPHOBIKER ** MARKENCHARAKTER EINER WELTBEKANNTEN DESIGNERIN. UNHEIMLICH. S. BAND 19

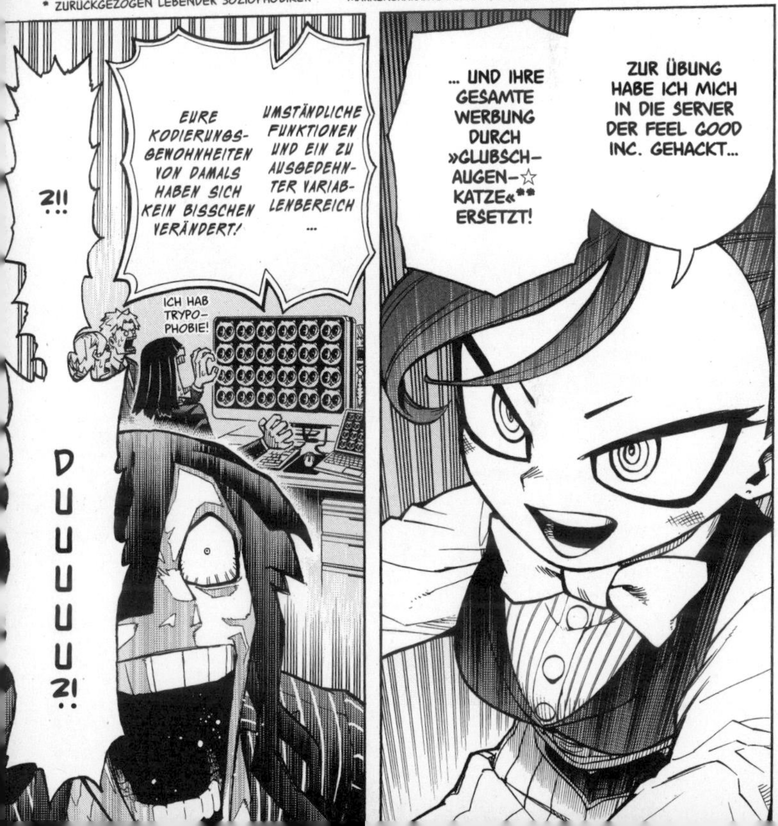

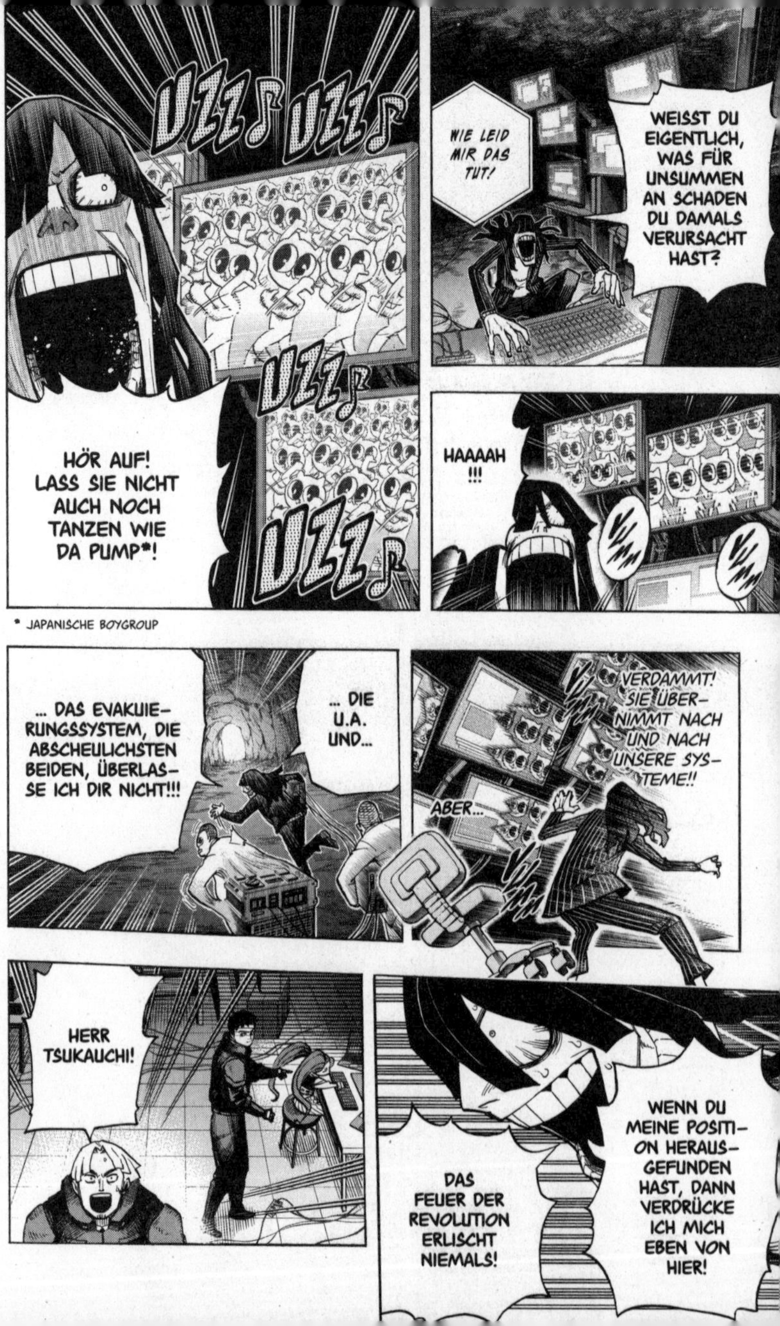
WEISST DU EIGENTLICH, WAS FÜR UNSUMMEN AN SCHADEN DU DAMALS VERURSACHT HAST?
WIE LEID MIR DAS TUT!
HAAAAH!!!
UZZ♪ UZZ♪
UZZ♪
UZZ♪
HÖR AUF! LASS SIE NICHT AUCH NOCH TANZEN WIE DA PUMP*!
* JAPANISCHE BOYGROUP
VERDAMMT! SIE ÜBERNIMMT NACH UND NACH UNSERE SYSTEME!!
ABER...
... DIE U.A. UND...
... DAS EVAKUIERUNGSSYSTEM, DIE ABSCHEULICHSTEN BEIDEN, ÜBERLASSE ICH DIR NICHT!!!
WENN DU MEINE POSITION HERAUSGEFUNDEN HAST, DANN VERDRÜCKE ICH MICH EBEN VON HIER!
DAS FEUER DER REVOLUTION ERLISCHT NIEMALS!
HERR TSUKAUCHI!

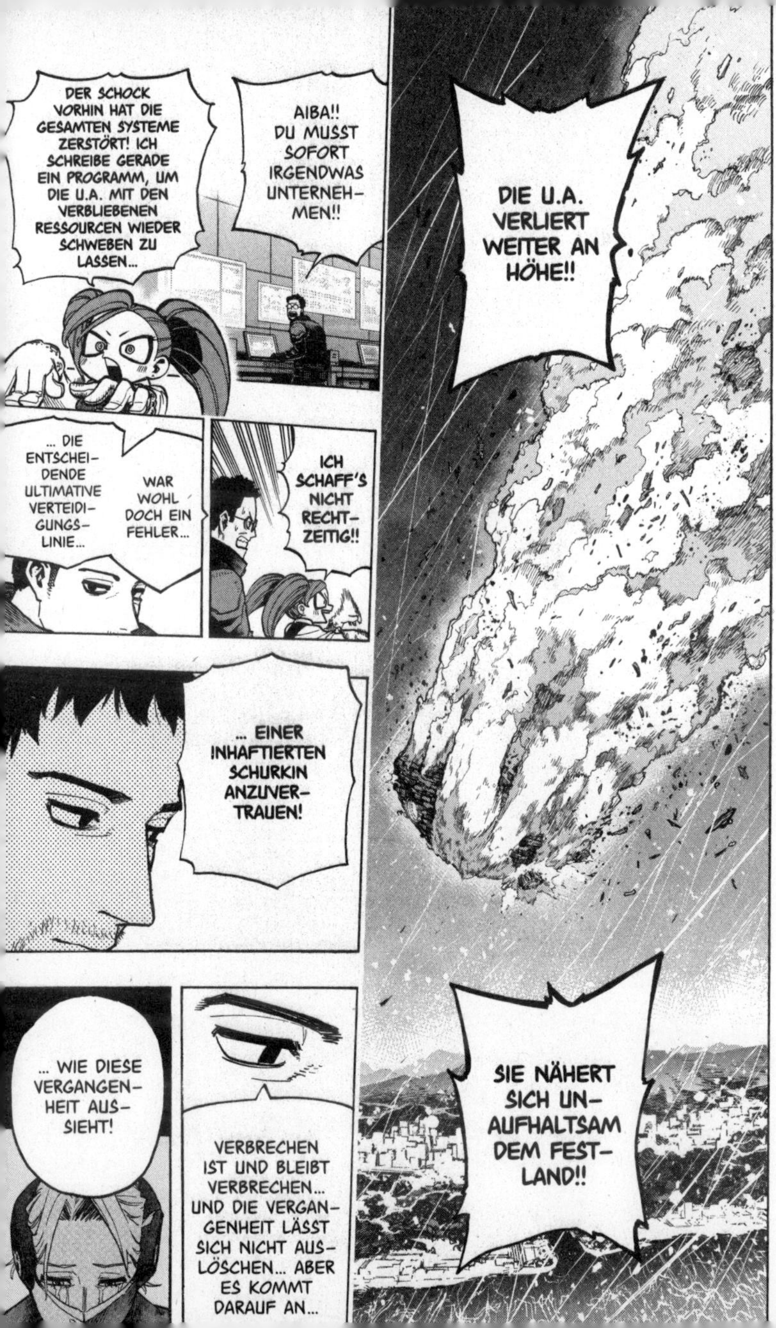
DIE U.A. VERLIERT WEITER AN HÖHE!!
AIBA!! DU MUSST SOFORT IRGENDWAS UNTERNEH- MEN!!
DER SCHOCK VORHIN HAT DIE GESAMTEN SYSTEME ZERSTÖRT! ICH SCHREIBE GERADE EIN PROGRAMM, UM DIE U.A. MIT DEN VERBLIEBENEN RESSOURCEN WIEDER SCHWEBEN ZU LASSEN...
ICH SCHAFF'S NICHT RECHT- ZEITIG!!
WAR WOHL DOCH EIN FEHLER...
... DIE ENTSCHEI- DENDE ULTIMATIVE VERTEIDI- GUNGS- LINIE...
... EINER INHAFTIERTEN SCHURKIN ANZUVER- TRAUEN!
SIE NÄHERT SICH UN- AUFHALTSAM DEM FEST- LAND!!
VERBRECHEN IST UND BLEIBT VERBRECHEN... UND DIE VERGAN- GENHEIT LÄSST SICH NICHT AUS- LÖSCHEN... ABER ES KOMMT DARAUF AN...
... WIE DIESE VERGANGEN- HEIT AUS- SIEHT!

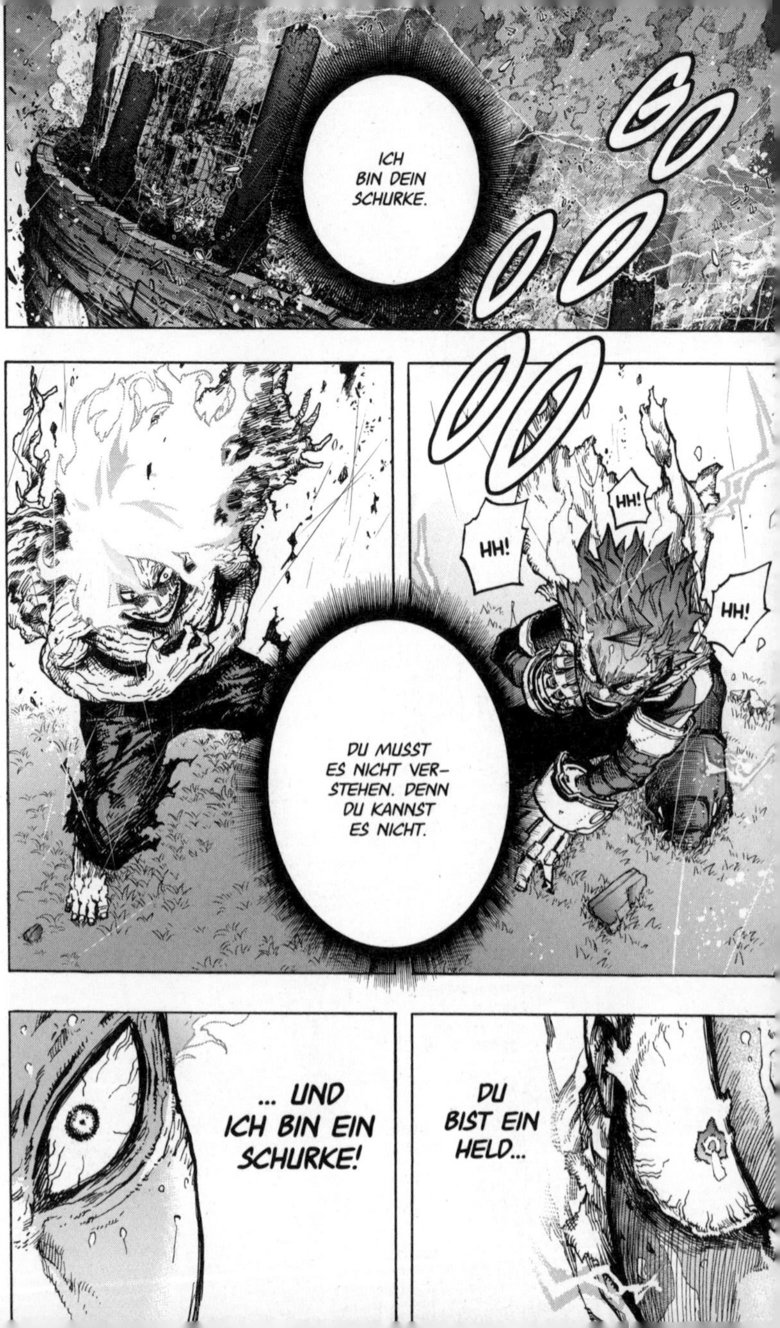
ICH BIN DEIN SCHURKE.
GOOOOO
HH!
HH!
HH!
DU MUSST ES NICHT VER-STEHEN. DENN DU KANNST ES NICHT.
DU BIST EIN HELD...
... UND ICH BIN EIN SCHURKE!

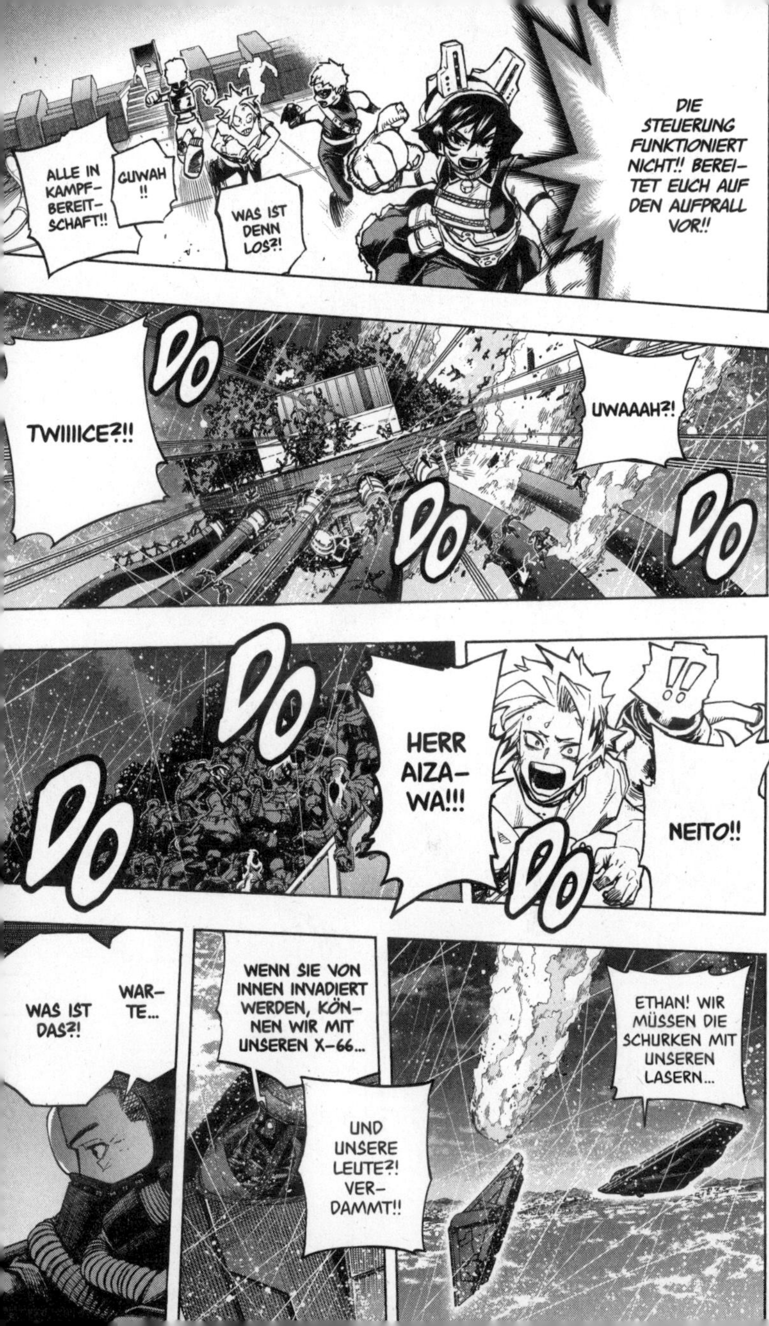

DIE STEUERUNG FUNKTIONIERT NICHT!! BEREITET EUCH AUF DEN AUFPRALL VOR!!
WAS IST DENN LOS?!
GUWAH !!
ALLE IN KAMPFBEREITSCHAFT!!
UWAAAH?!
DO
DO
TWIIIICE?!!
DO
NEITO!!
!!
HERR AIZAWA!!!
DO
DO
DO
ETHAN! WIR MÜSSEN DIE SCHURKEN MIT UNSEREN LASERN...
WENN SIE VON INNEN INVADIERT WERDEN, KÖNNEN WIR MIT UNSEREN X-66...
UND UNSERE LEUTE?! VERDAMMT!!
WARTE...
WAS IST DAS?!

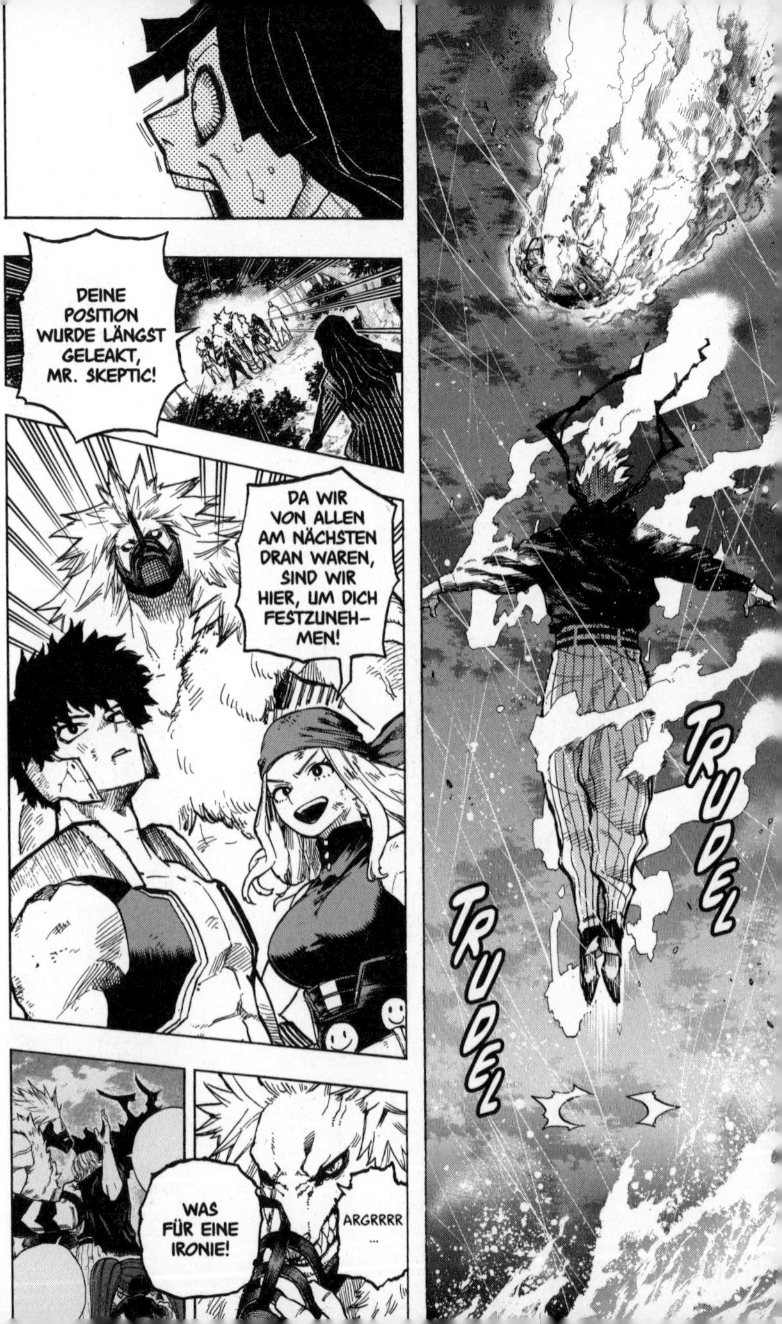

TRUDEL
TRUDEL
DEINE POSITION WURDE LÄNGST GELEAKT, MR. SKEPTIC!
DA WIR VON ALLEN AM NÄCHSTEN DRAN WAREN, SIND WIR HIER, UM DICH FESTZUNEH-MEN!
ARGRRRR ...
WAS FÜR EINE IRONIE!

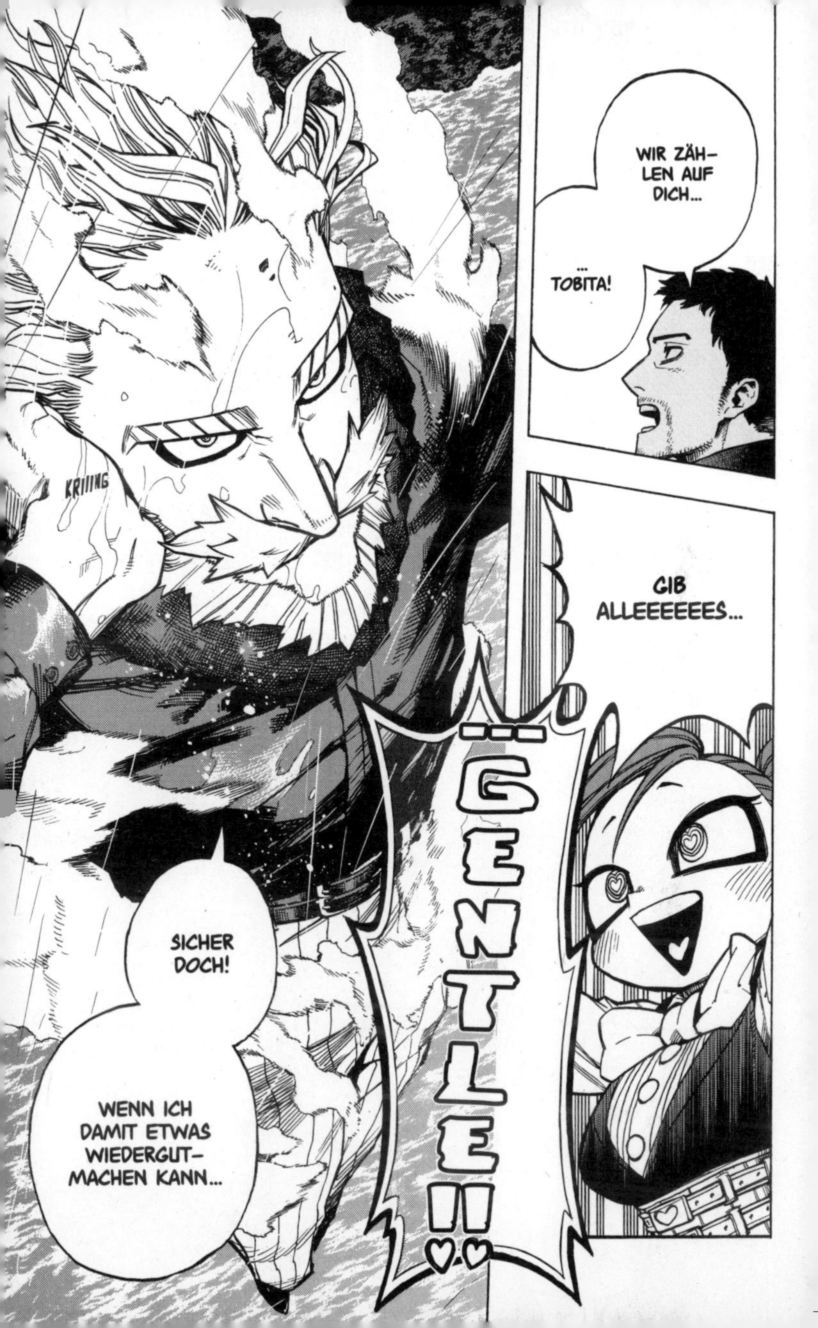
WIR ZÄH-LEN AUF DICH...
... TOBITA!
GIB ALLEEEEEES...
...GENTLE!!
KRIIING
SICHER DOCH!
WENN ICH DAMIT ETWAS WIEDERGUT-MACHEN KANN...

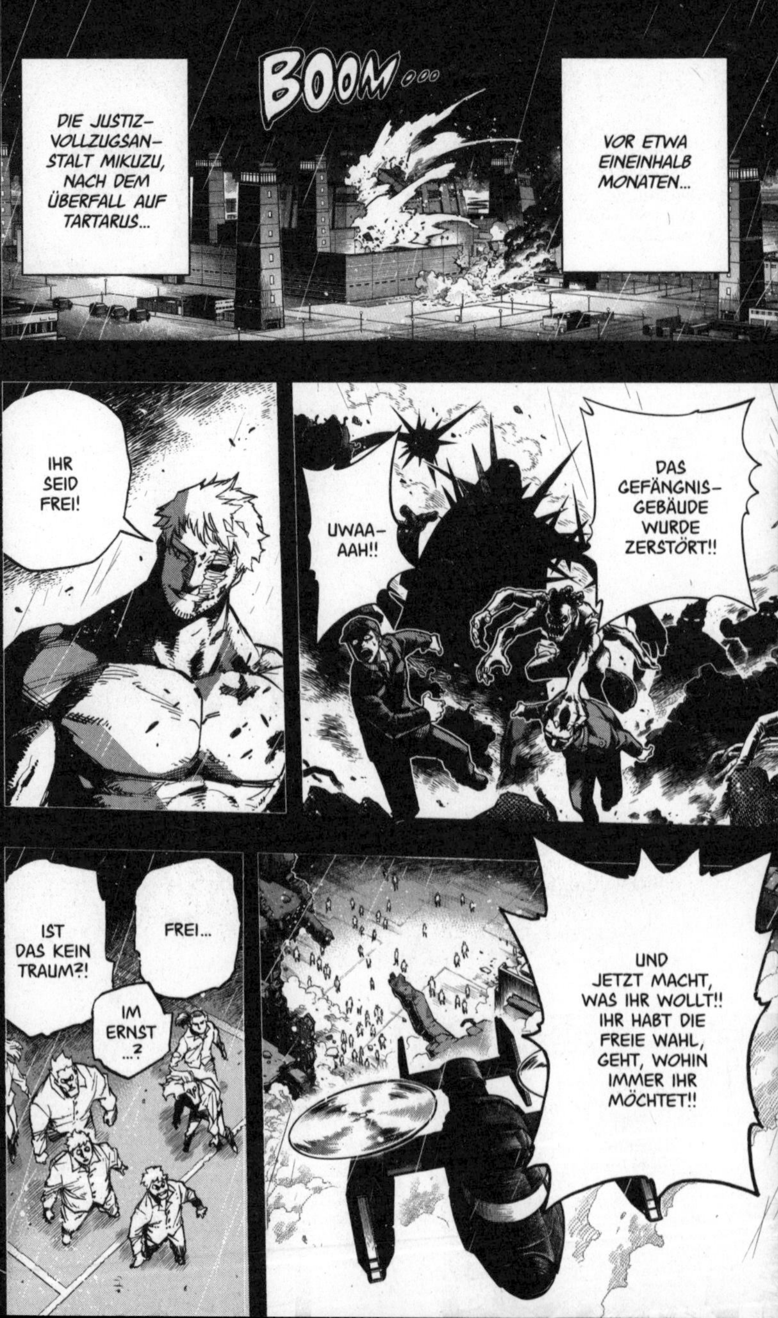
BOOM...
DIE JUSTIZ-VOLLZUGSANSTALT MIKUZU, NACH DEM ÜBERFALL AUF TARTARUS...
VOR ETWA EINEINHALB MONATEN...
IHR SEID FREI!
UWAA-AAH!!
DAS GEFÄNGNIS-GEBÄUDE WURDE ZERSTÖRT!!
IST DAS KEIN TRAUM?!
FREI...
IM ERNST ...?
UND JETZT MACHT, WAS IHR WOLLT!! IHR HABT DIE FREIE WAHL, GEHT, WOHIN IMMER IHR MÖCHTET!!

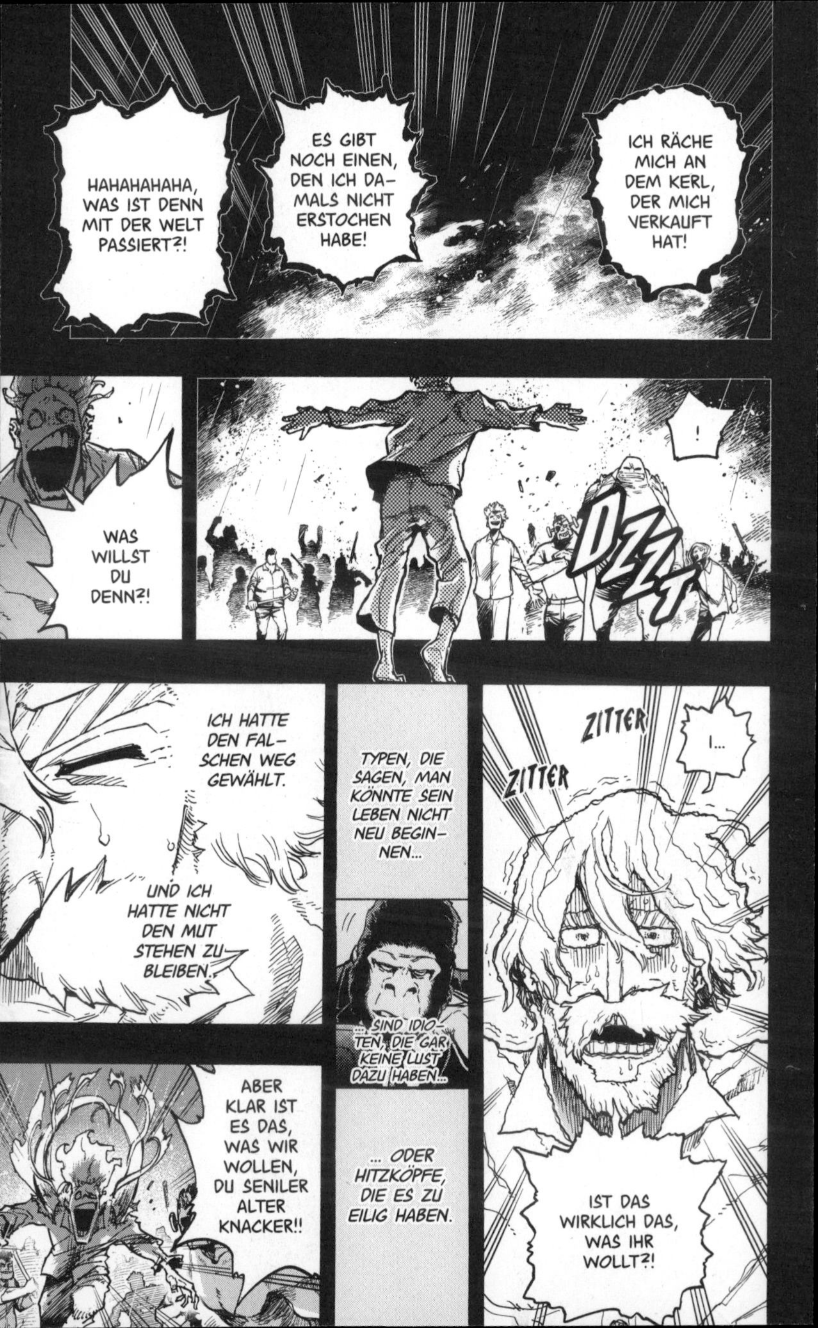
HAHAHAHAHA, WAS IST DENN MIT DER WELT PASSIERT?!
ES GIBT NOCH EINEN, DEN ICH DAMALS NICHT ERSTOCHEN HABE!
ICH RÄCHE MICH AN DEM KERL, DER MICH VERKAUFT HAT!
WAS WILLST DU DENN?!
DZZT
!
ICH HATTE DEN FALSCHEN WEG GEWÄHLT.
UND ICH HATTE NICHT DEN MUT STEHEN ZU BLEIBEN...
TYPEN, DIE SAGEN, MAN KÖNNTE SEIN LEBEN NICHT NEU BEGINNEN...
... SIND IDIOTEN, DIE GAR KEINE LUST DAZU HABEN...
... ODER HITZKÖPFE, DIE ES ZU EILIG HABEN.
ABER KLAR IST ES DAS, WAS WIR WOLLEN, DU SENILER ALTER KNACKER!!
ZITTER
ZITTER
I...
IST DAS WIRKLICH DAS, WAS IHR WOLLT?!

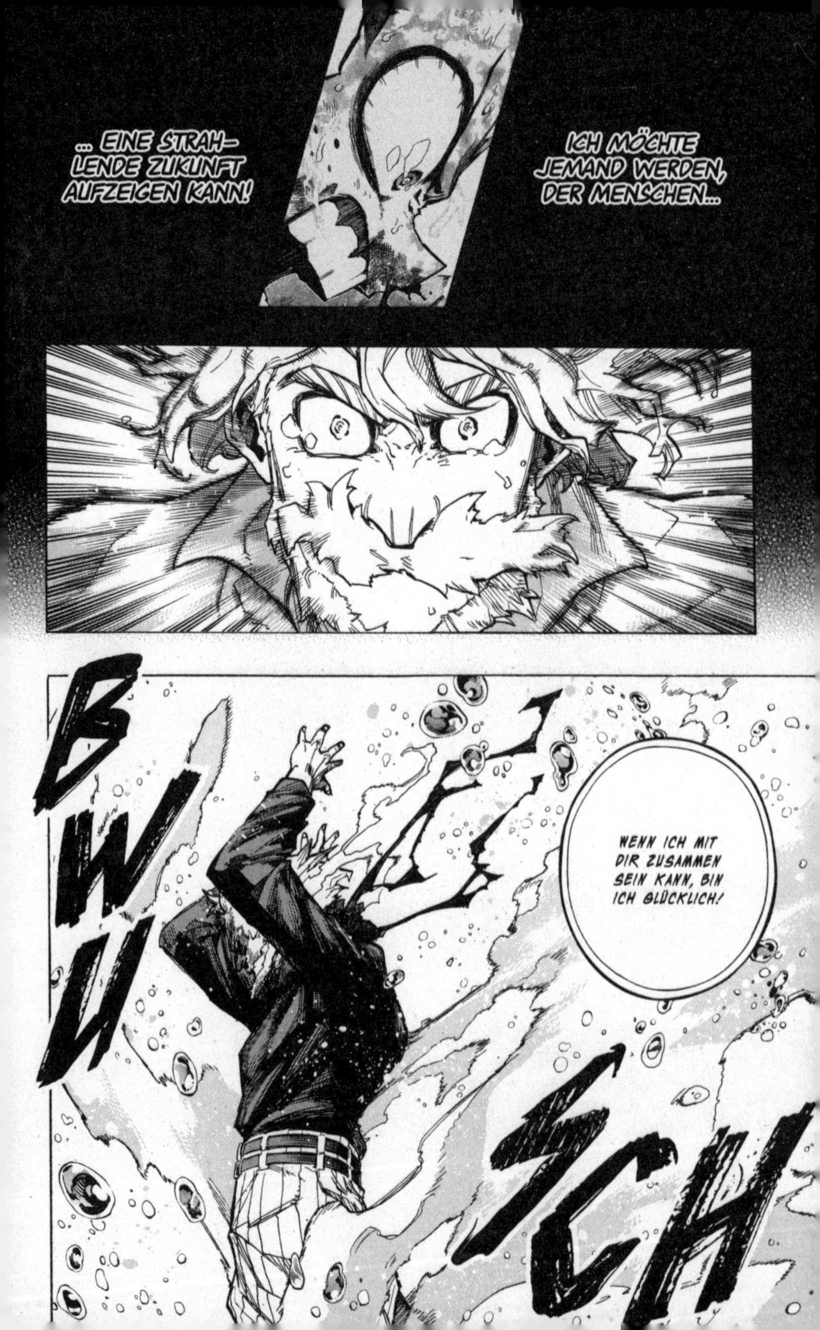

ICH MÖCHTE JEMAND WERDEN, DER MENSCHEN...
... EINE STRAH-LENDE ZUKUNFT AUFZEIGEN KANN!
WENN ICH MIT DIR ZUSAMMEN SEIN KANN, BIN ICH GLÜCKLICH!
BWU
SCH

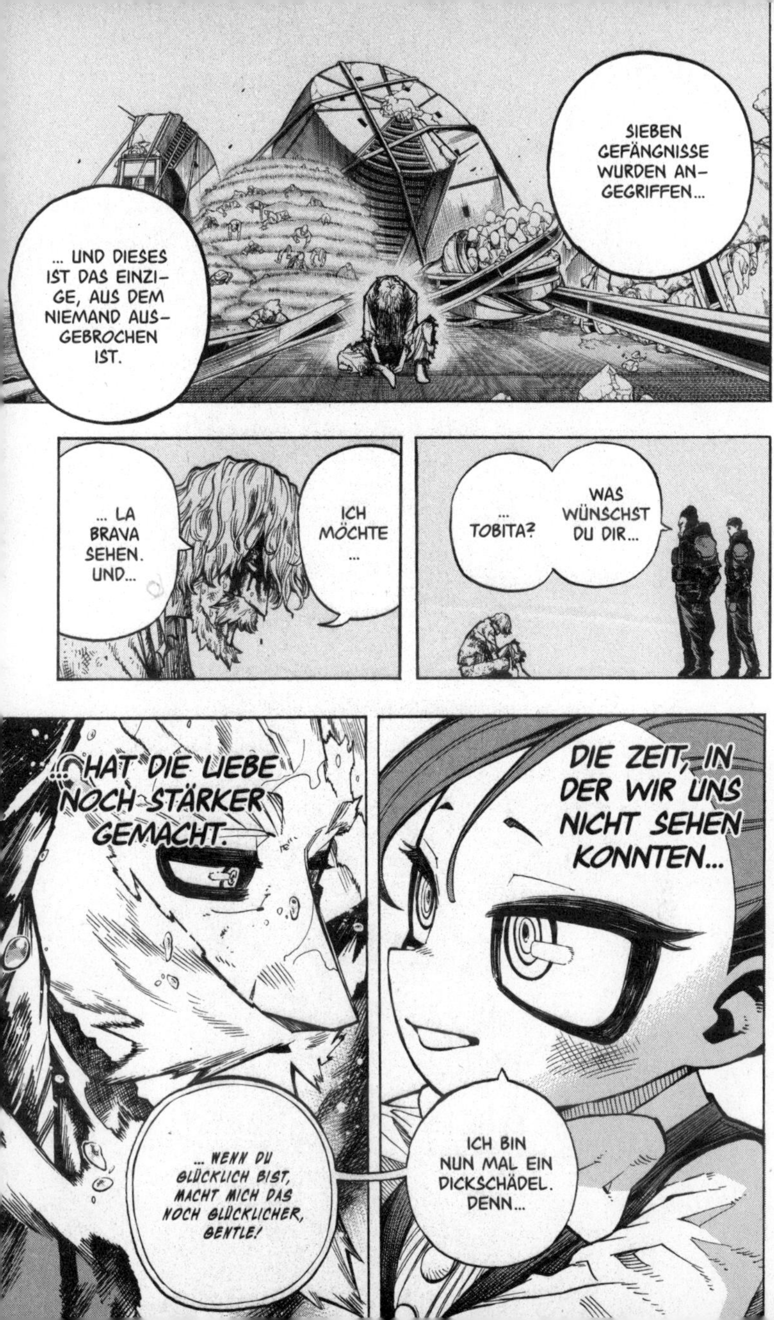
SIEBEN GEFÄNGNISSE WURDEN ANGEGRIFFEN...
... UND DIESES IST DAS EINZIGE, AUS DEM NIEMAND AUSGEBROCHEN IST.
WAS WÜNSCHST DU DIR...
... TOBITA?
ICH MÖCHTE ...
... LA BRAVA SEHEN. UND...
DIE ZEIT, IN DER WIR UNS NICHT SEHEN KONNTEN...
ICH BIN NUN MAL EIN DICKSCHÄDEL. DENN...
...HAT DIE LIEBE NOCH STÄRKER GEMACHT.
... WENN DU GLÜCKLICH BIST, MACHT MICH DAS NOCH GLÜCKLICHER, GENTLE!

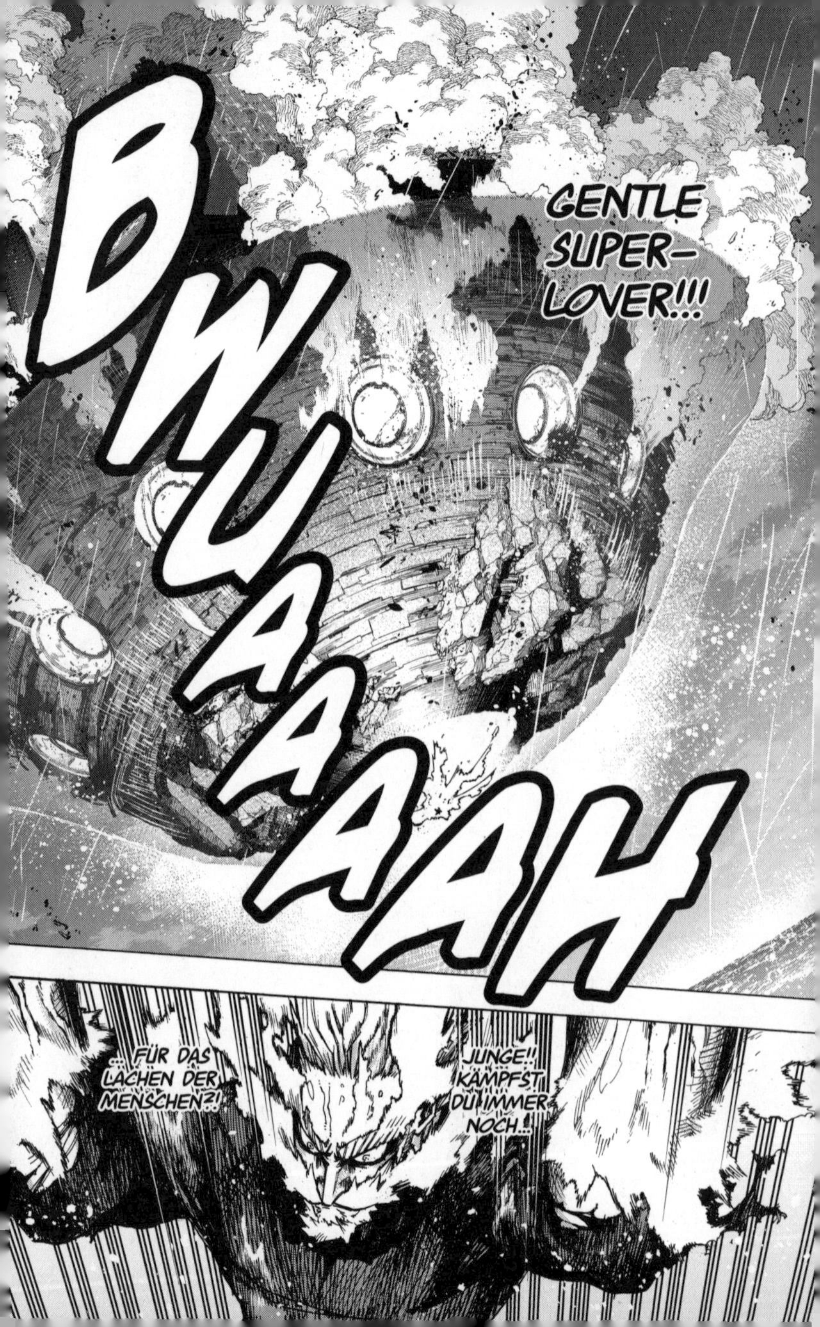
GENTLE SUPER-LOVER!!!
BWUAAAAAH
JUNGE!! KÄMPFST DU IMMER NOCH...
...FÜR DAS LACHEN DER MENSCHEN?!

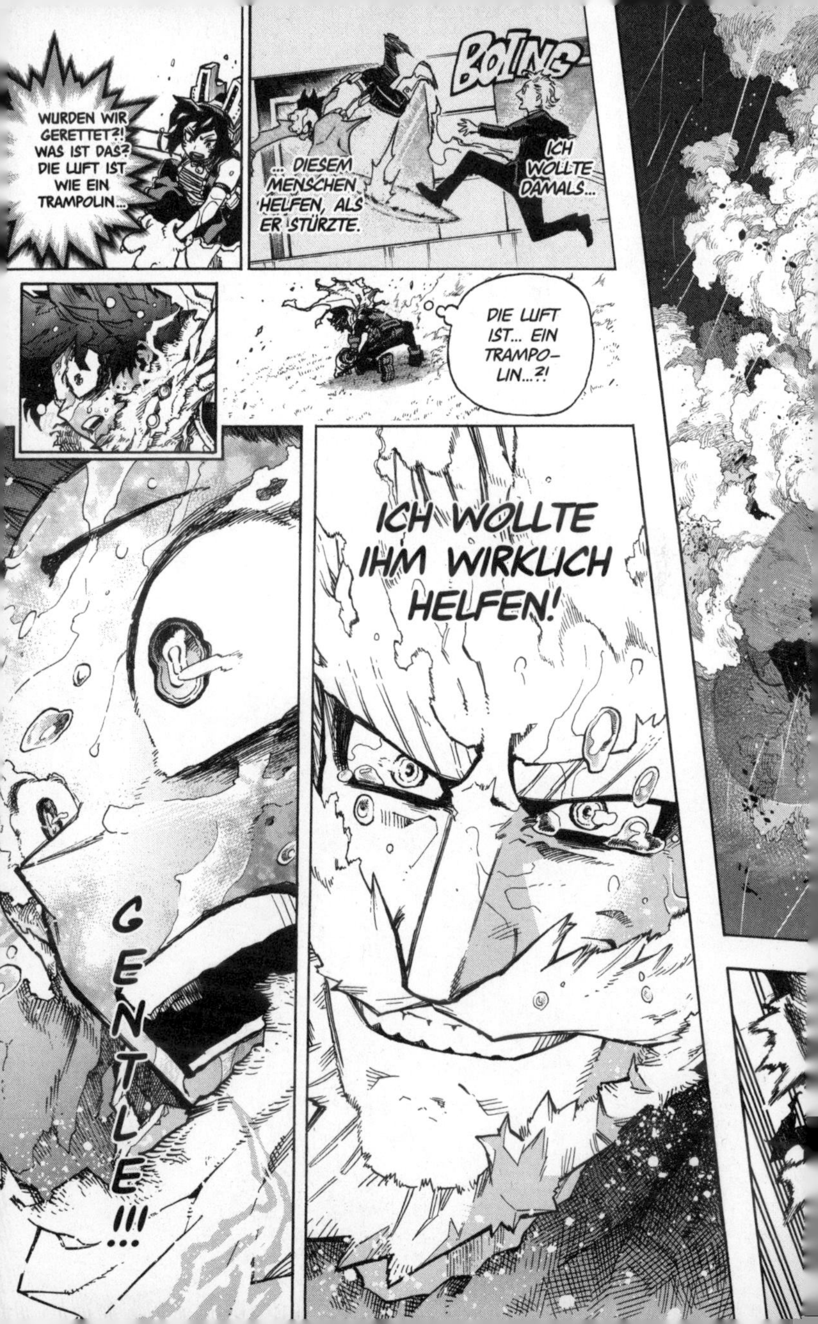
ICH WOLLTE DAMALS...
... DIESEM MENSCHEN HELFEN, ALS ER STÜRZTE.
BOING
WURDEN WIR GERETTET?! WAS IST DAS? DIE LUFT IST WIE EIN TRAMPOLIN...
DIE LUFT IST... EIN TRAMPOLIN...?!
ICH WOLLTE IHM WIRKLICH HELFEN!
GENTLE!!!

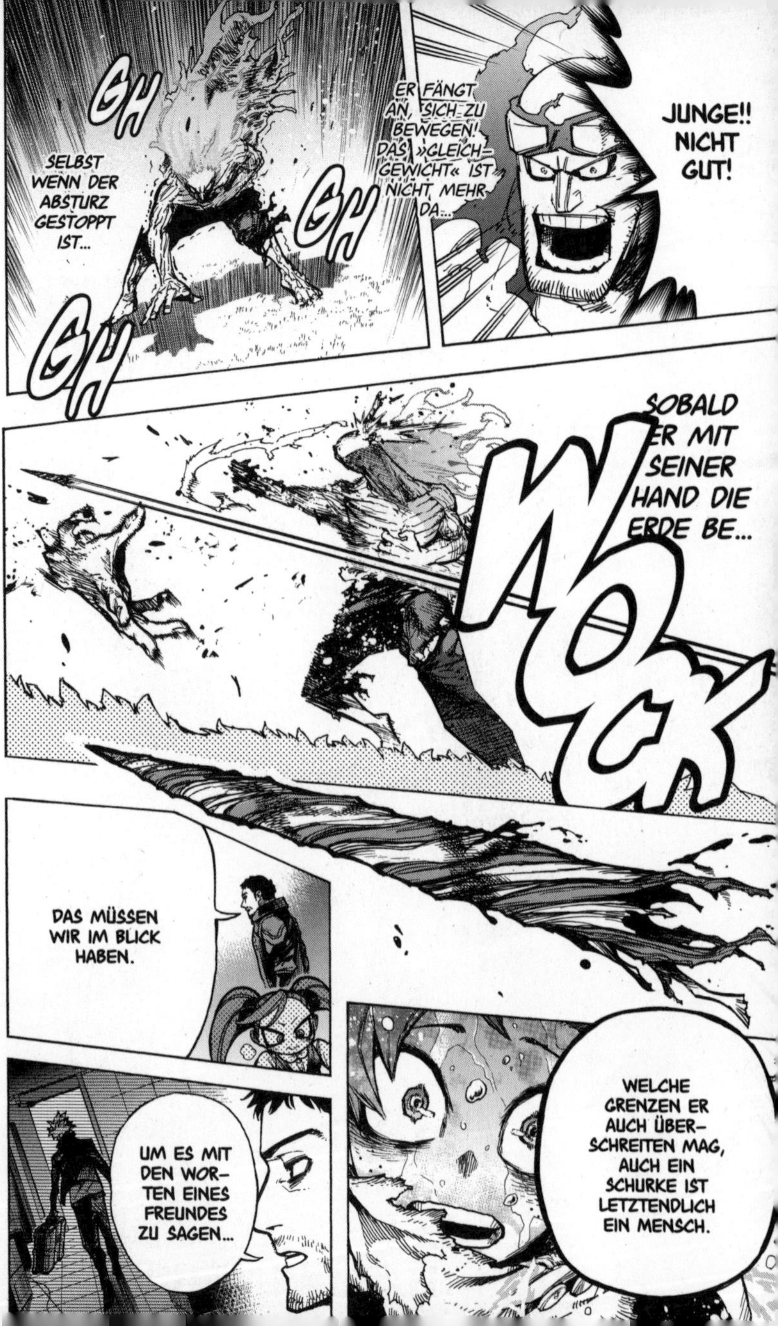
JUNGE!! NICHT GUT!
ER FÄNGT AN, SICH ZU BEWEGEN! DAS »GLEICHGEWICHT« IST NICHT MEHR DA...
GH
GH
GH
SELBST WENN DER ABSTURZ GESTOPPT IST...
SOBALD ER MIT SEINER HAND DIE ERDE BE...
WOCK
DAS MÜSSEN WIR IM BLICK HABEN.
WELCHE GRENZEN ER AUCH ÜBERSCHREITEN MAG, AUCH EIN SCHURKE IST LETZTENDLICH EIN MENSCH.
UM ES MIT DEN WORTEN EINES FREUNDES ZU SAGEN...

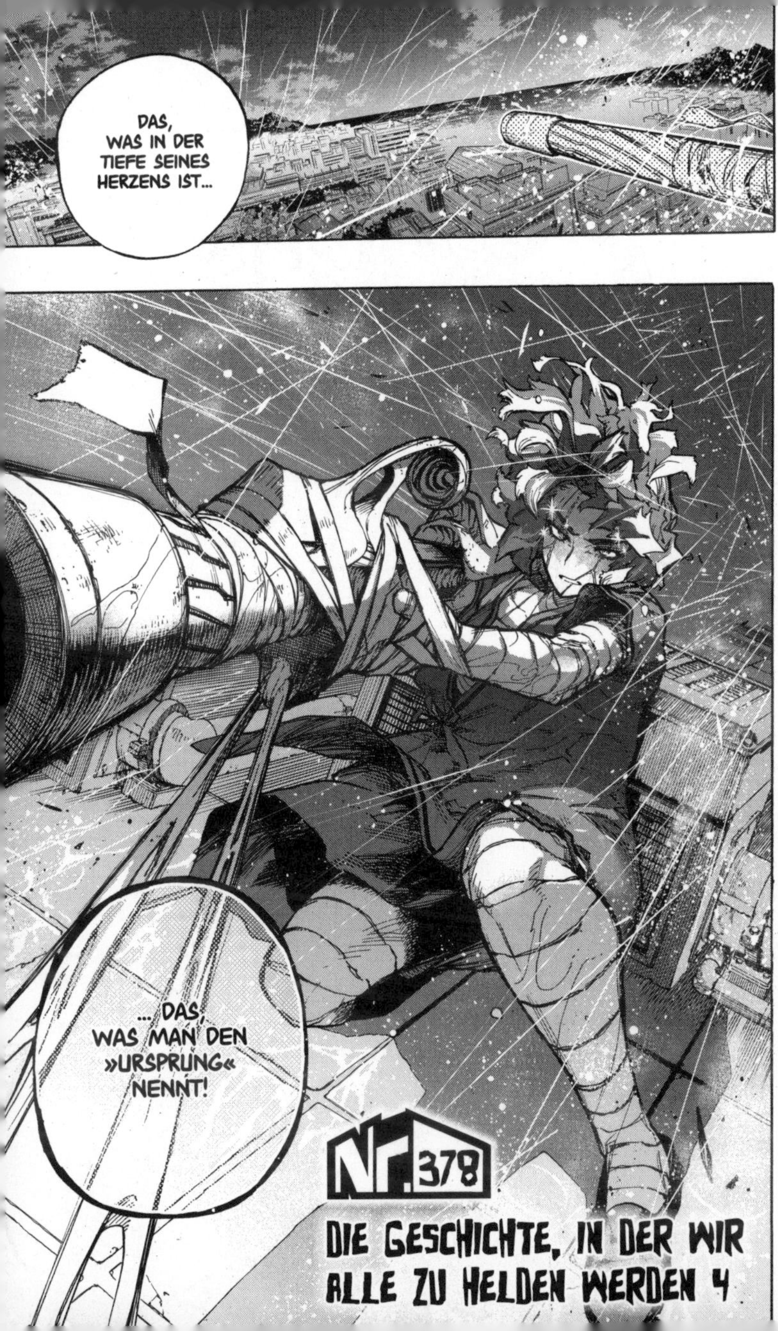
DAS, WAS IN DER TIEFE SEINES HERZENS IST...
... DAS, WAS MAN DEN »URSPRUNG« NENNT!
NR. 378
DIE GESCHICHTE, IN DER WIR ALLE ZU HELDEN WERDEN 4

THE Gentle und Lady Nagant. Diejenigen, die sich fragen: »Wer war das noch mal?«, sollten Band 19 und 32 lesen. Einfach kurz durchblättern reicht!

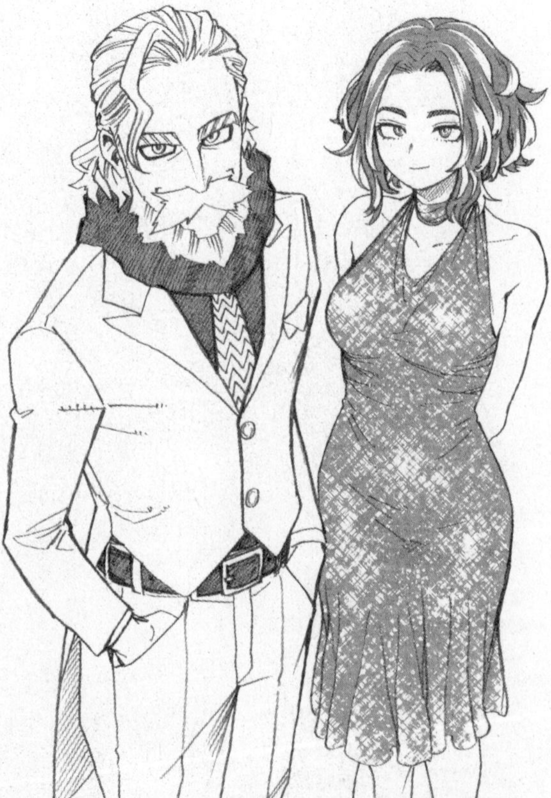

Nr. 379 HOPES

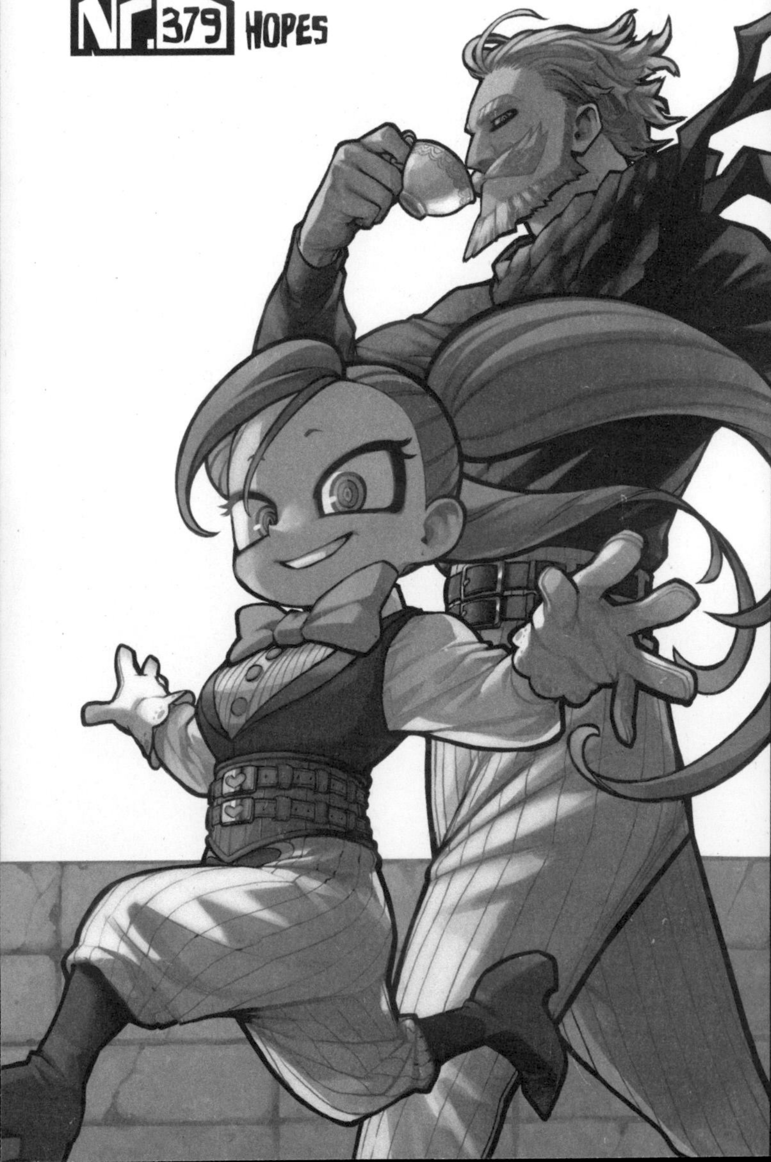

MY HERO ACADEMIA

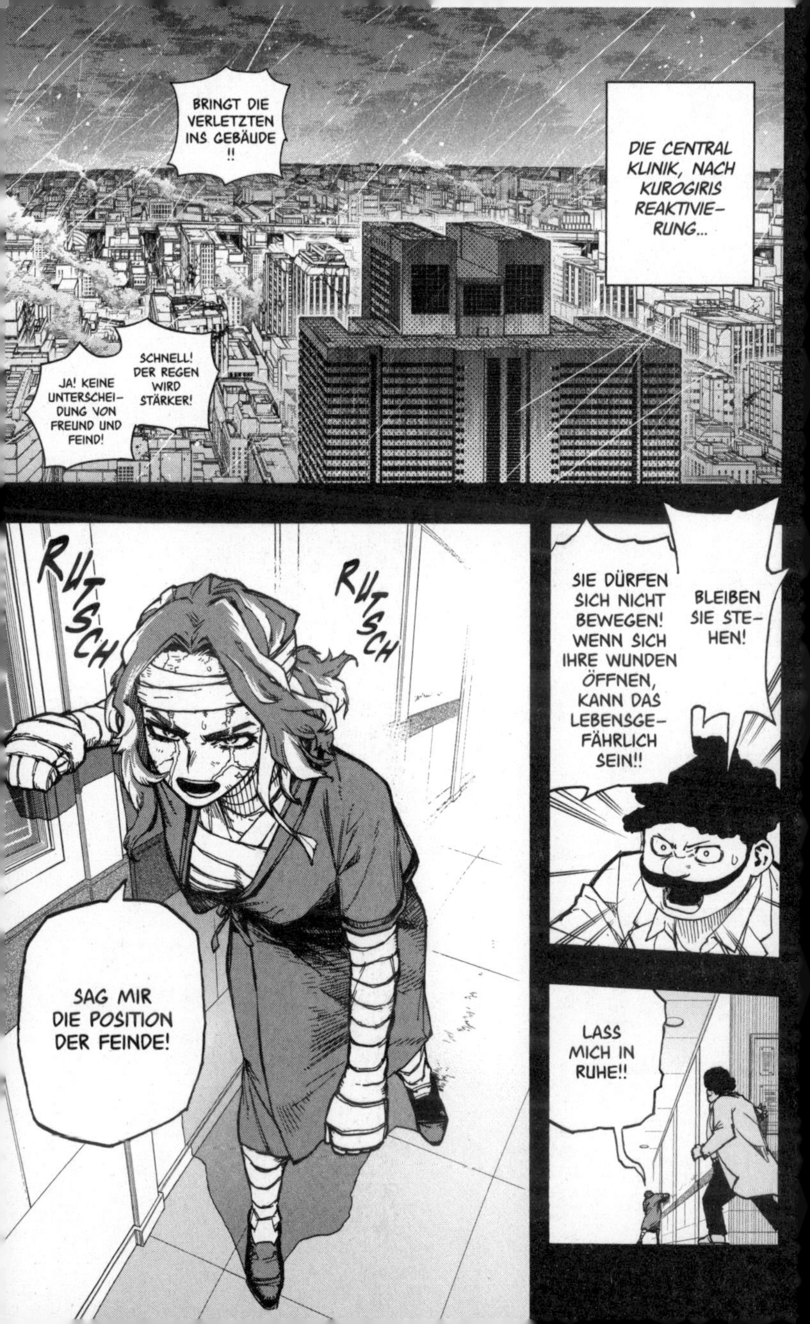
DIE CENTRAL KLINIK, NACH KUROGIRIS REAKTIVIE-RUNG...
BRINGT DIE VERLETZTEN INS GEBÄUDE !!
SCHNELL! DER REGEN WIRD STÄRKER!
JA! KEINE UNTERSCHEI-DUNG VON FREUND UND FEIND!
BLEIBEN SIE STE-HEN!
SIE DÜRFEN SICH NICHT BEWEGEN! WENN SICH IHRE WUNDEN ÖFFNEN, KANN DAS LEBENSGE-FÄHRLICH SEIN!!
RUTSCH
RUTSCH
SAG MIR DIE POSITION DER FEINDE!
LASS MICH IN RUHE!!

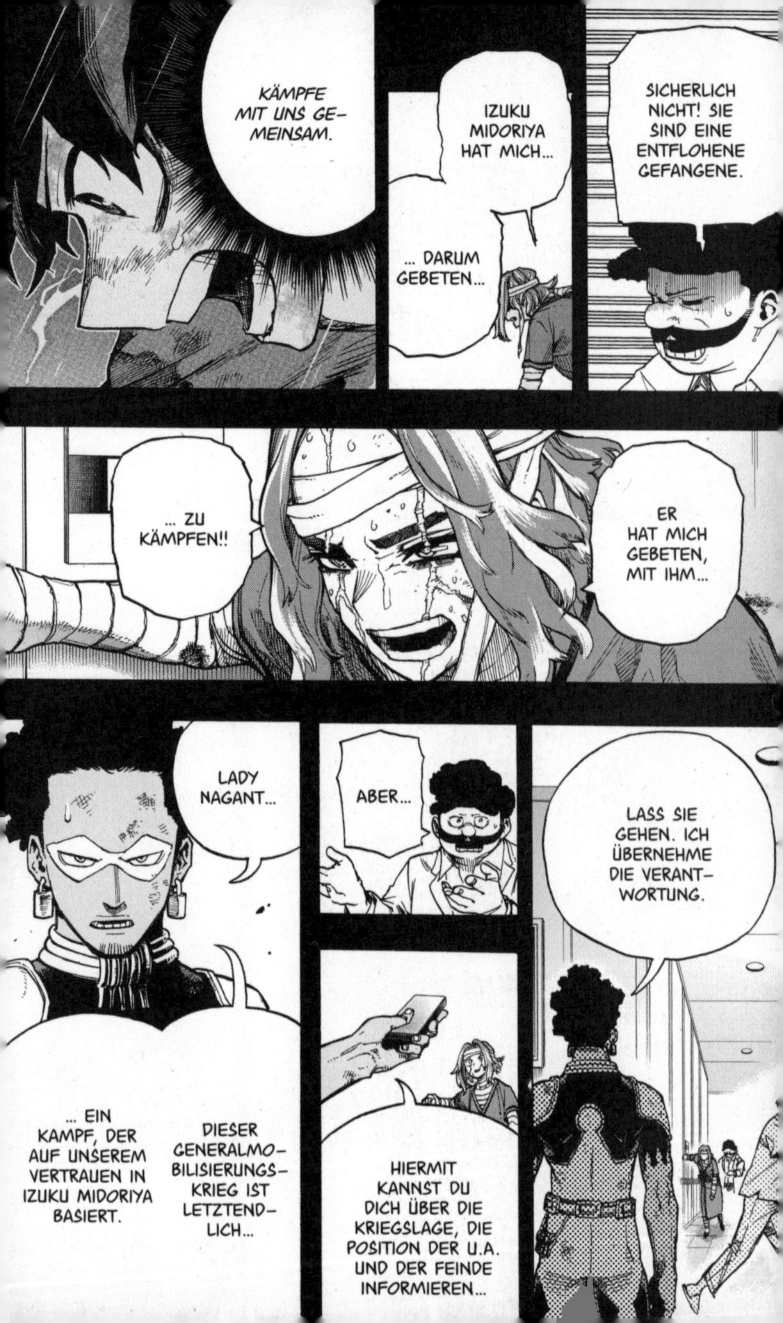
SICHERLICH NICHT! SIE SIND EINE ENTFLOHENE GEFANGENE.
IZUKU MIDORIYA HAT MICH...
... DARUM GEBETEN...
KÄMPFE MIT UNS GE- MEINSAM.
ER HAT MICH GEBETEN, MIT IHM...
... ZU KÄMPFEN!!
LASS SIE GEHEN. ICH ÜBERNEHME DIE VERANT- WORTUNG.
ABER...
LADY NAGANT...
HIERMIT KANNST DU DICH ÜBER DIE KRIEGSLAGE, DIE POSITION DER U.A. UND DER FEINDE INFORMIEREN...
DIESER GENERALMO- BILISIERUNGS- KRIEG IST LETZTEND- LICH...
... EIN KAMPF, DER AUF UNSEREM VERTRAUEN IN IZUKU MIDORIYA BASIERT.

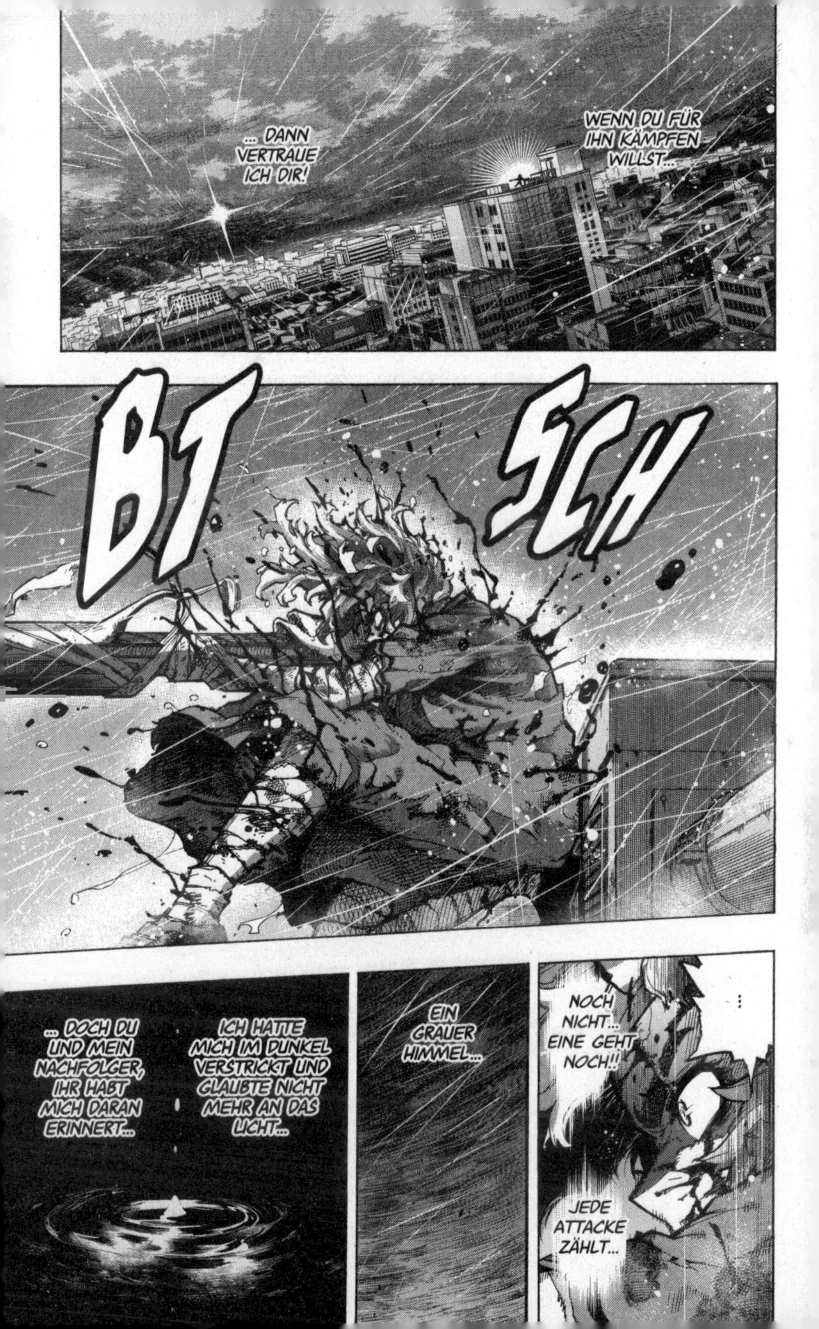
WENN DU FÜR IHN KÄMPFEN WILLST...
... DANN VERTRAUE ICH DIR!
BT SCH
NOCH NICHT... EINE GEHT NOCH!!
JEDE ATTACKE ZÄHLT...
EIN GRAUER HIMMEL...
ICH HATTE MICH IM DUNKEL VERSTRICKT UND GLAUBTE NICHT MEHR AN DAS LICHT...
... DOCH DU UND MEIN NACHFOLGER, IHR HABT MICH DARAN ERINNERT...

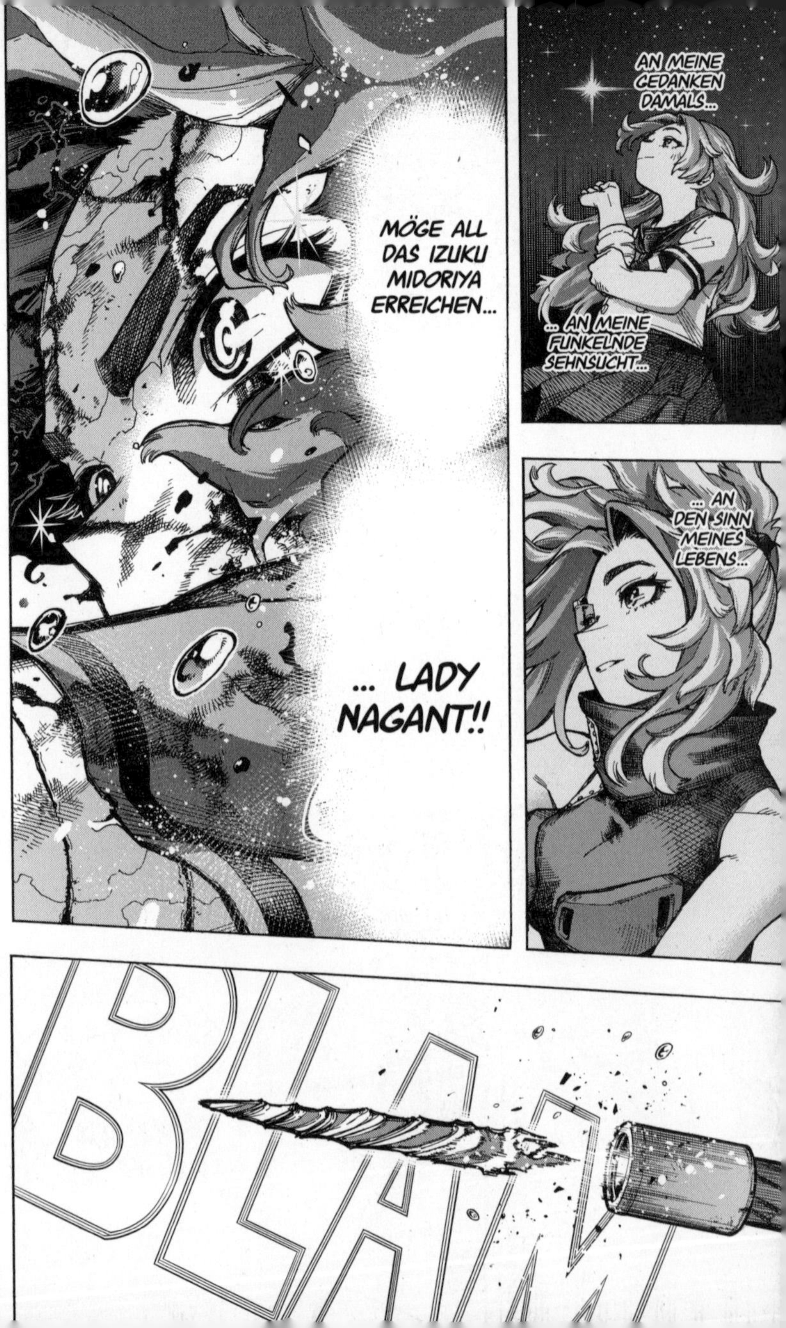

AN MEINE GEDANKEN DAMALS...
... AN MEINE FUNKELNDE SEHNSUCHT...
MÖGE ALL DAS IZUKU MIDORIYA ERREICHEN...
... AN DEN SINN MEINES LEBENS...
... LADY NAGANT!!
BLAM

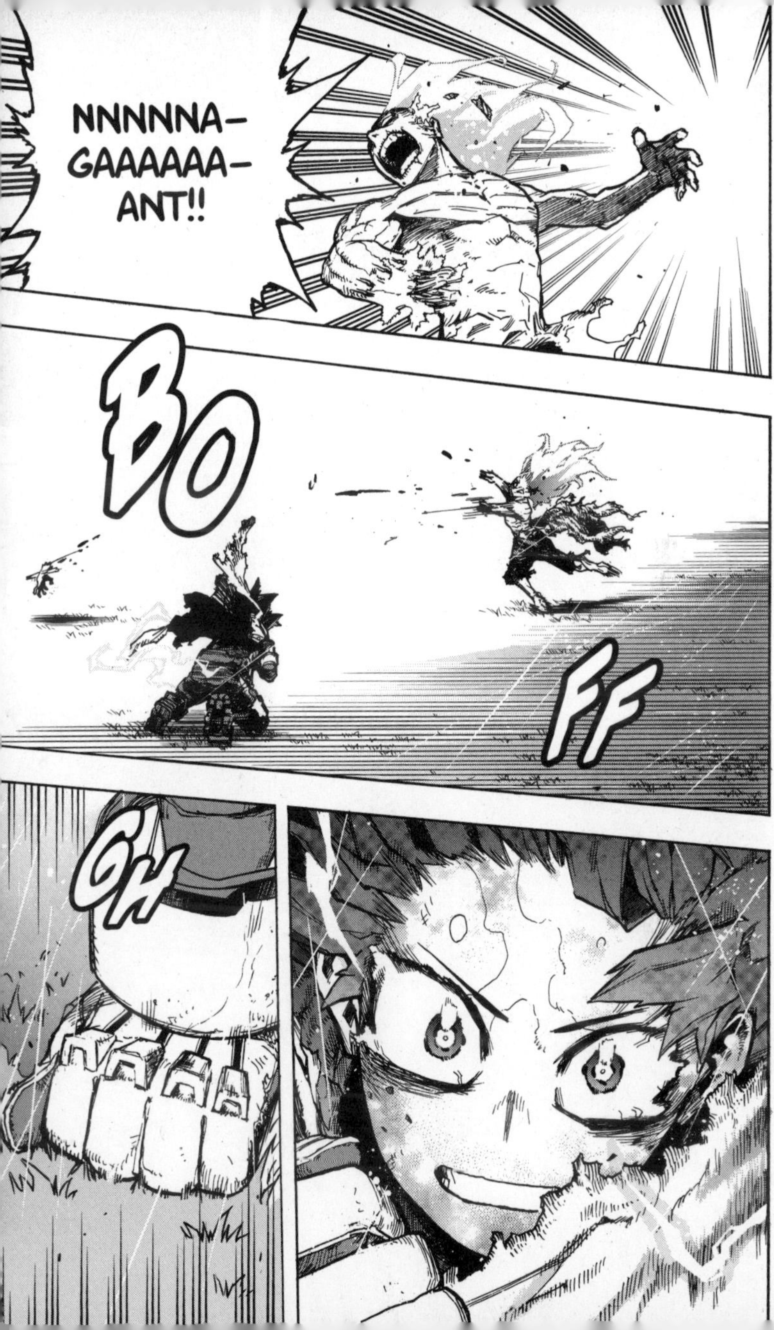

NNNNNA-
GAAAAAA-
ANT!!
BO
FF
GH

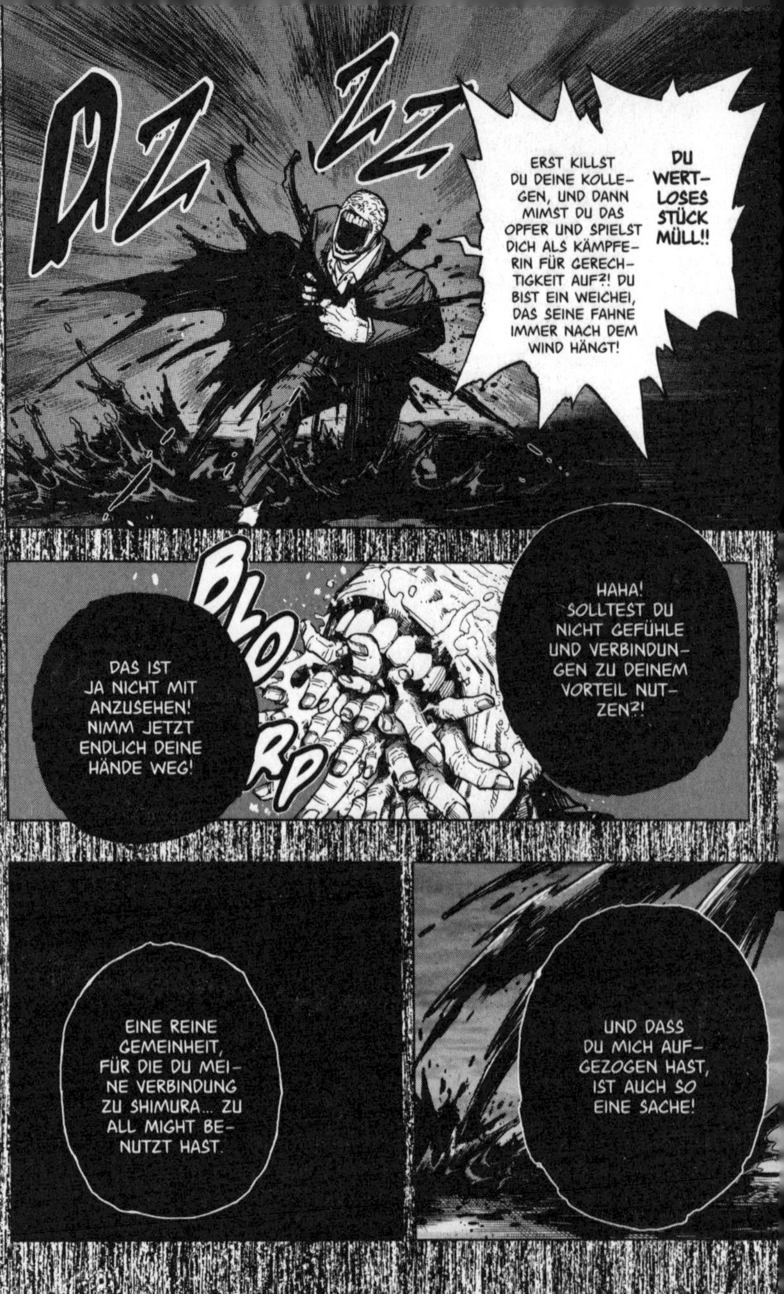
DU WERTLOSES STÜCK MÜLL!!
ERST KILLST DU DEINE KOLLEGEN, UND DANN MIMST DU DAS OPFER UND SPIELST DICH ALS KÄMPFERIN FÜR GERECHTIGKEIT AUF?! DU BIST EIN WEICHEI, DAS SEINE FAHNE IMMER NACH DEM WIND HÄNGT!
HAHA! SOLLTEST DU NICHT GEFÜHLE UND VERBINDUNGEN ZU DEINEM VORTEIL NUTZEN?!
DAS IST JA NICHT MIT ANZUSEHEN! NIMM JETZT ENDLICH DEINE HÄNDE WEG!
UND DASS DU MICH AUFGEZOGEN HAST, IST AUCH SO EINE SACHE!
EINE REINE GEMEINHEIT, FÜR DIE DU MEINE VERBINDUNG ZU SHIMURA... ZU ALL MIGHT BENUTZT HAST.

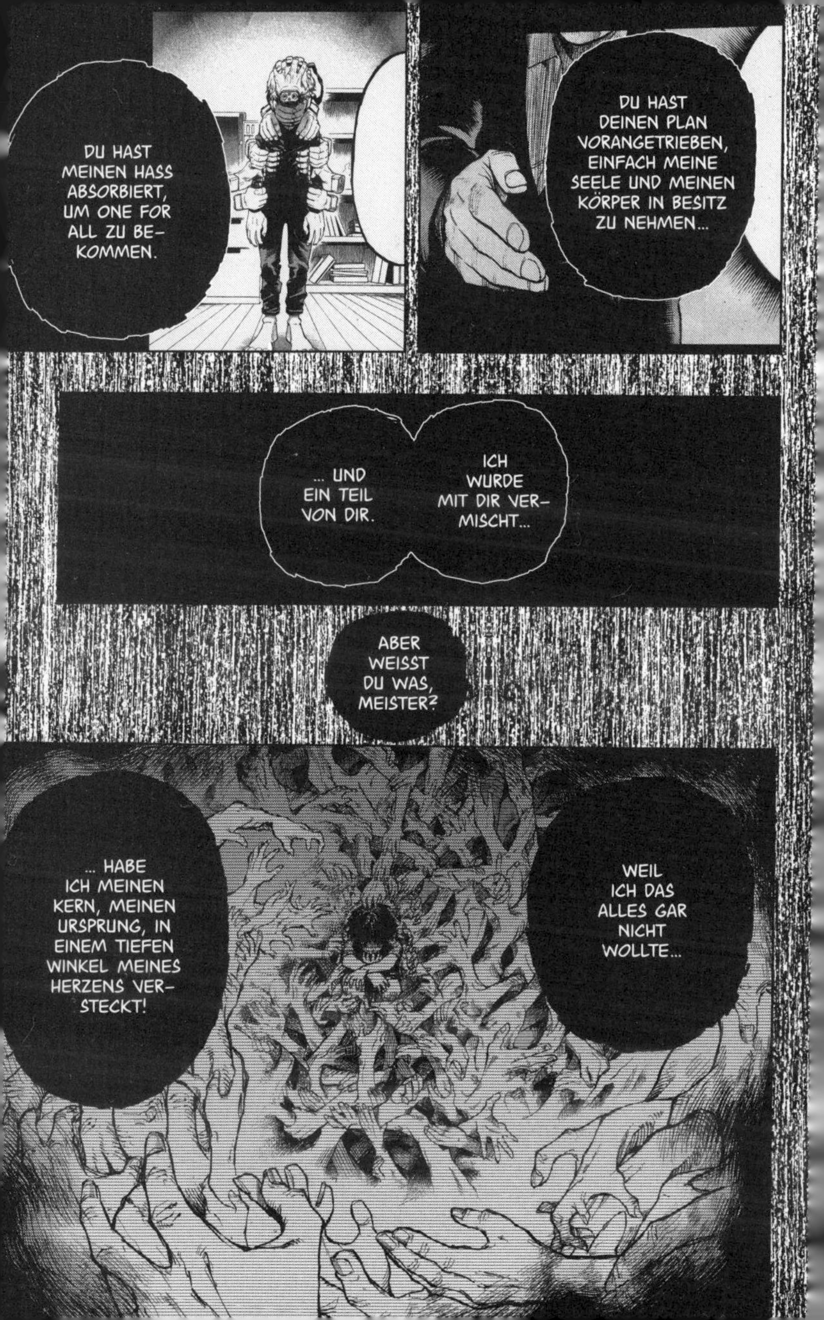
DU HAST DEINEN PLAN VORANGETRIEBEN, EINFACH MEINE SEELE UND MEINEN KÖRPER IN BESITZ ZU NEHMEN...
DU HAST MEINEN HASS ABSORBIERT, UM ONE FOR ALL ZU BE-KOMMEN.
ICH WURDE MIT DIR VER-MISCHT...
... UND EIN TEIL VON DIR.
ABER WEISST DU WAS, MEISTER?
WEIL ICH DAS ALLES GAR NICHT WOLLTE...
... HABE ICH MEINEN KERN, MEINEN URSPRUNG, IN EINEM TIEFEN WINKEL MEINES HERZENS VER-STECKT!

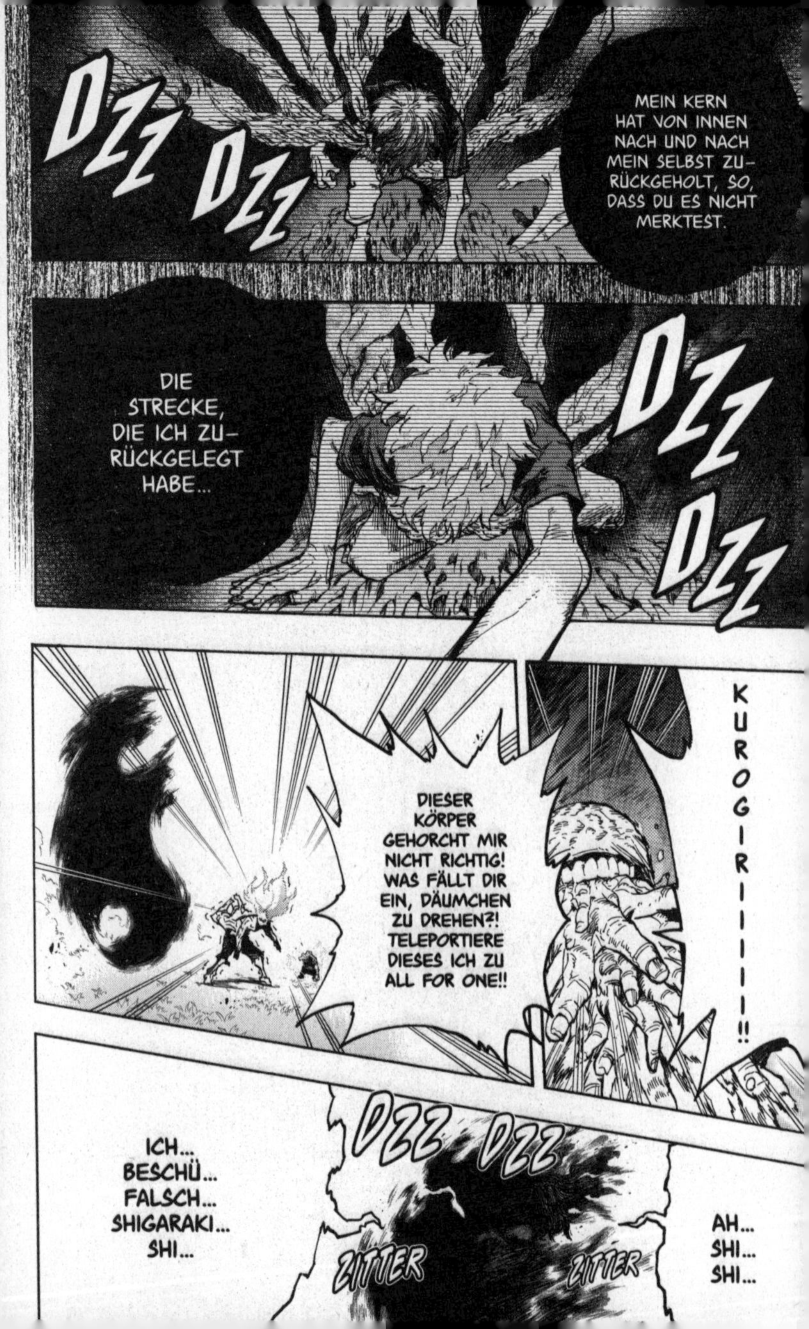
DZZ DZZ
MEIN KERN HAT VON INNEN NACH UND NACH MEIN SELBST ZURÜCKGEHOLT, SO, DASS DU ES NICHT MERKTEST.
DZZ DZZ
DIE STRECKE, DIE ICH ZURÜCKGELEGT HABE...
KUROGIRI!!
DIESER KÖRPER GEHORCHT MIR NICHT RICHTIG! WAS FÄLLT DIR EIN, DÄUMCHEN ZU DREHEN?! TELEPORTIERE DIESES ICH ZU ALL FOR ONE!!
DZZ DZZ
AH... SHI... SHI...
ZITTER ZITTER
ICH... BESCHÜ... FALSCH... SHIGARAKI... SHI...

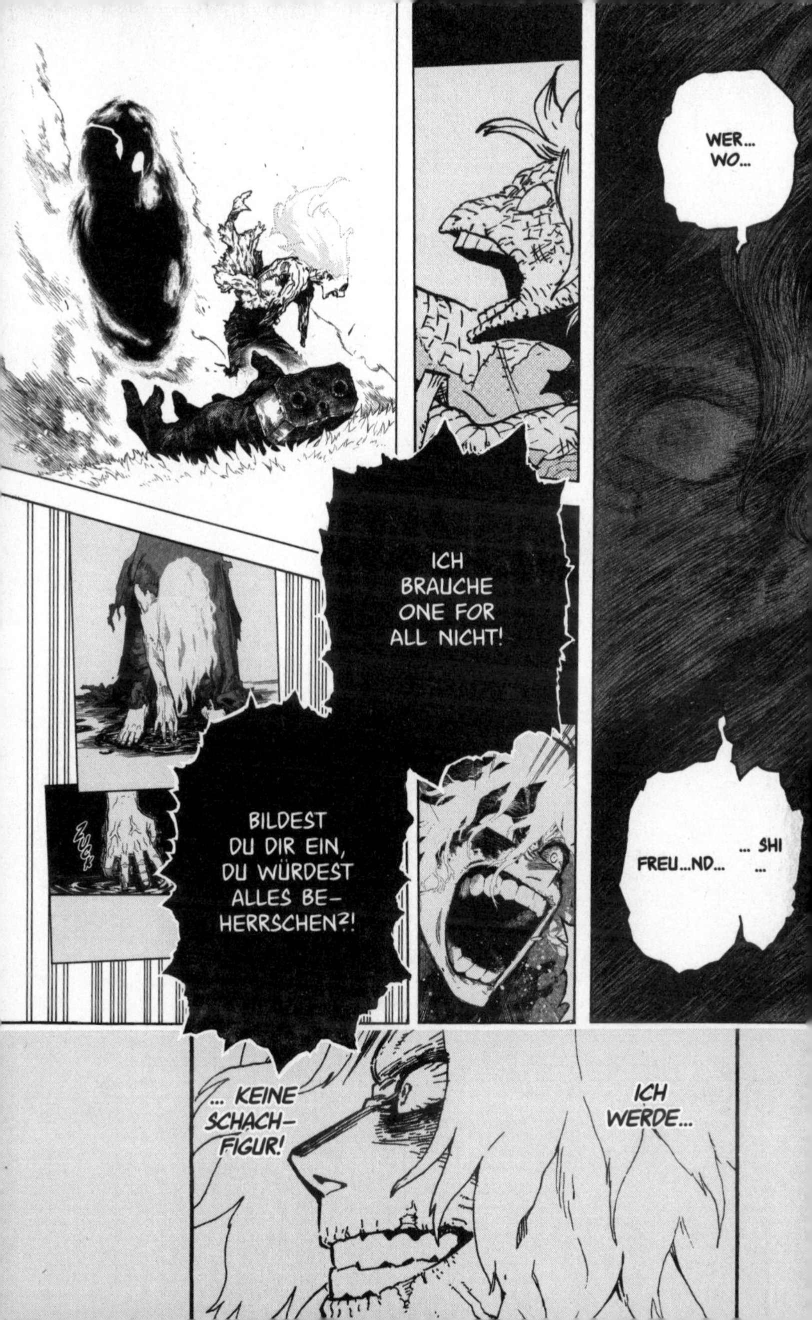
WER... WO...
... SHI ...
FREU...ND...
ICH BRAUCHE ONE FOR ALL NICHT!
BILDEST DU DIR EIN, DU WÜRDEST ALLES BE-HERRSCHEN?!
ZUCK
ICH WERDE...
... KEINE SCHACH-FIGUR!

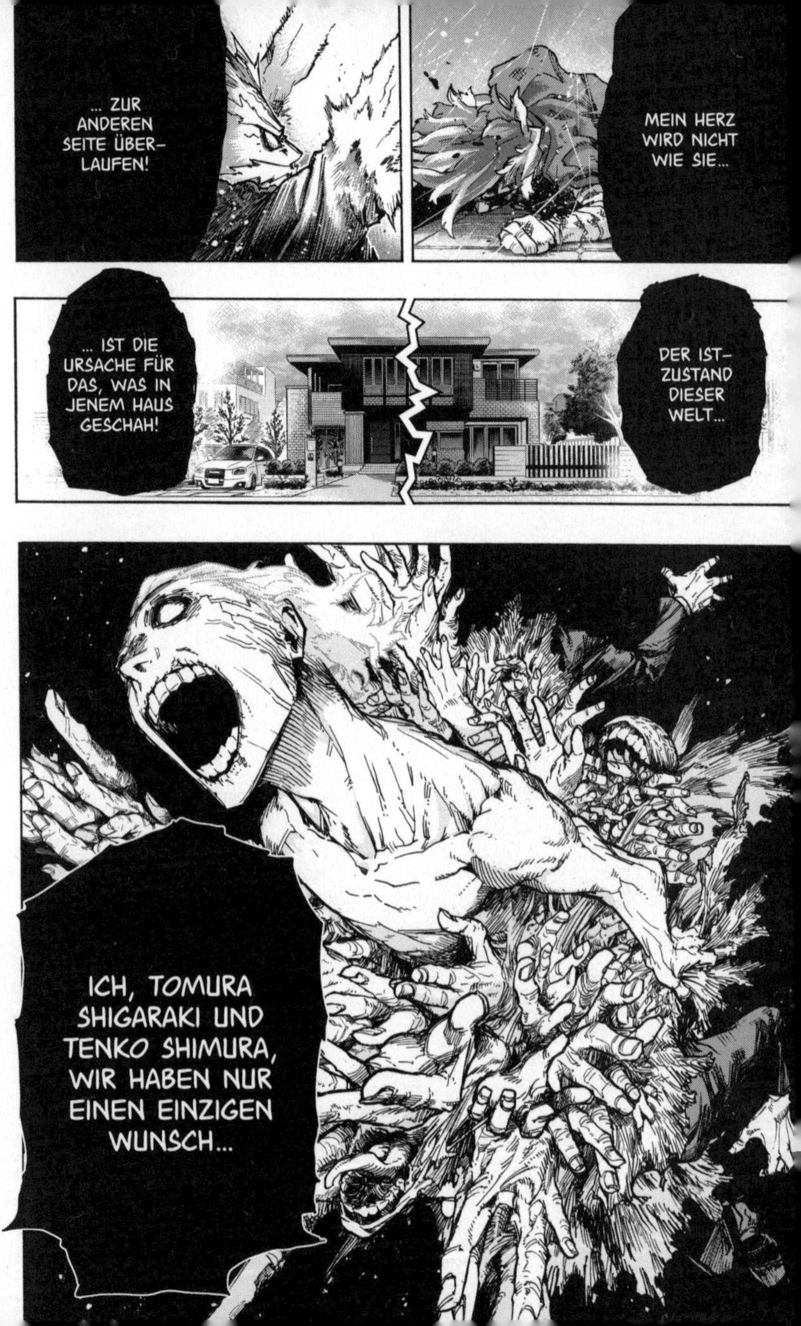
MEIN HERZ WIRD NICHT WIE SIE...
... ZUR ANDEREN SEITE ÜBER-LAUFEN!
DER IST-ZUSTAND DIESER WELT...
... IST DIE URSACHE FÜR DAS, WAS IN JENEM HAUS GESCHAH!
ICH, TOMURA SHIGARAKI UND TENKO SHIMURA, WIR HABEN NUR EINEN EINZIGEN WUNSCH...

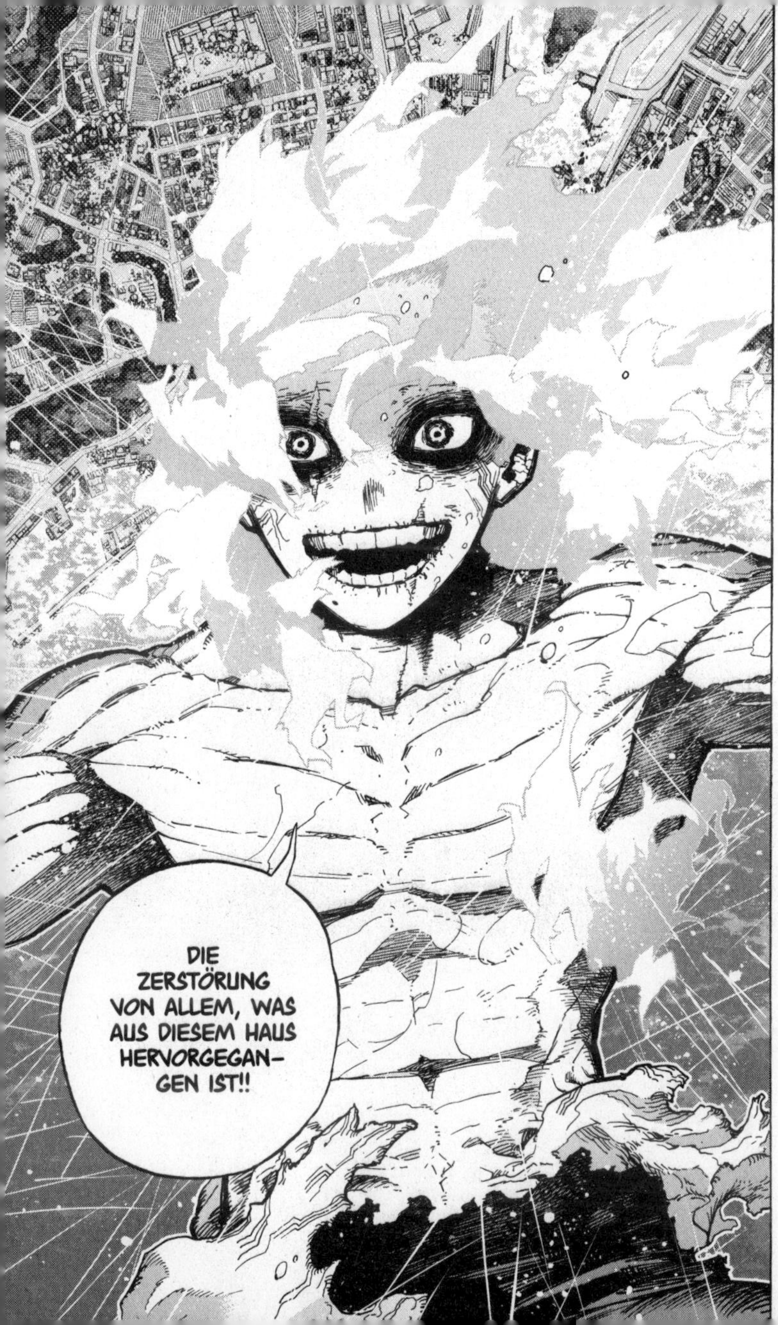
DIE ZERSTÖRUNG VON ALLEM, WAS AUS DIESEM HAUS HERVORGEGANGEN IST!!

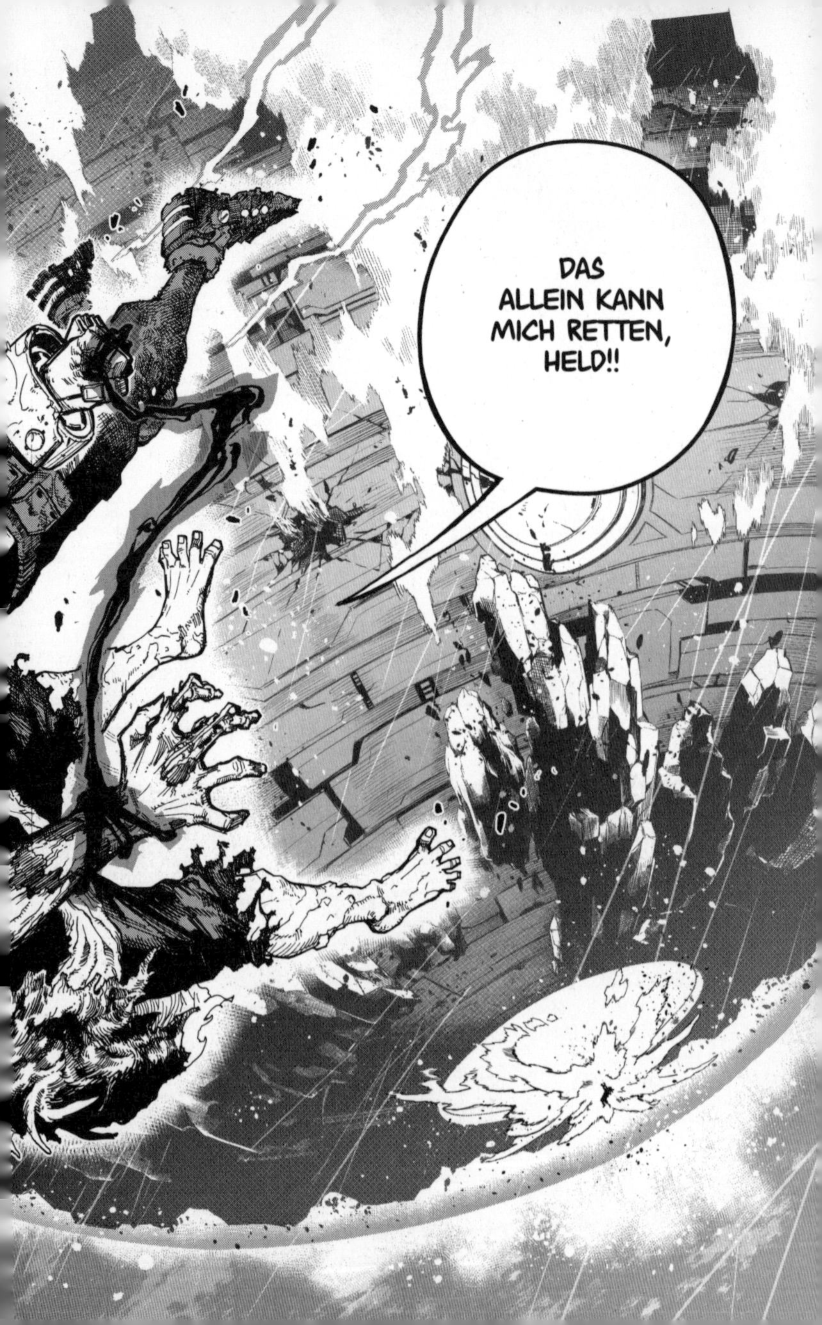
DAS ALLEIN KANN MICH RETTEN, HELD!!

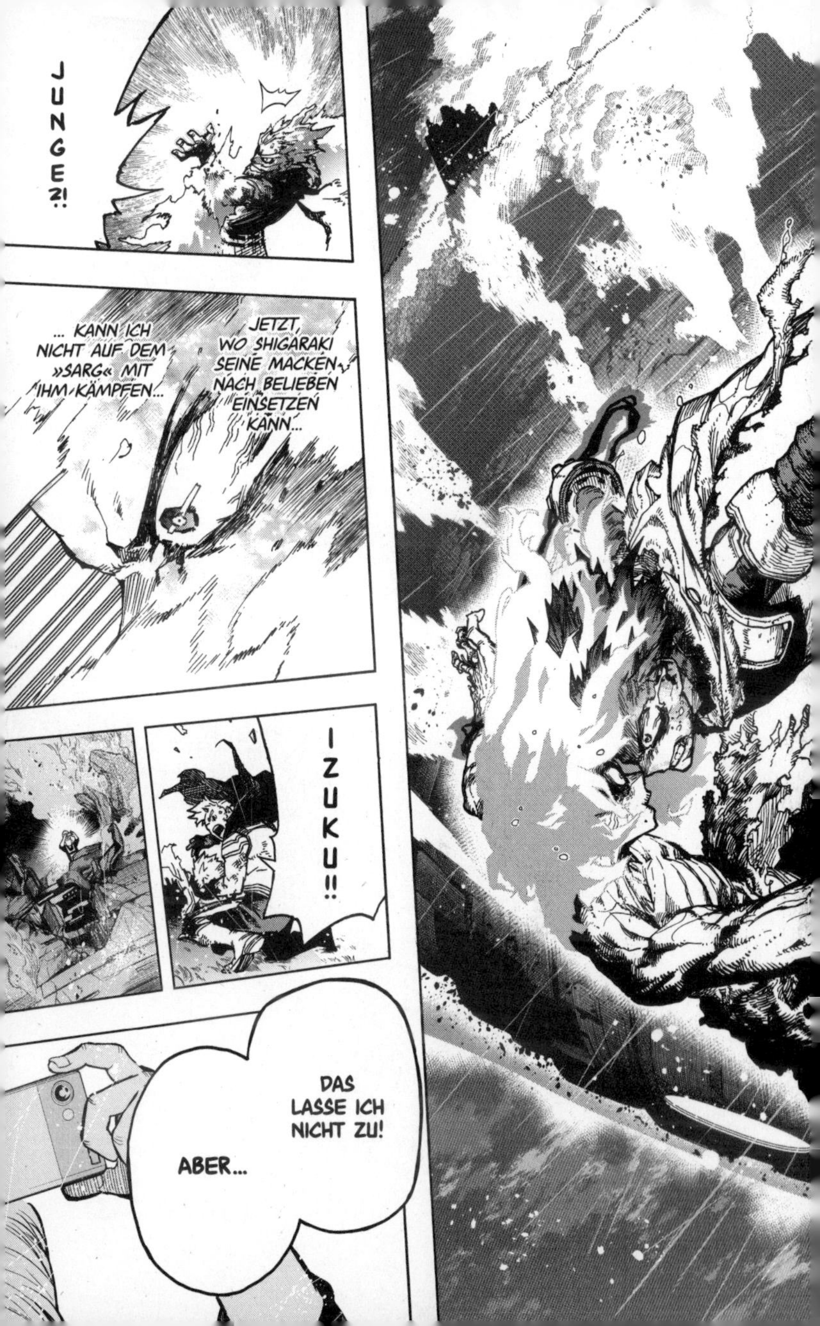
JUNGE?!
JETZT, WO SHIGARAKI SEINE MACKEN NACH BELIEBEN EINSETZEN KANN...
... KANN ICH NICHT AUF DEM »SARG« MIT IHM KÄMPFEN...
IZUKU!!
DAS LASSE ICH NICHT ZU!
ABER...

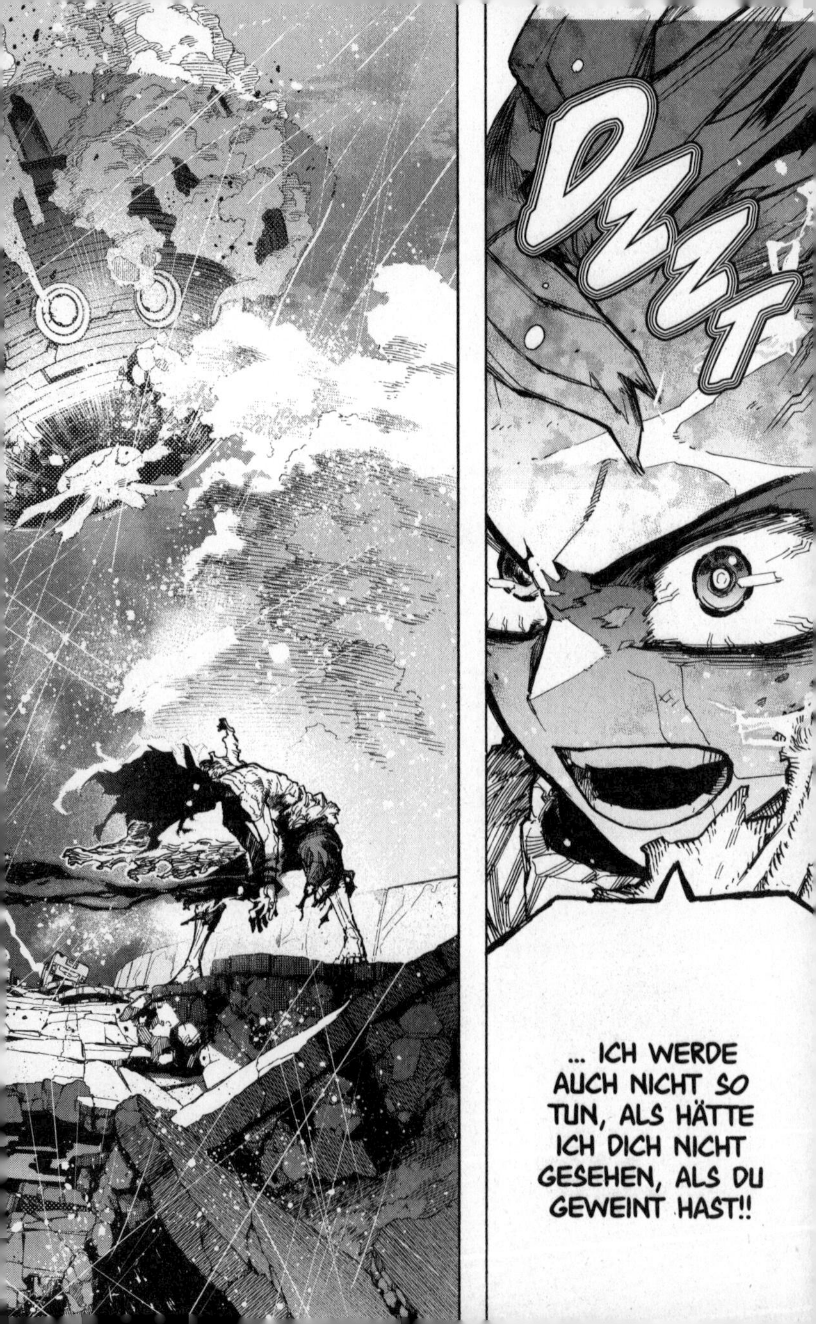
DZZZT
... ICH WERDE AUCH NICHT SO TUN, ALS HÄTTE ICH DICH NICHT GESEHEN, ALS DU GEWEINT HAST!!

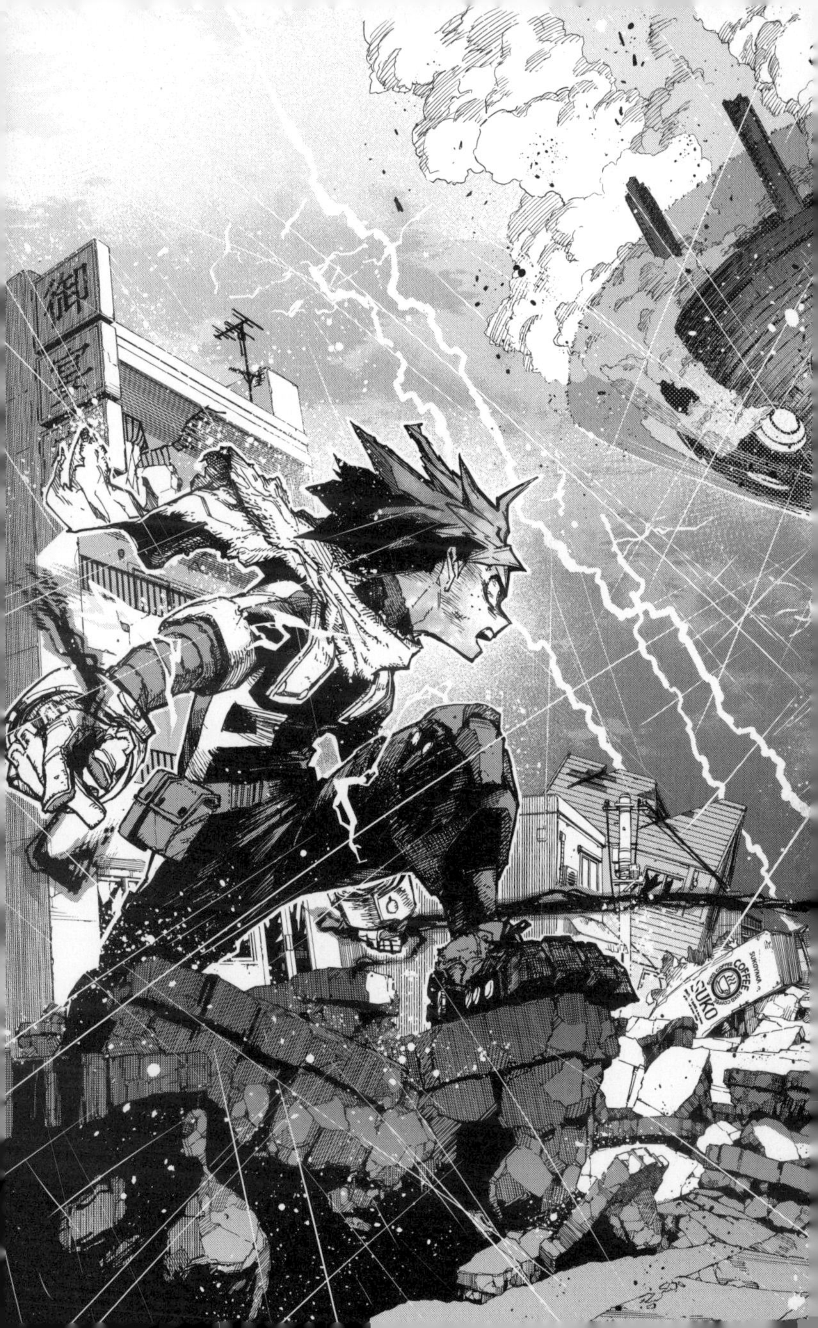
御
SUKOYANA
COFFEE
SUKO

Der Arm ist regeneriert. Tatsächlich war seine Macke »Super-Regeneration« im Kampf gegen Star and Stripe verletzt worden und dadurch geschwächt. Deshalb hat er sie aus dem Near High End herausgezogen, sie gegen die neue eingetauscht und kann sich jetzt wieder regenerieren wie zuvor.

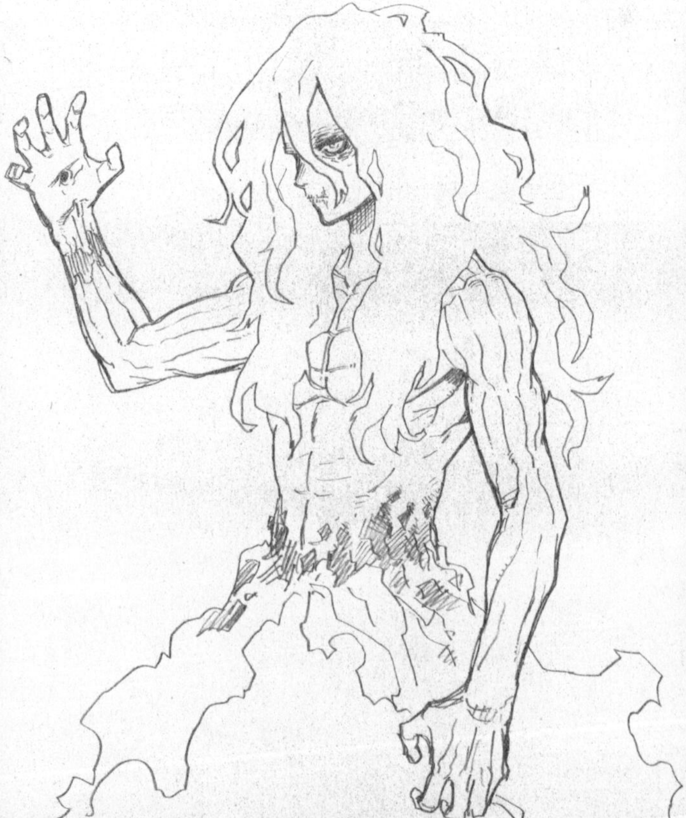

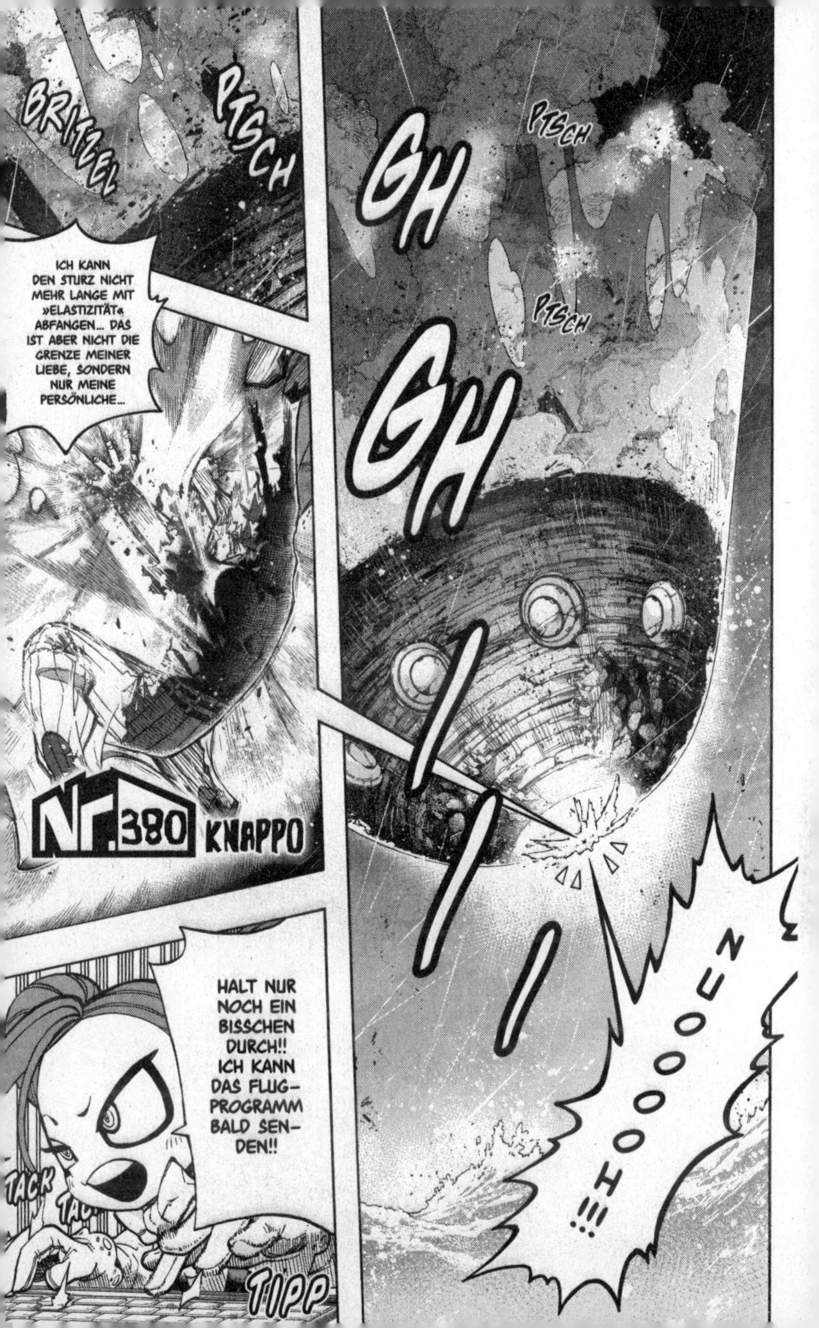
PTSCH
PTSCH
GH
GH
NNOOOOOOH!!!
BRITZEL
PTSCH
ICH KANN DEN STURZ NICHT MEHR LANGE MIT »ELASTIZITÄT« ABFANGEN… DAS IST ABER NICHT DIE GRENZE MEINER LIEBE, SONDERN NUR MEINE PERSÖNLICHE…
Nr. 380 KNAPPO
HALT NUR NOCH EIN BISSCHEN DURCH!! ICH KANN DAS FLUG-PROGRAMM BALD SEN-DEN!!
TACK
TACK
TIPP

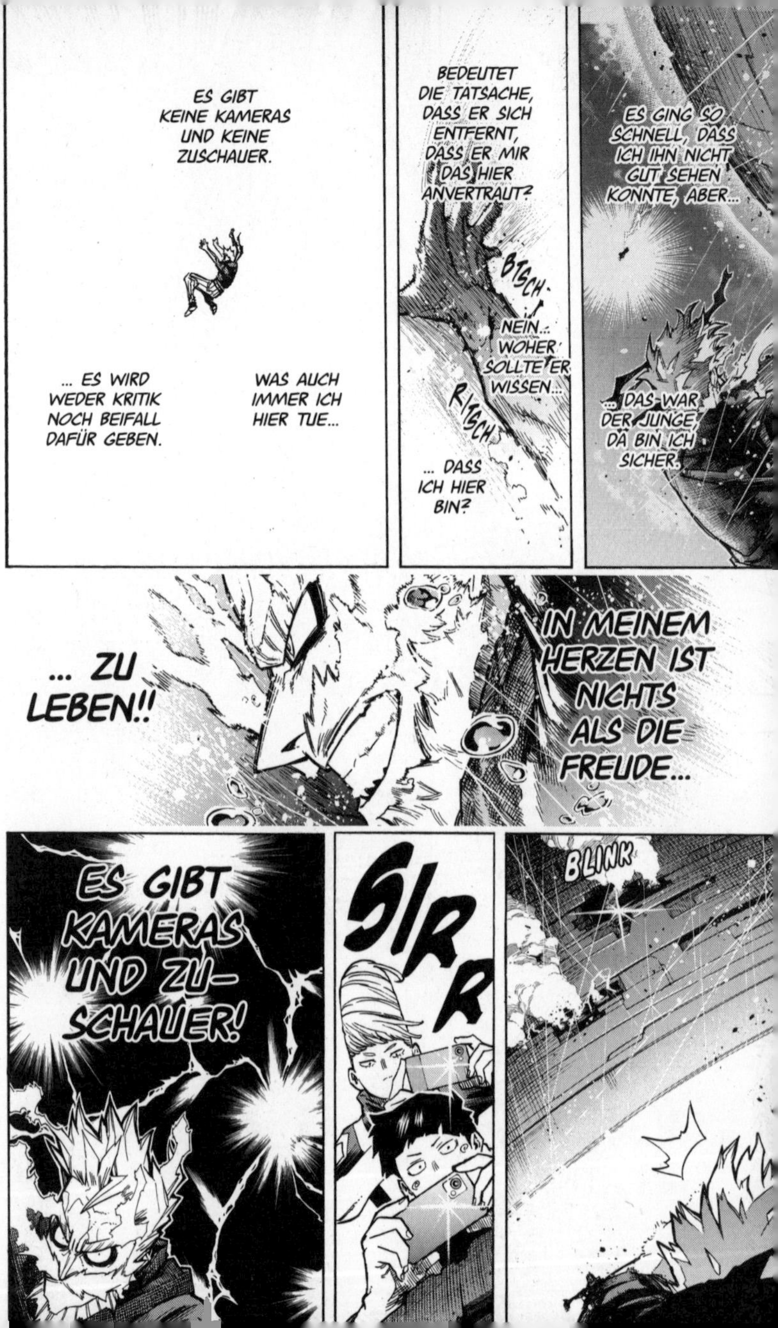
ES GING SO SCHNELL, DASS ICH IHN NICHT GUT SEHEN KONNTE, ABER...
... DAS WAR DER JUNGE, DA BIN ICH SICHER.
BEDEUTET DIE TATSACHE, DASS ER SICH ENTFERNT, DASS ER MIR DAS HIER ANVERTRAUT?
BTSCH
NEIN... WOHER SOLLTE ER WISSEN...
RITSCH
... DASS ICH HIER BIN?
ES GIBT KEINE KAMERAS UND KEINE ZUSCHAUER.
WAS AUCH IMMER ICH HIER TUE...
... ES WIRD WEDER KRITIK NOCH BEIFALL DAFÜR GEBEN.
IN MEINEM HERZEN IST NICHTS ALS DIE FREUDE...
... ZU LEBEN!!
BLINK
SIRR
ES GIBT KAMERAS UND ZU-SCHAUER!

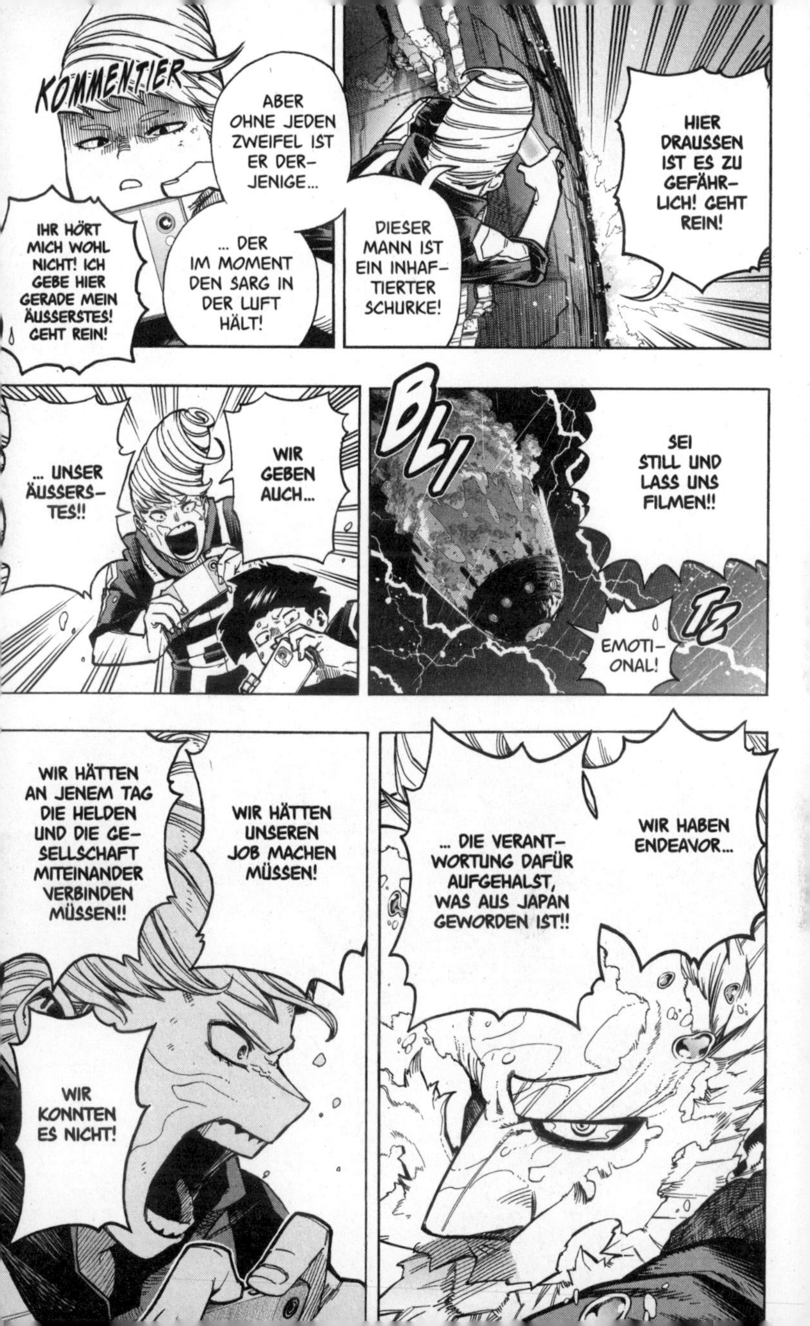
HIER DRAUSSEN IST ES ZU GEFÄHRLICH! GEHT REIN!
DIESER MANN IST EIN INHAFTIERTER SCHURKE!
KOMMENTIER
ABER OHNE JEDEN ZWEIFEL IST ER DERJENIGE...
... DER IM MOMENT DEN SARG IN DER LUFT HÄLT!
IHR HÖRT MICH WOHL NICHT! ICH GEBE HIER GERADE MEIN ÄUSSERSTES! GEHT REIN!
BLI
SEI STILL UND LASS UNS FILMEN!!
TZ
EMOTIONAL!
WIR GEBEN AUCH...
... UNSER ÄUSSERSTES!!
WIR HABEN ENDEAVOR...
... DIE VERANTWORTUNG DAFÜR AUFGEHALST, WAS AUS JAPAN GEWORDEN IST!!
WIR HÄTTEN UNSEREN JOB MACHEN MÜSSEN!
WIR HÄTTEN AN JENEM TAG DIE HELDEN UND DIE GESELLSCHAFT MITEINANDER VERBINDEN MÜSSEN!!
WIR KONNTEN ES NICHT!

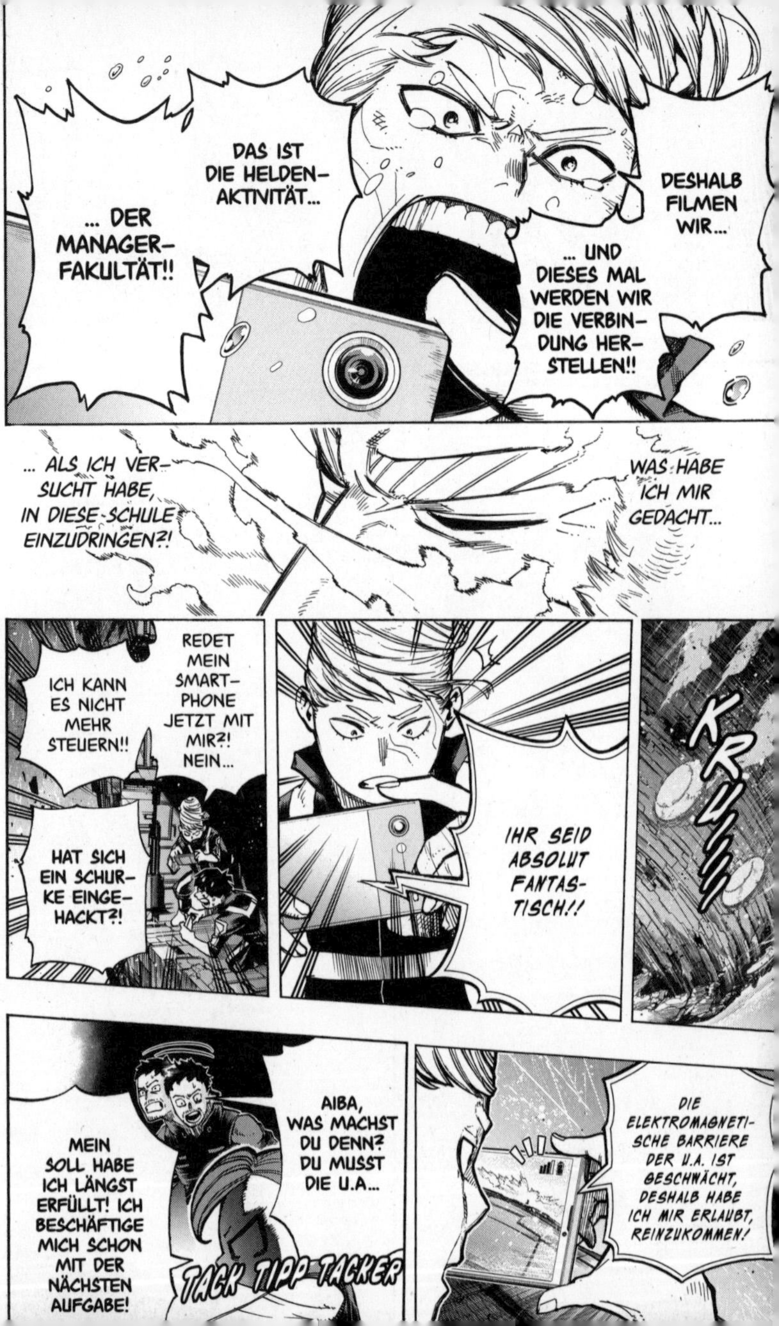
DESHALB FILMEN WIR...
... UND DIESES MAL WERDEN WIR DIE VERBINDUNG HERSTELLEN!!
DAS IST DIE HELDENAKTIVITÄT...
... DER MANAGERFAKULTÄT!!
WAS HABE ICH MIR GEDACHT...
... ALS ICH VERSUCHT HABE, IN DIESE SCHULE EINZUDRINGEN?!
KRUIII
IHR SEID ABSOLUT FANTASTISCH!!
REDET MEIN SMARTPHONE JETZT MIT MIR?! NEIN...
ICH KANN ES NICHT MEHR STEUERN!!
HAT SICH EIN SCHURKE EINGEHACKT?!
DIE ELEKTROMAGNETISCHE BARRIERE DER U.A. IST GESCHWÄCHT, DESHALB HABE ICH MIR ERLAUBT, REINZUKOMMEN!
AIBA, WAS MACHST DU DENN? DU MUSST DIE U.A...
MEIN SOLL HABE ICH LÄNGST ERFÜLLT! ICH BESCHÄFTIGE MICH SCHON MIT DER NÄCHSTEN AUFGABE!
TACK TIPP TACKER

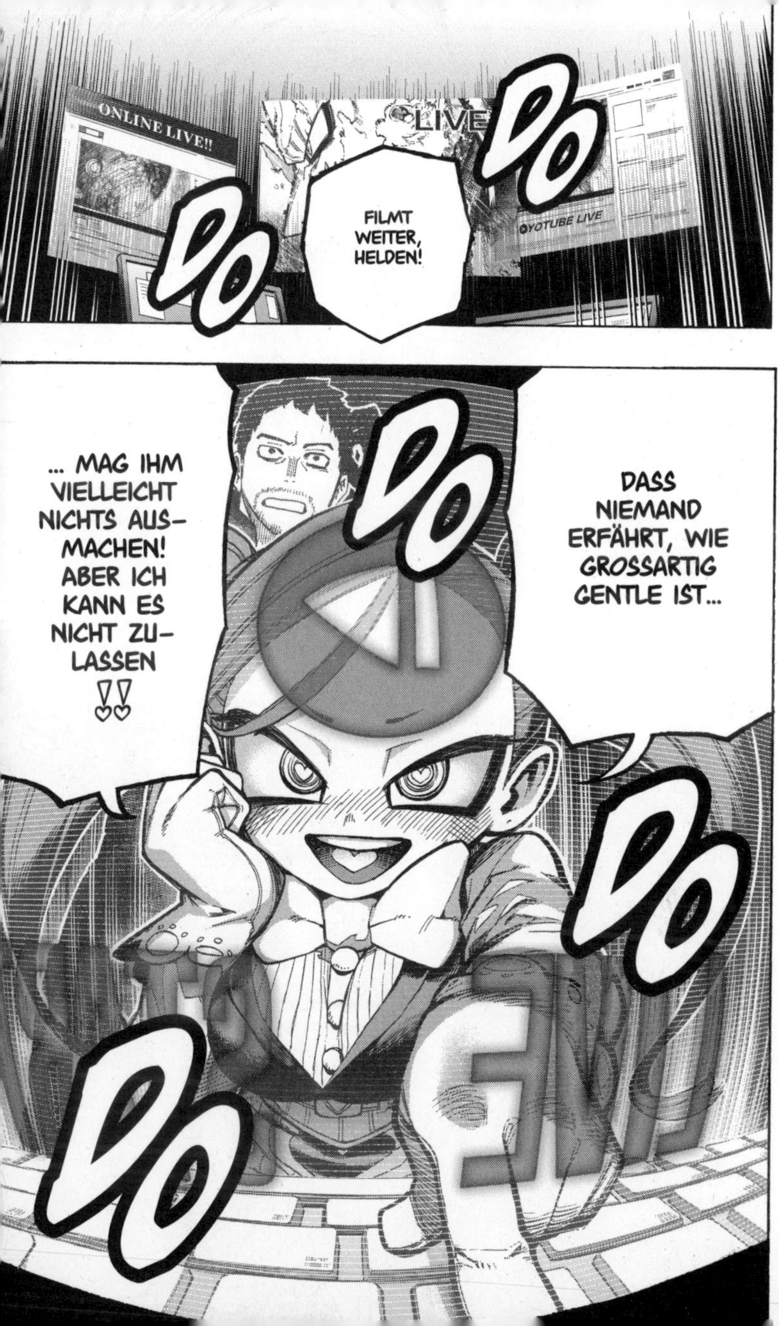
ONLINE LIVE!!
LIVE
YOTUBE LIVE
DO DO
FILMT WEITER, HELDEN!
DO DO
DASS NIEMAND ERFÄHRT, WIE GROSSARTIG GENTLE IST...
... MAG IHM VIELLEICHT NICHTS AUS-MACHEN! ABER ICH KANN ES NICHT ZU-LASSEN
DO DO
DO DO

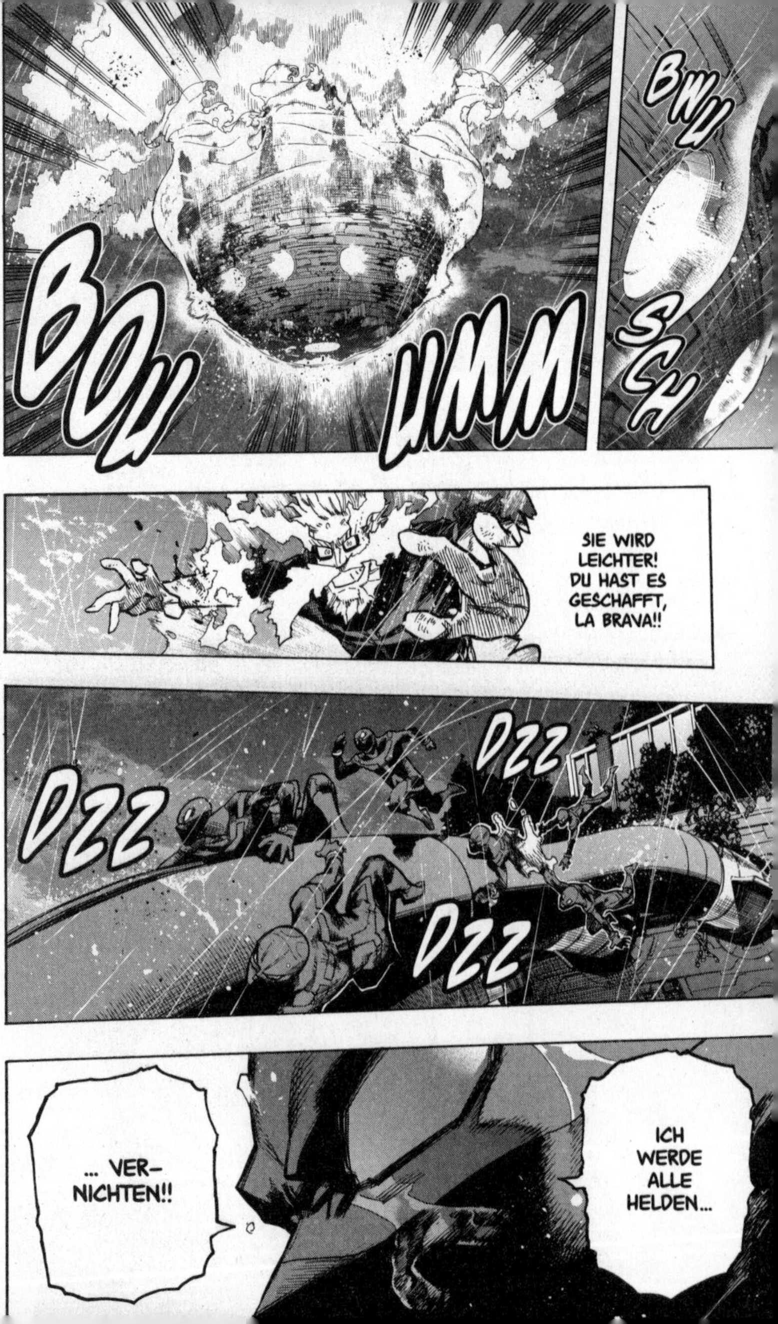
BWUSCH
BOUUMM
SIE WIRD LEICHTER! DU HAST ES GESCHAFFT, LA BRAVA!!
DZZ
DZZ
DZZ
ICH WERDE ALLE HELDEN...
... VER-NICHTEN!!

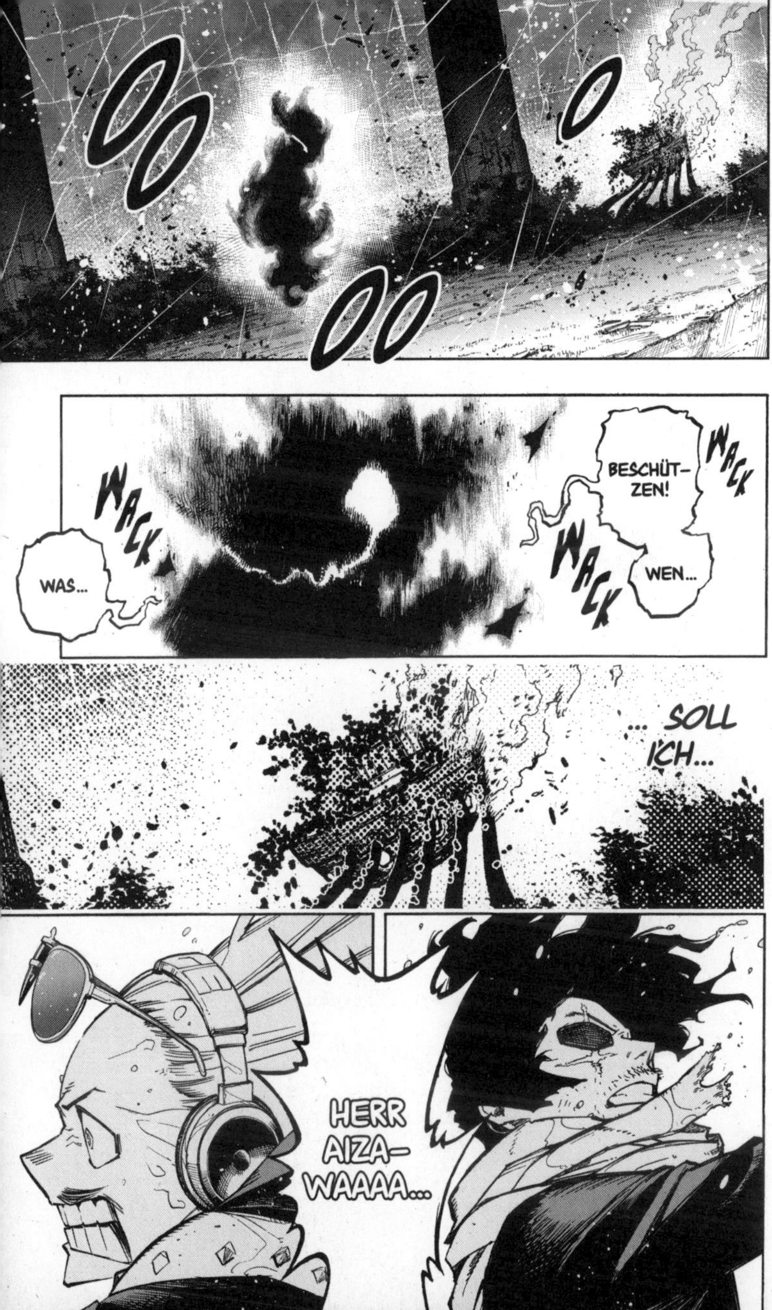

BESCHÜTZ-
ZEN!
WACK
WACK
WEN...
WACK
WAS...
... SOLL
ICH...
HERR
AIZA-
WAAAA...

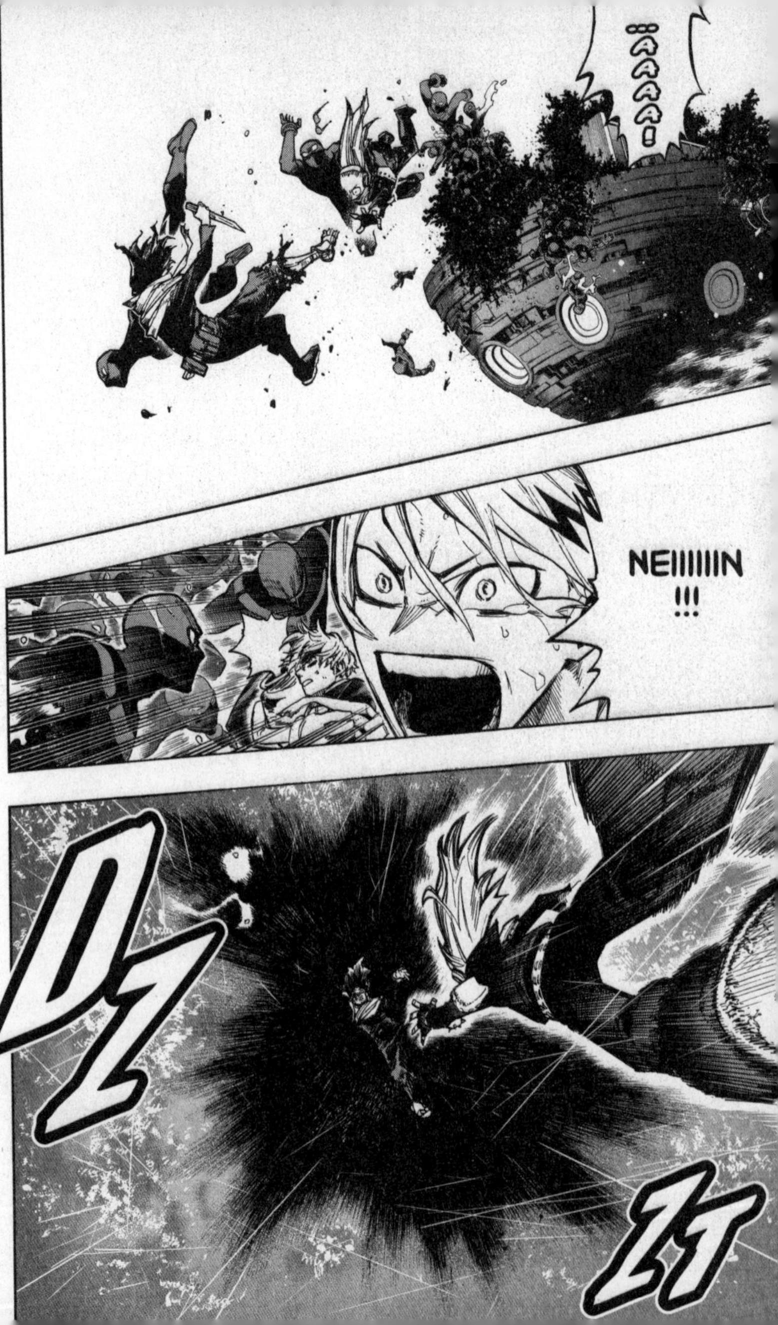

AAAA!!
NEIIIIIIN
!!!

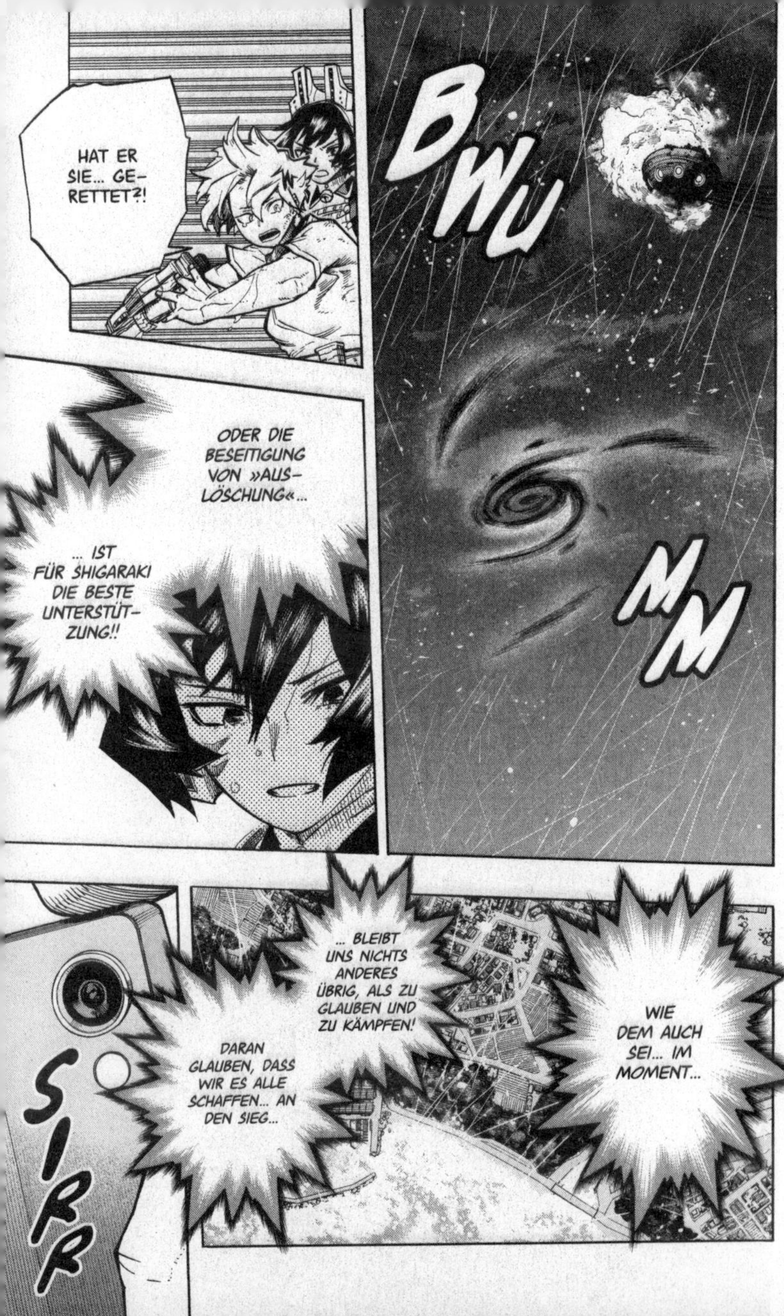

BWUMM
HAT ER SIE... GE-RETTET?!
ODER DIE BESEITIGUNG VON »AUS-LÖSCHUNG«...
... IST FÜR SHIGARAKI DIE BESTE UNTERSTÜT-ZUNG!!
WIE DEM AUCH SEI... IM MOMENT...
... BLEIBT UNS NICHTS ANDERES ÜBRIG, ALS ZU GLAUBEN UND ZU KÄMPFEN!
DARAN GLAUBEN, DASS WIR ES ALLE SCHAFFEN... AN DEN SIEG...
SIRR

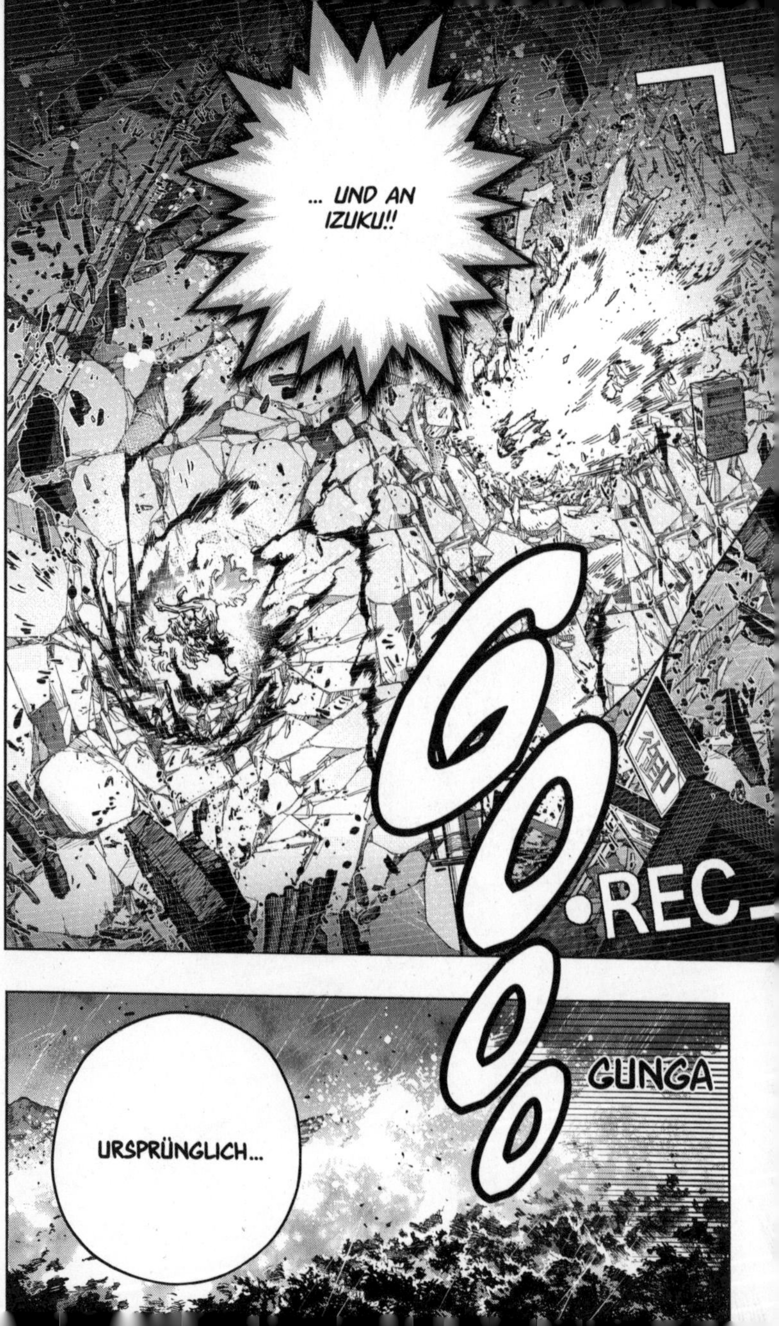
... UND AN IZUKU!!
•REC_
GUNGA
URSPRÜNGLICH...

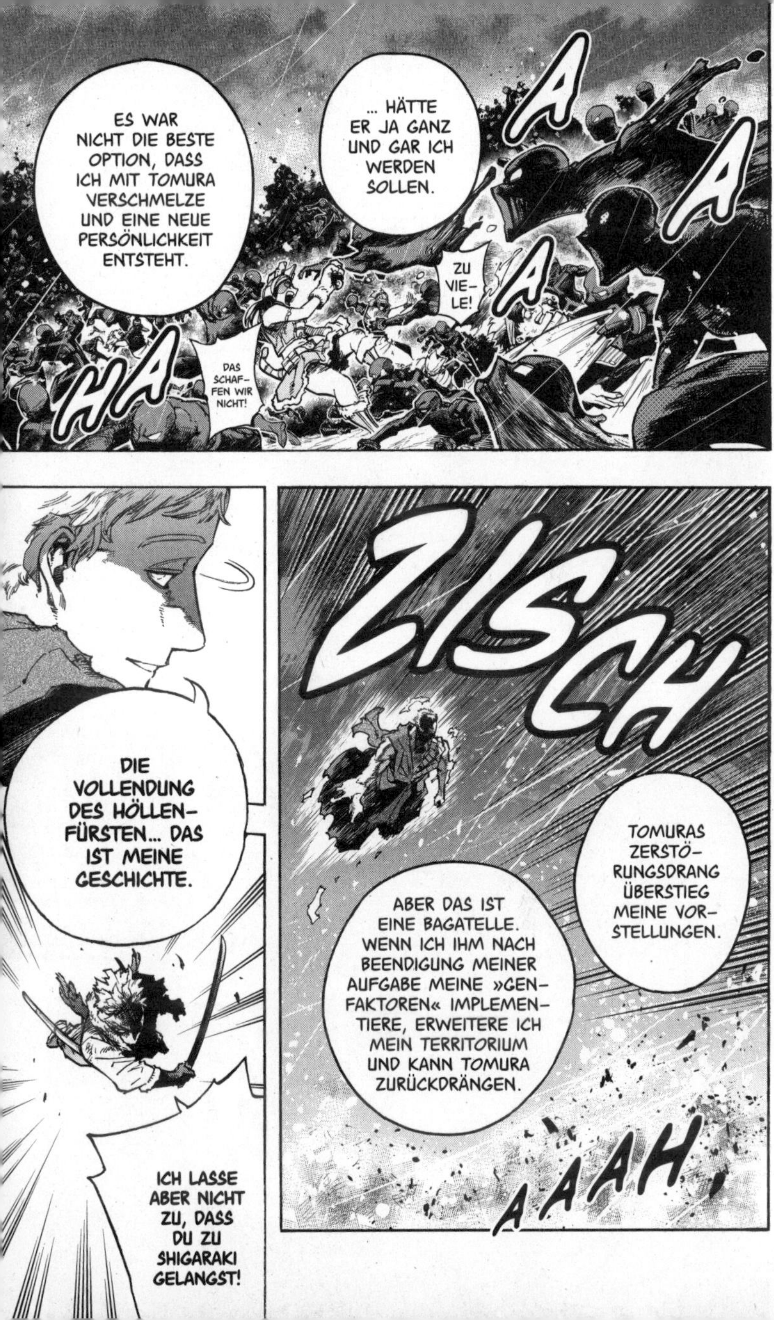
AAA
… HÄTTE ER JA GANZ UND GAR ICH WERDEN SOLLEN.
ES WAR NICHT DIE BESTE OPTION, DASS ICH MIT TOMURA VERSCHMELZE UND EINE NEUE PERSÖNLICHKEIT ENTSTEHT.
ZU VIE-LE!
DAS SCHAF-FEN WIR NICHT!
HA
ZISCH
TOMURAS ZERSTÖ-RUNGSDRANG ÜBERSTIEG MEINE VOR-STELLUNGEN.
ABER DAS IST EINE BAGATELLE. WENN ICH IHM NACH BEENDIGUNG MEINER AUFGABE MEINE »GEN-FAKTOREN« IMPLEMEN-TIERE, ERWEITERE ICH MEIN TERRITORIUM UND KANN TOMURA ZURÜCKDRÄNGEN.
AAAH
DIE VOLLENDUNG DES HÖLLEN-FÜRSTEN… DAS IST MEINE GESCHICHTE.
ICH LASSE ABER NICHT ZU, DASS DU ZU SHIGARAKI GELANGST!

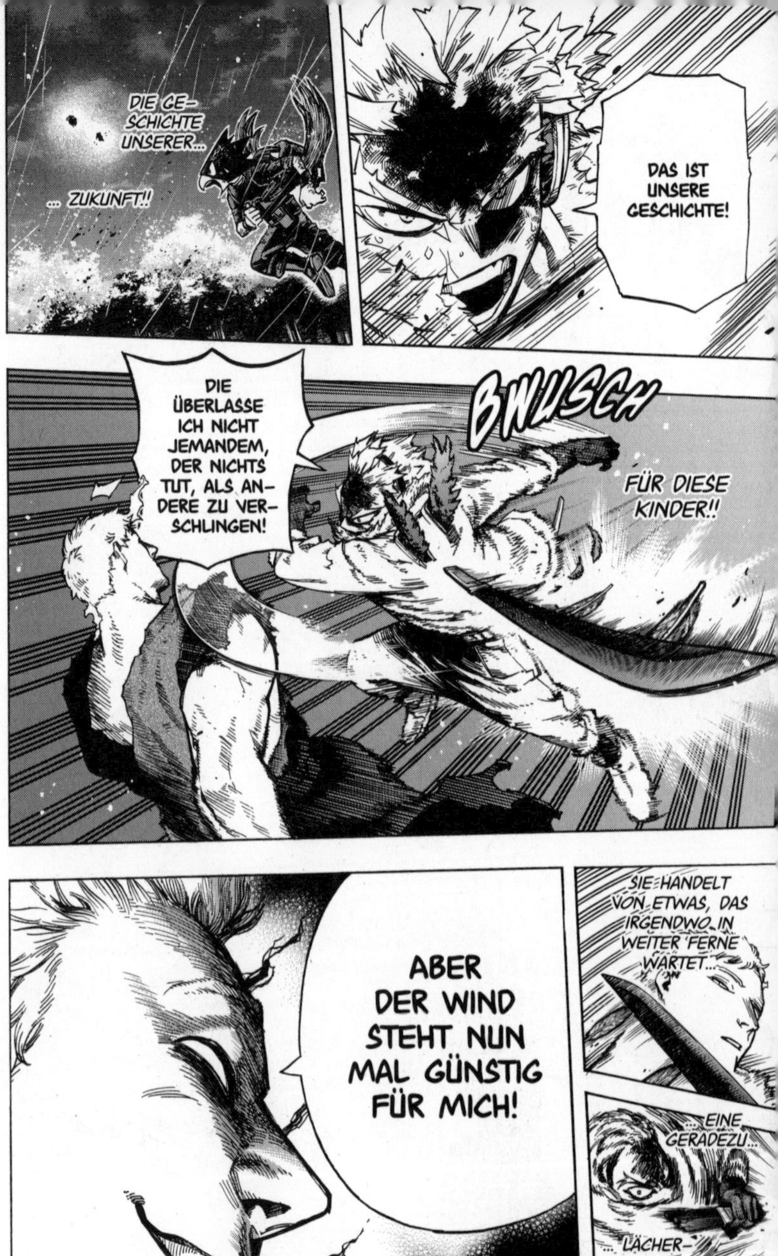
DAS IST UNSERE GESCHICHTE!
DIE GE-SCHICHTE UNSERER...
... ZUKUNFT!!
BWUSCH
DIE ÜBERLASSE ICH NICHT JEMANDEM, DER NICHTS TUT, ALS AN-DERE ZU VER-SCHLINGEN!
FÜR DIESE KINDER!!
SIE HANDELT VON ETWAS, DAS IRGENDWO IN WEITER FERNE WARTET...
... EINE GERADEZU...
... LÄCHER-LICH...
ABER DER WIND STEHT NUN MAL GÜNSTIG FÜR MICH!

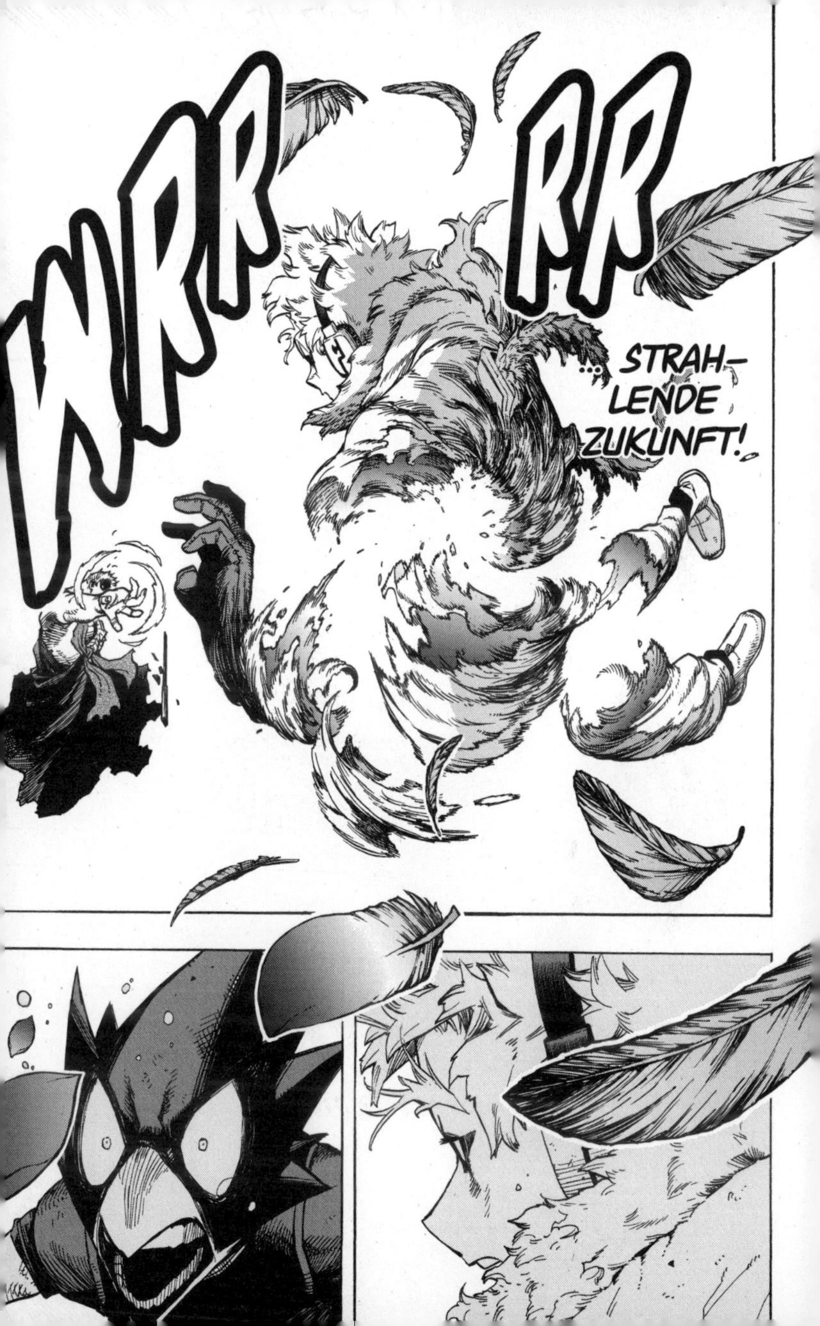
WRRRRR
...STRAH-
LENDE
ZUKUNFT!

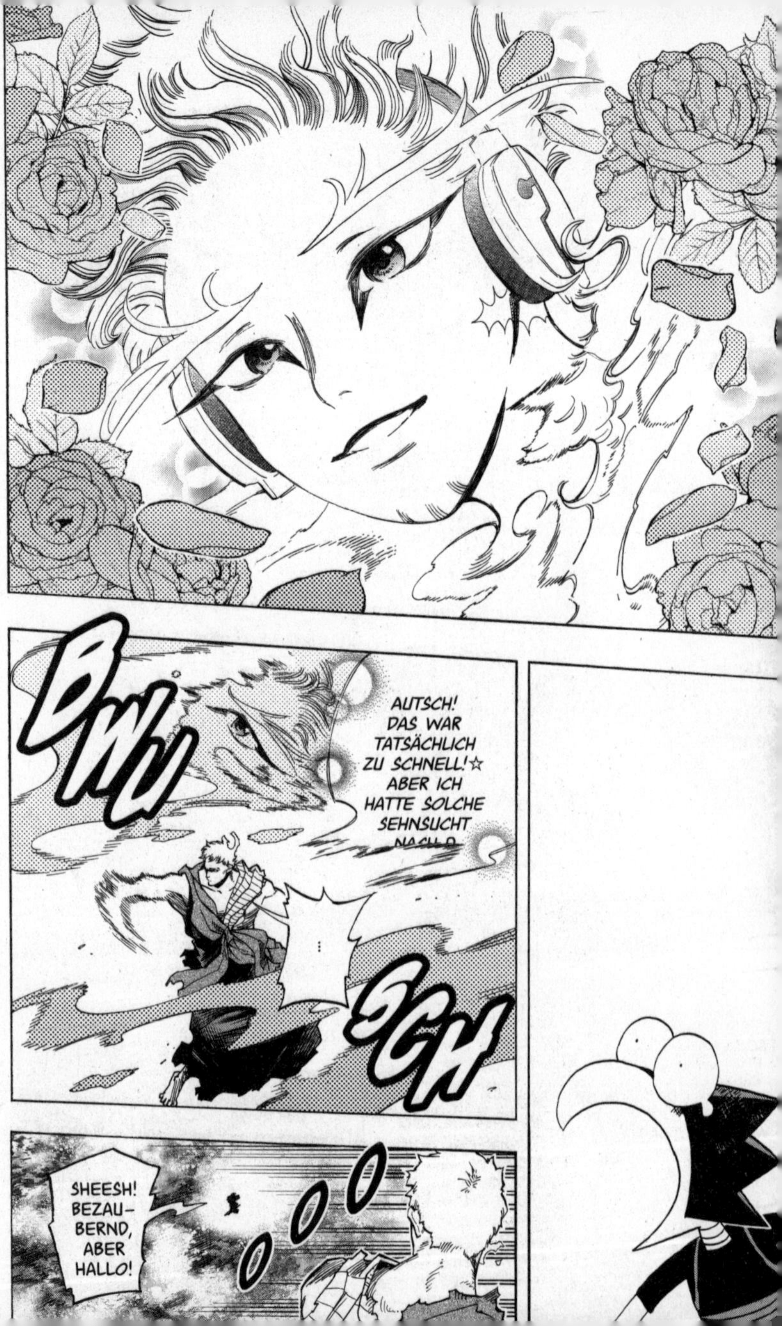
BWU
AUTSCH! DAS WAR TATSÄCHLICH ZU SCHNELL!☆ ABER ICH HATTE SOLCHE SEHNSUCHT
SCH
SHEESH! BEZAU-BERND, ABER HALLO!

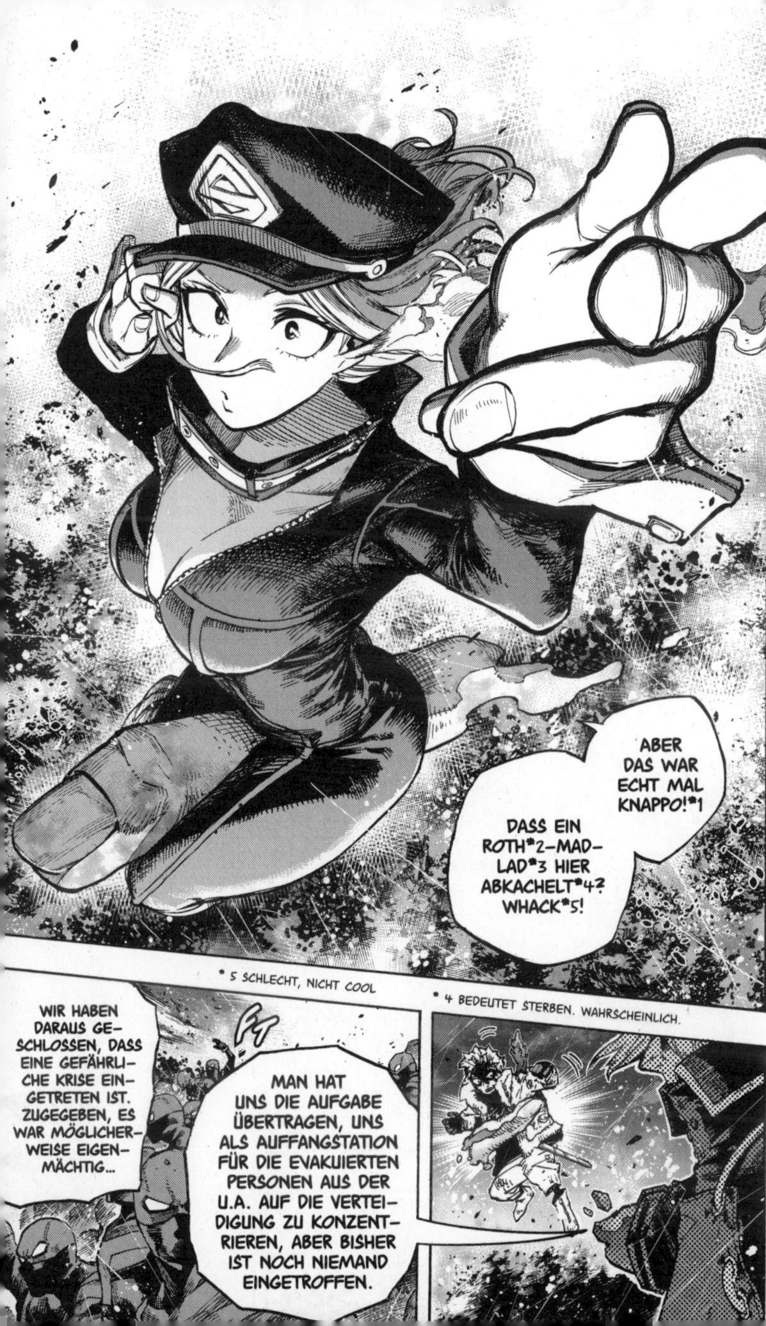

* 1 KNAPP, HAARSCHARF * 2 ROTH PHARMACEUTICAL CO. AUGENTROPFEN. GUT FÜR DIE AUGEN. STEHT FÜR AUGENWEIDE. * 3 ATTRAKTIVER MANN

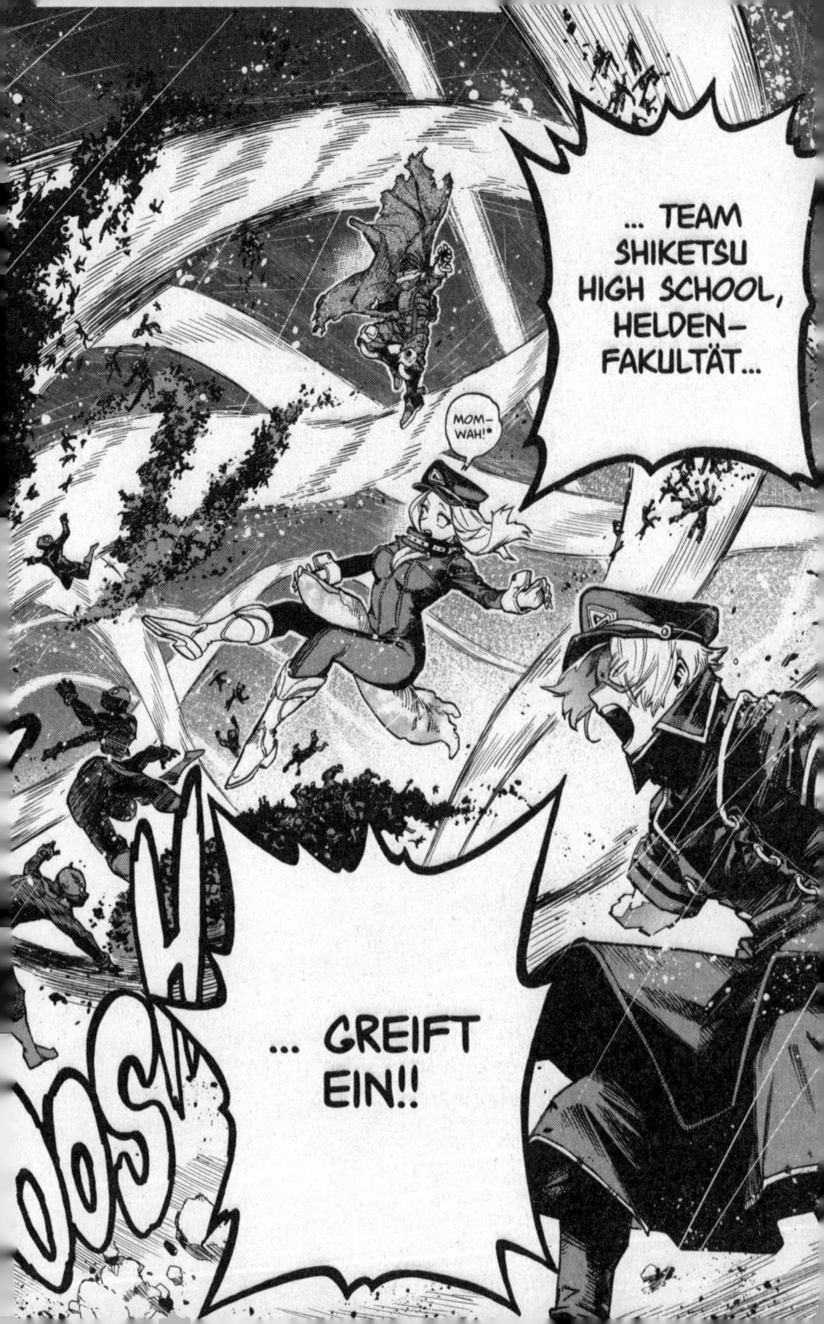
... TEAM SHIKETSU HIGH SCHOOL, HELDEN-FAKULTÄT...
MOM-WAH!*
... GREIFT EIN!!
WOOSH

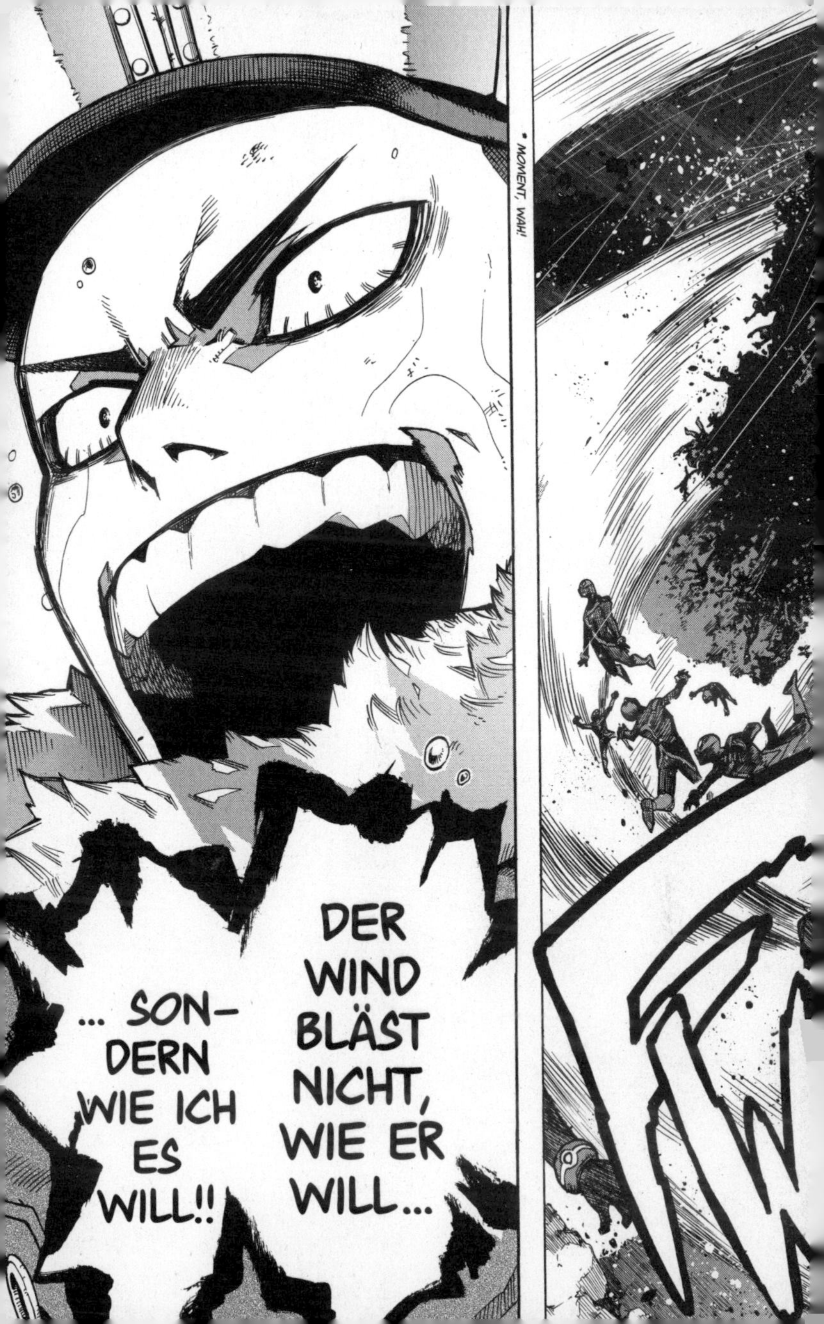
MOMENT, WAH!
DER WIND BLÄST NICHT, WIE ER WILL…
… SONDERN WIE ICH ES WILL!!

Da ich einen Maru Pen benutze, dachte ich, dass eine gewisse Affinität zu der Art und Weise besteht, wie Shojo Manga gezeichnet werden. War aber nicht so.

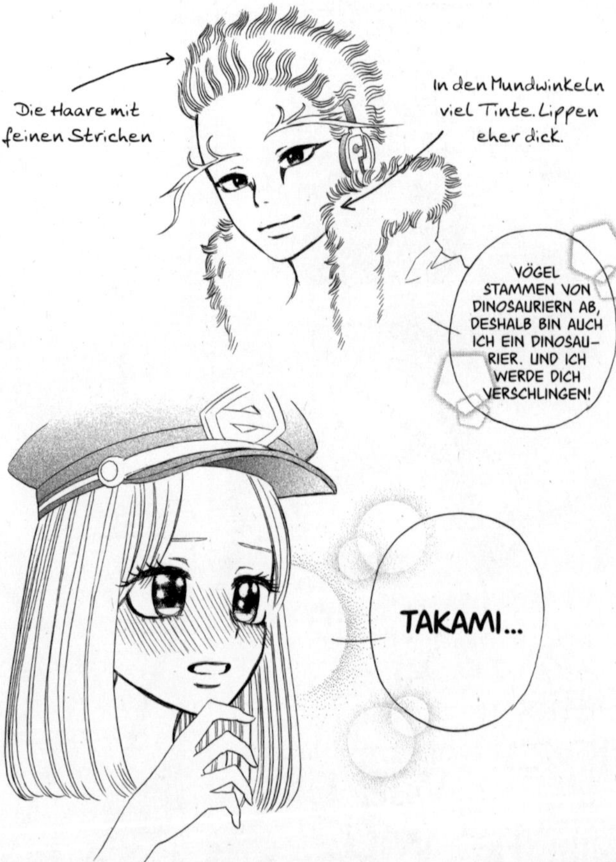

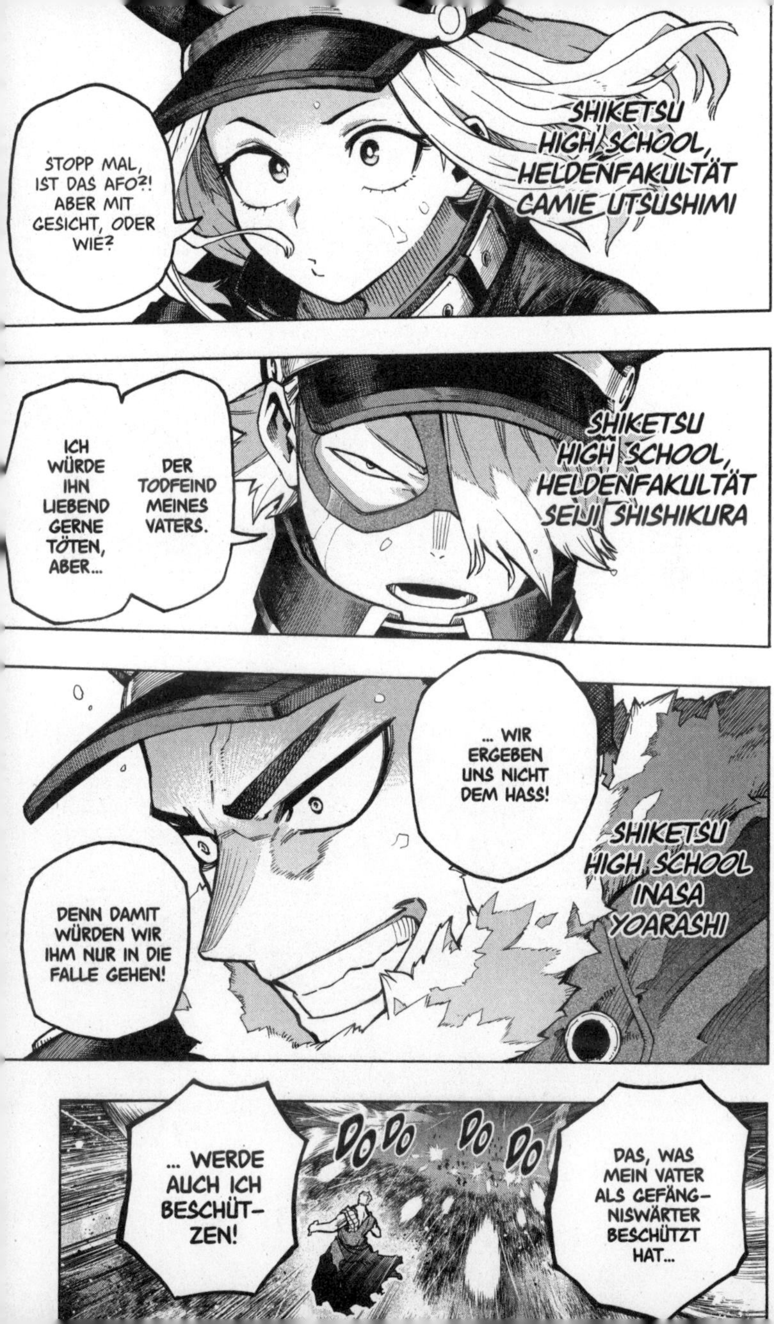
SHIKETSU HIGH SCHOOL, HELDENFAKULTÄT CAMIE UTSUSHIMI
STOPP MAL, IST DAS AFO?! ABER MIT GESICHT, ODER WIE?
SHIKETSU HIGH SCHOOL, HELDENFAKULTÄT SEIJI SHISHIKURA
DER TODFEIND MEINES VATERS.
ICH WÜRDE IHN LIEBEND GERNE TÖTEN, ABER ...
SHIKETSU HIGH SCHOOL INASA YOARASHI
... WIR ERGEBEN UNS NICHT DEM HASS!
DENN DAMIT WÜRDEN WIR IHM NUR IN DIE FALLE GEHEN!
DO DO DO DO
DAS, WAS MEIN VATER ALS GEFÄNGNISWÄRTER BESCHÜTZT HAT ...
... WERDE AUCH ICH BESCHÜTZEN!

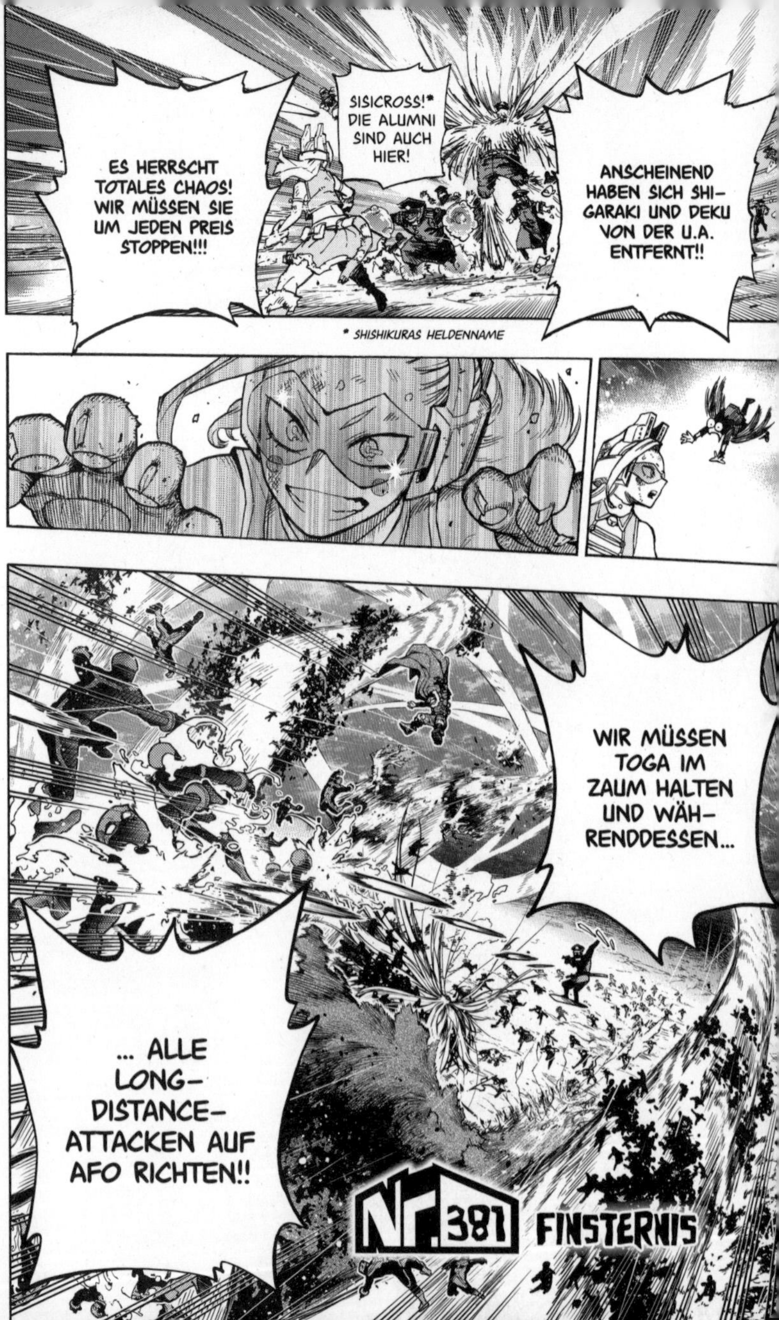
ANSCHEINEND HABEN SICH SHIGARAKI UND DEKU VON DER U.A. ENTFERNT!!
SISICROSS!* DIE ALUMNI SIND AUCH HIER!
ES HERRSCHT TOTALES CHAOS! WIR MÜSSEN SIE UM JEDEN PREIS STOPPEN!!!
* SHISHIKURAS HELDENNAME
WIR MÜSSEN TOGA IM ZAUM HALTEN UND WÄHRENDDESSEN...
... ALLE LONG-DISTANCE-ATTACKEN AUF AFO RICHTEN!!
NR. 381 FINSTERNIS

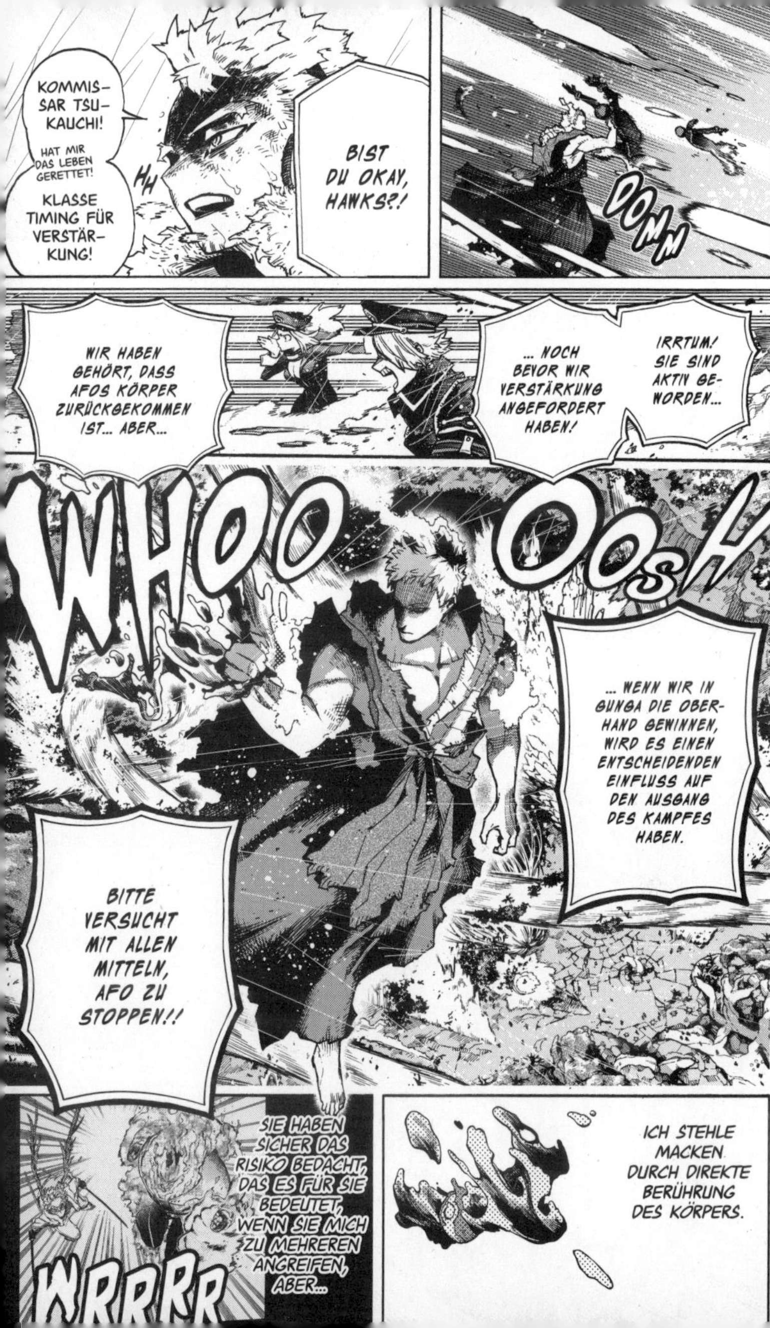
DOMM
BIST DU OKAY, HAWKS?!
KOMMISSAR TSUKAUCHI!
HAT MIR DAS LEBEN GERETTET!
KLASSE TIMING FÜR VERSTÄRKUNG!
HH
IRRTUM! SIE SIND AKTIV GEWORDEN...
... NOCH BEVOR WIR VERSTÄRKUNG ANGEFORDERT HABEN!
WIR HABEN GEHÖRT, DASS AFOS KÖRPER ZURÜCKGEKOMMEN IST... ABER...
WHOOOOSH
... WENN WIR IN GUNGA DIE OBERHAND GEWINNEN, WIRD ES EINEN ENTSCHEIDENDEN EINFLUSS AUF DEN AUSGANG DES KAMPFES HABEN.
BITTE VERSUCHT MIT ALLEN MITTELN, AFO ZU STOPPEN!!
ICH STEHLE MACKEN DURCH DIREKTE BERÜHRUNG DES KÖRPERS.
SIE HABEN SICHER DAS RISIKO BEDACHT, DAS ES FÜR SIE BEDEUTET, WENN SIE MICH ZU MEHREREN ANGREIFEN, ABER...
WRRRR

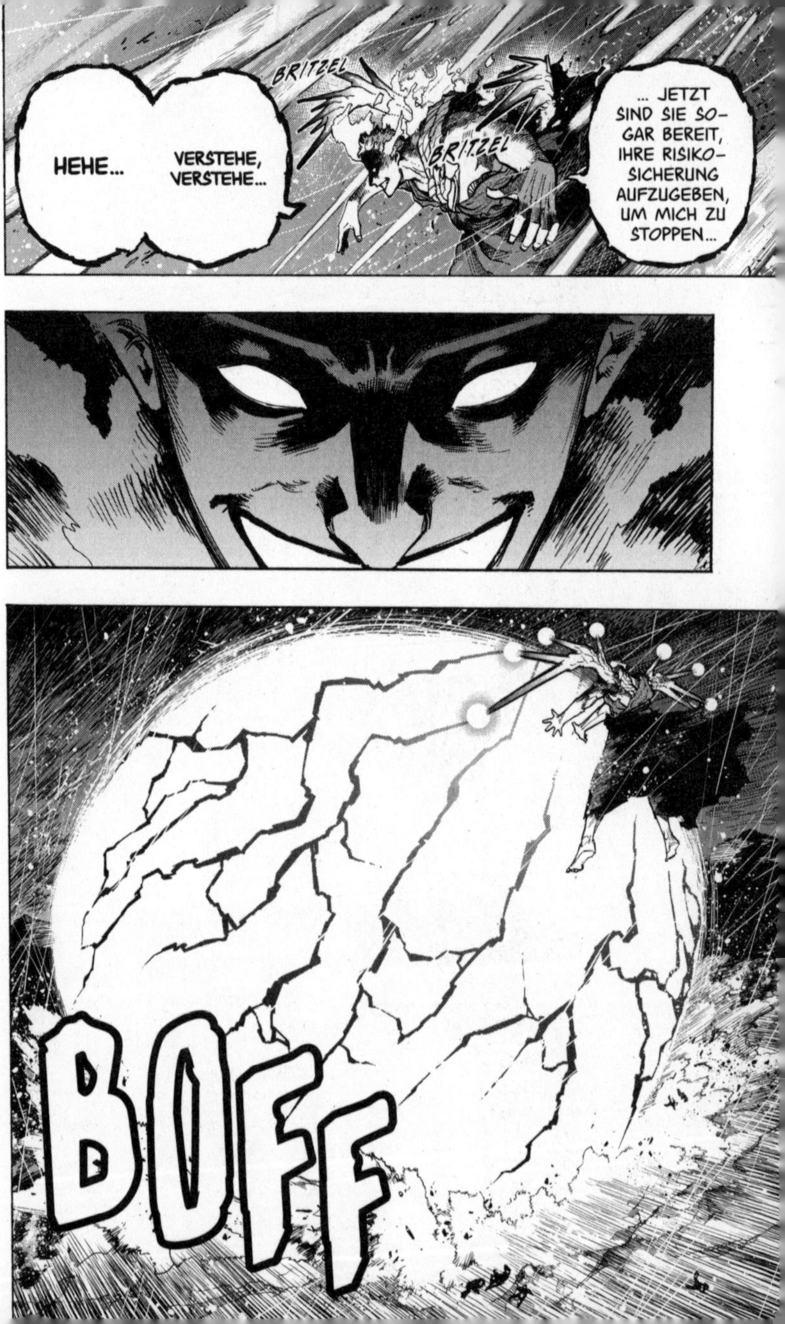
BRITZEL
BRITZEL
... JETZT SIND SIE SO-GAR BEREIT, IHRE RISIKO-SICHERUNG AUFZUGEBEN, UM MICH ZU STOPPEN...
VERSTEHE, VERSTEHE...
HEHE...
BOFF

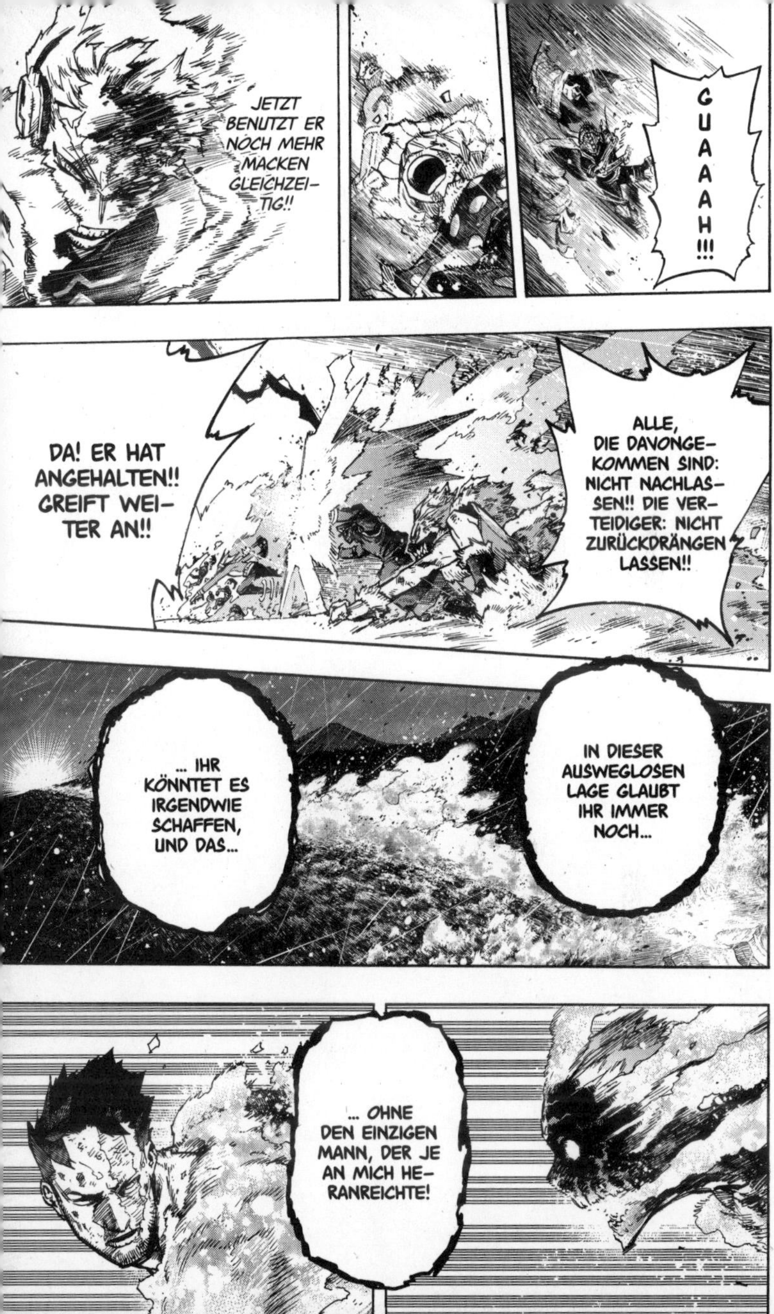
GUAAAAH!!!
JETZT BENUTZT ER NOCH MEHR MACKEN GLEICHZEITIG!!
ALLE, DIE DAVONGEKOMMEN SIND: NICHT NACHLASSEN!! DIE VERTEIDIGER: NICHT ZURÜCKDRÄNGEN LASSEN!!
DA! ER HAT ANGEHALTEN!! GREIFT WEITER AN!!
IN DIESER AUSWEGLOSEN LAGE GLAUBT IHR IMMER NOCH...
... IHR KÖNNTET ES IRGENDWIE SCHAFFEN, UND DAS...
... OHNE DEN EINZIGEN MANN, DER JE AN MICH HERANREICHTE!

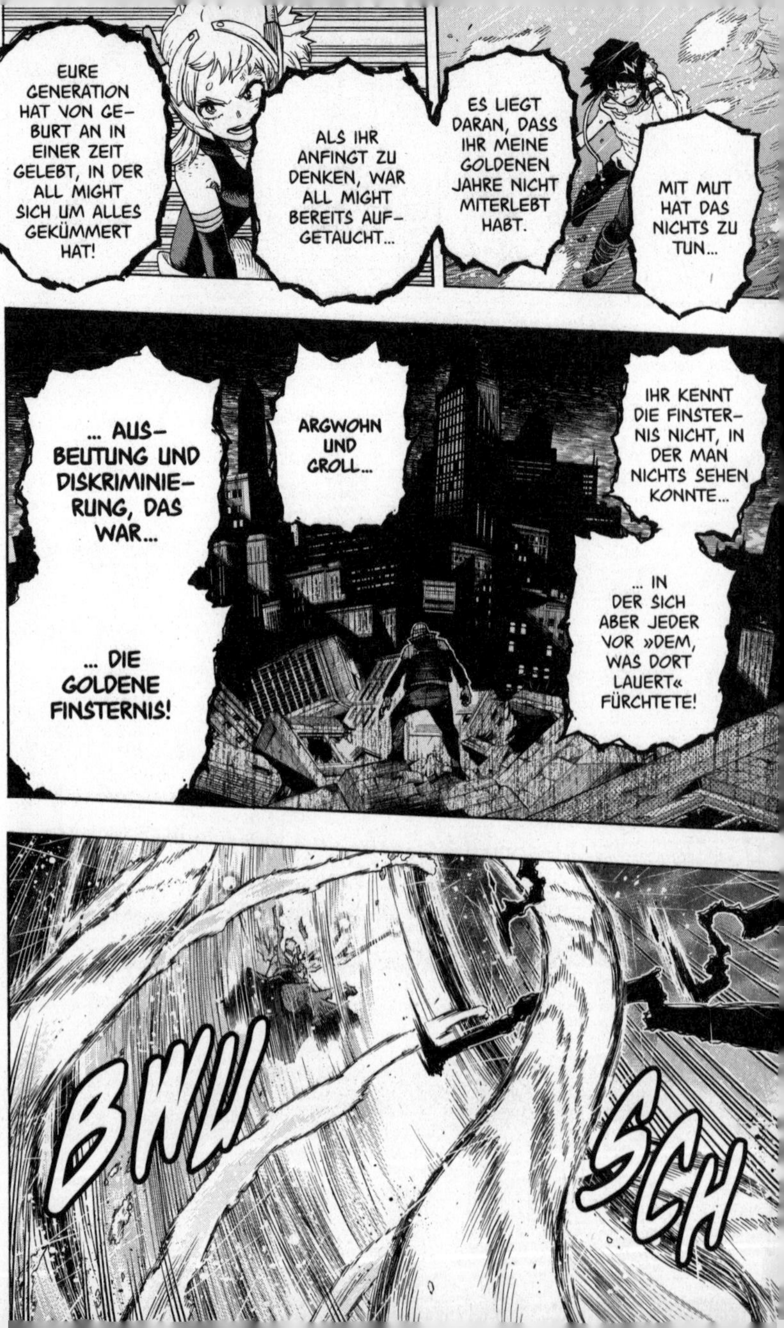
MIT MUT HAT DAS NICHTS ZU TUN...
ES LIEGT DARAN, DASS IHR MEINE GOLDENEN JAHRE NICHT MITERLEBT HABT.
ALS IHR ANFINGT ZU DENKEN, WAR ALL MIGHT BEREITS AUFGETAUCHT...
EURE GENERATION HAT VON GEBURT AN IN EINER ZEIT GELEBT, IN DER ALL MIGHT SICH UM ALLES GEKÜMMERT HAT!
IHR KENNT DIE FINSTERNIS NICHT, IN DER MAN NICHTS SEHEN KONNTE...
... IN DER SICH ABER JEDER VOR »DEM, WAS DORT LAUERT« FÜRCHTETE!
ARGWOHN UND GROLL...
... AUSBEUTUNG UND DISKRIMINIERUNG, DAS WAR...
... DIE GOLDENE FINSTERNIS!
BWUSCH

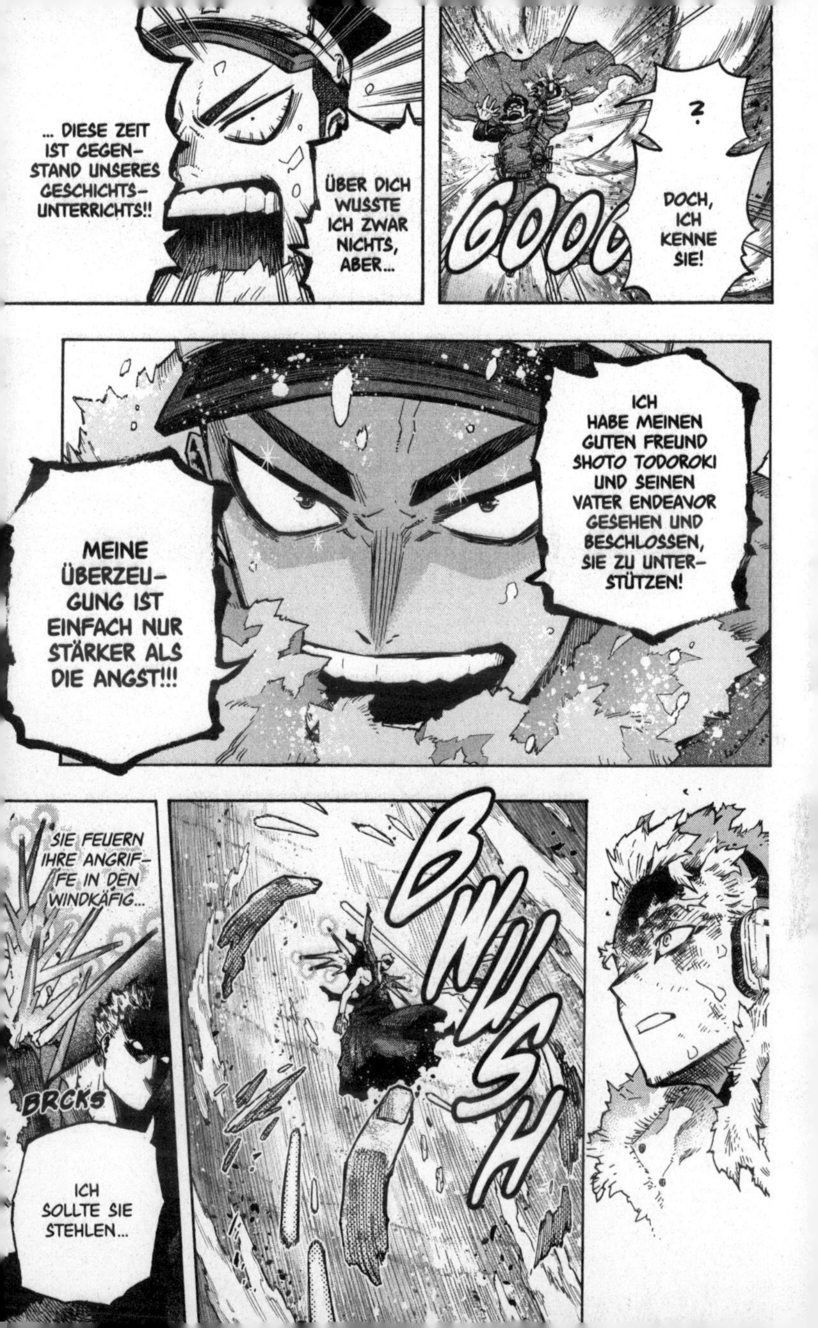

?
DOCH, ICH KENNE SIE!
GOOO
ÜBER DICH WUSSTE ICH ZWAR NICHTS, ABER...
... DIESE ZEIT IST GEGEN-STAND UNSERES GESCHICHTS-UNTERRICHTS!!
ICH HABE MEINEN GUTEN FREUND SHOTO TODOROKI UND SEINEN VATER ENDEAVOR GESEHEN UND BESCHLOSSEN, SIE ZU UNTER-STÜTZEN!
MEINE ÜBERZEU-GUNG IST EINFACH NUR STÄRKER ALS DIE ANGST!!!
BWUSH
SIE FEUERN IHRE ANGRIF-FE IN DEN WINDKÄFIG...
BRCKS
ICH SOLLTE SIE STEHLEN...

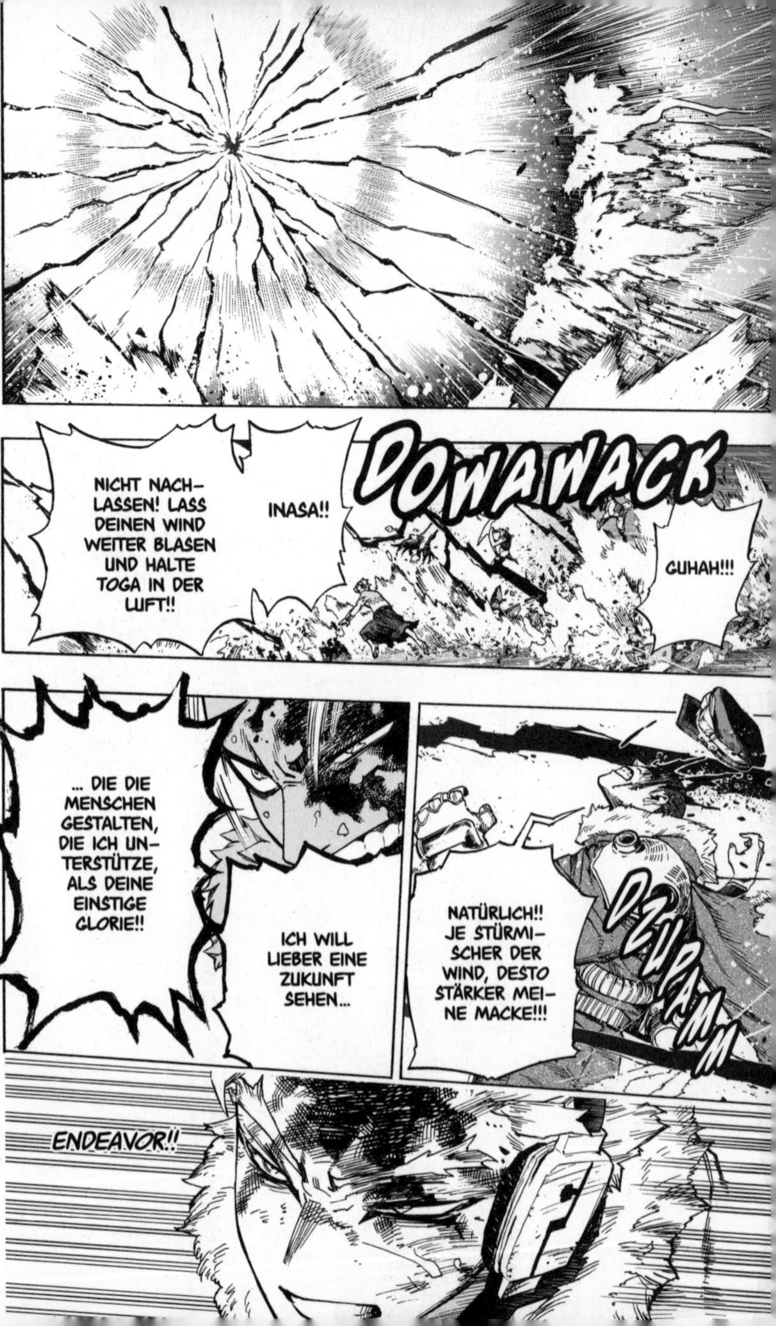
DOWAWACK
GUHAH!!!
INASA!!
NICHT NACH-LASSEN! LASS DEINEN WIND WEITER BLASEN UND HALTE TOGA IN DER LUFT!!
NATÜRLICH!! JE STÜRMI-SCHER DER WIND, DESTO STÄRKER MEI-NE MACKE!!!
ICH WILL LIEBER EINE ZUKUNFT SEHEN...
... DIE DIE MENSCHEN GESTALTEN, DIE ICH UN-TERSTÜTZE, ALS DEINE EINSTIGE GLORIE!!
ENDEAVOR!!

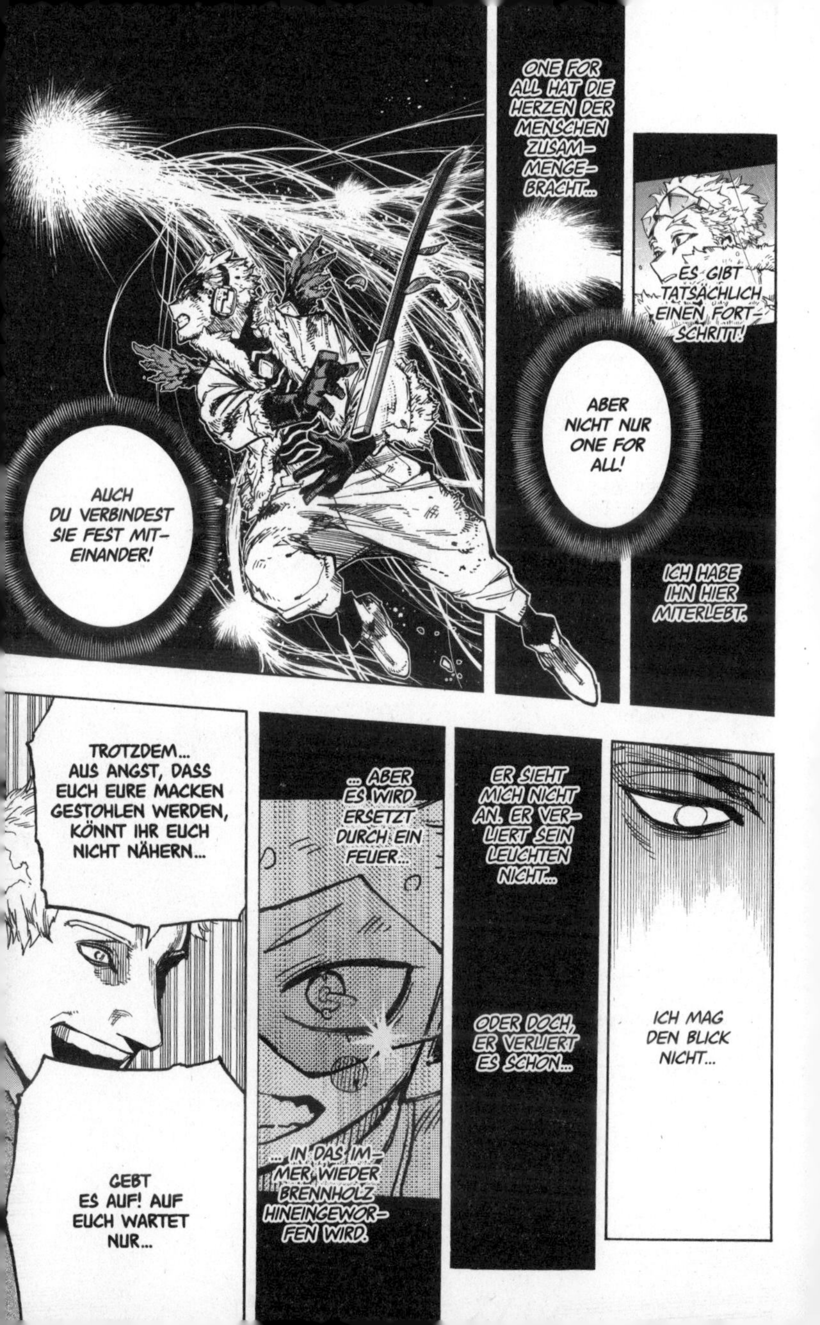
ONE FOR ALL HAT DIE HERZEN DER MENSCHEN ZUSAMMENGEBRACHT...
ES GIBT TATSÄCHLICH EINEN FORTSCHRITT!
ICH HABE IHN HIER MITERLEBT.
ABER NICHT NUR ONE FOR ALL!
AUCH DU VERBINDEST SIE FEST MITEINANDER!
ICH MAG DEN BLICK NICHT...
ER SIEHT MICH NICHT AN. ER VERLIERT SEIN LEUCHTEN NICHT...
ODER DOCH, ER VERLIERT ES SCHON...
... ABER ES WIRD ERSETZT DURCH EIN FEUER...
... IN DAS IMMER WIEDER BRENNHOLZ HINEINGEWORFEN WIRD.
TROTZDEM... AUS ANGST, DASS EUCH EURE MACKEN GESTOHLEN WERDEN, KÖNNT IHR EUCH NICHT NÄHERN...
GEBT ES AUF! AUF EUCH WARTET NUR...

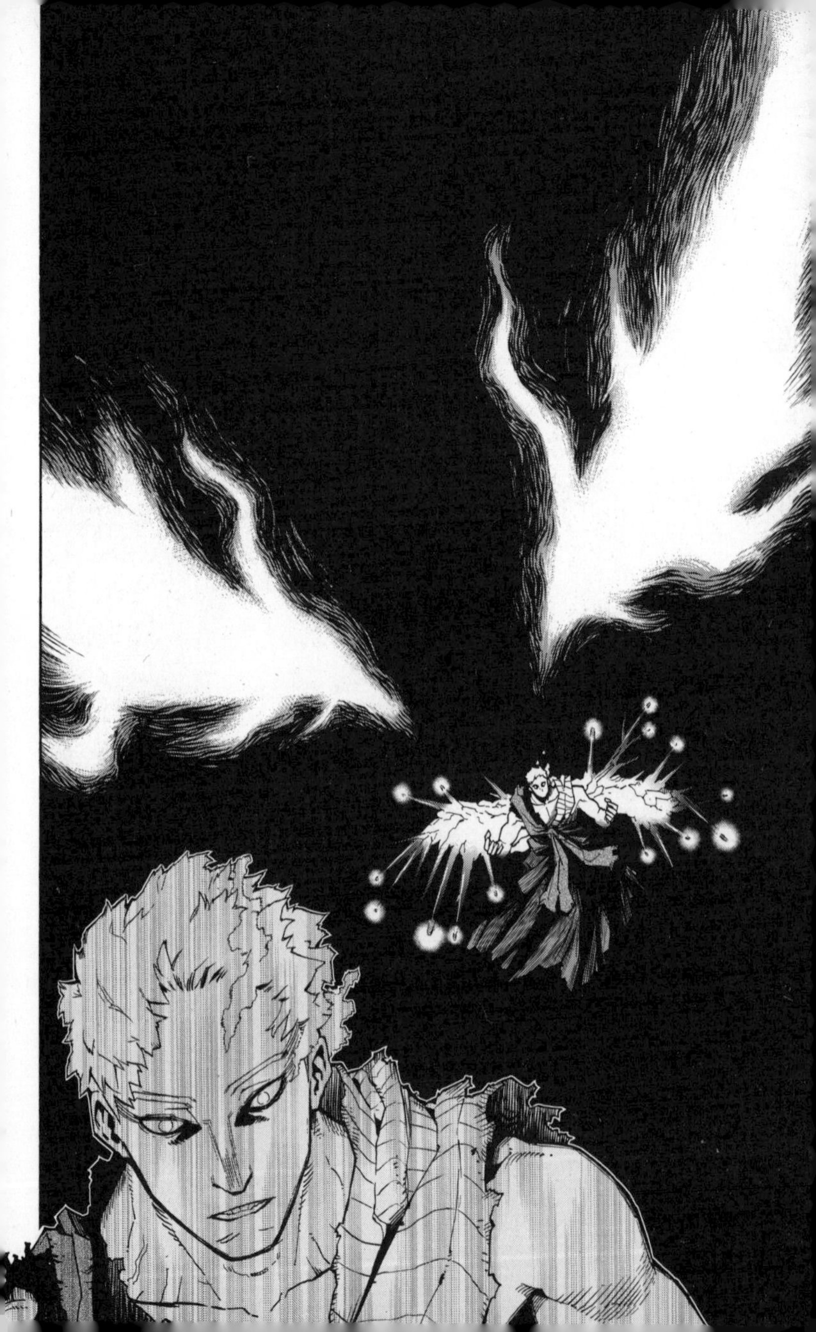

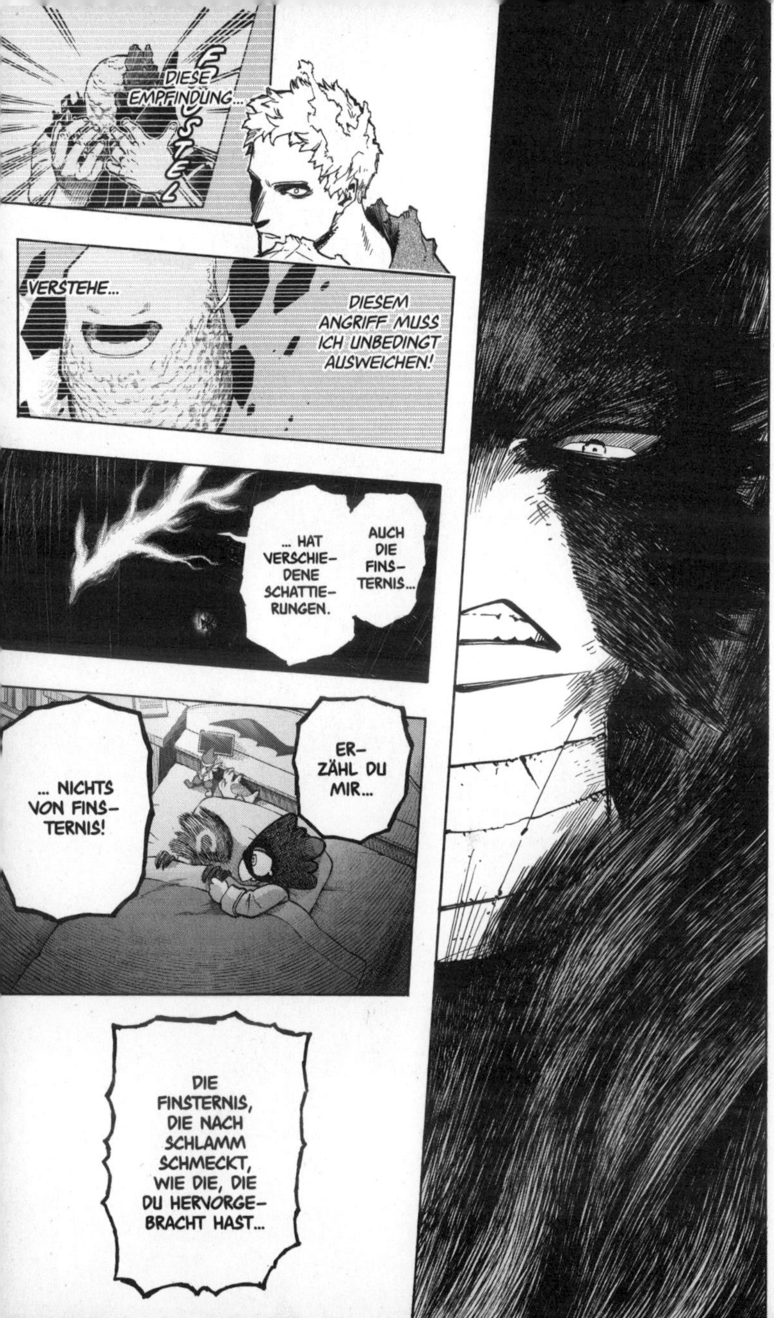
DIESE EMPFINDUNG...
VERSTEHE...
DIESEM ANGRIFF MUSS ICH UNBEDINGT AUSWEICHEN!
AUCH DIE FINS-TERNIS...
... HAT VERSCHIE-DENE SCHATTIE-RUNGEN.
ER-ZÄHL DU MIR...
... NICHTS VON FINS-TERNIS!
DIE FINSTERNIS, DIE NACH SCHLAMM SCHMECKT, WIE DIE, DIE DU HERVORGE-BRACHT HAST...

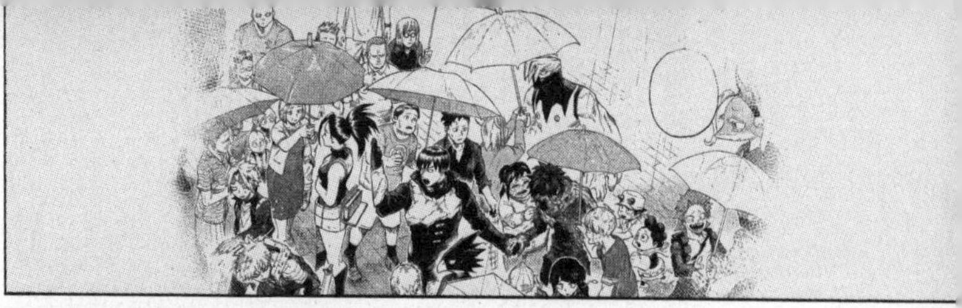

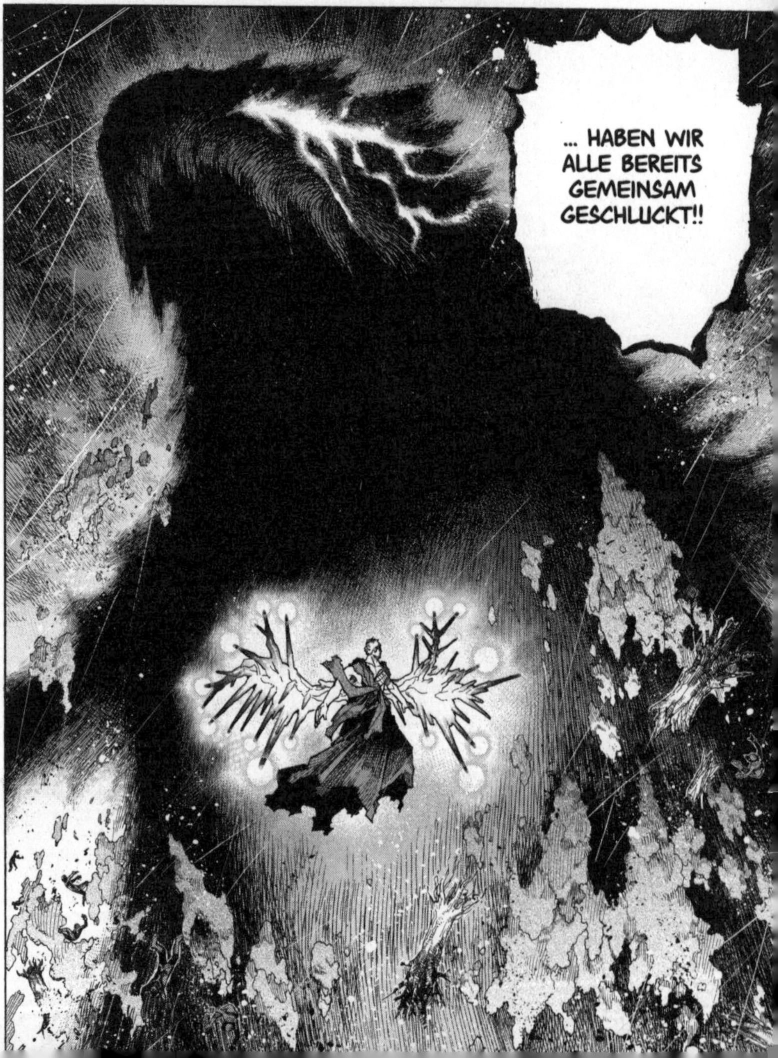
... HABEN WIR
ALLE BEREITS
GEMEINSAM
GESCHLUCKT!!

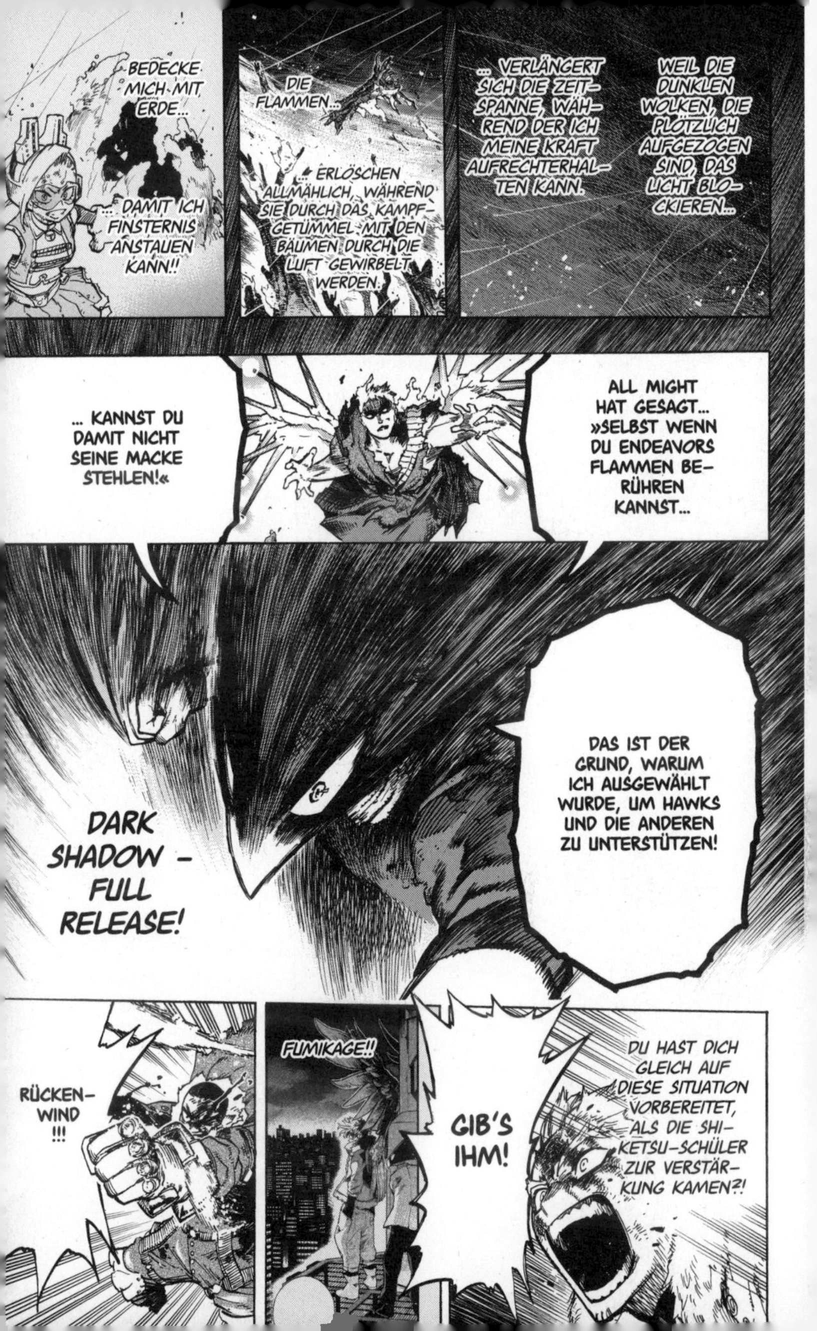
WEIL DIE DUNKLEN WOLKEN, DIE PLÖTZLICH AUFGEZOGEN SIND, DAS LICHT BLOCKIEREN…
… VERLÄNGERT SICH DIE ZEITSPANNE, WÄHREND DER ICH MEINE KRAFT AUFRECHTERHALTEN KANN.
DIE FLAMMEN…
… ERLÖSCHEN ALLMÄHLICH, WÄHREND SIE DURCH DAS KAMPFGETÜMMEL MIT DEN BÄUMEN DURCH DIE LUFT GEWIRBELT WERDEN.
BEDECKE MICH MIT ERDE…
… DAMIT ICH FINSTERNIS ANSTAUEN KANN!!
ALL MIGHT HAT GESAGT… »SELBST WENN DU ENDEAVORS FLAMMEN BERÜHREN KANNST…
… KANNST DU DAMIT NICHT SEINE MACKE STEHLEN!«
DAS IST DER GRUND, WARUM ICH AUSGEWÄHLT WURDE, UM HAWKS UND DIE ANDEREN ZU UNTERSTÜTZEN!
DARK SHADOW – FULL RELEASE!
DU HAST DICH GLEICH AUF DIESE SITUATION VORBEREITET, ALS DIE SHIKETSU-SCHÜLER ZUR VERSTÄRKUNG KAMEN?!
GIB'S IHM!
FUMIKAGE!!
RÜCKENWIND!!!

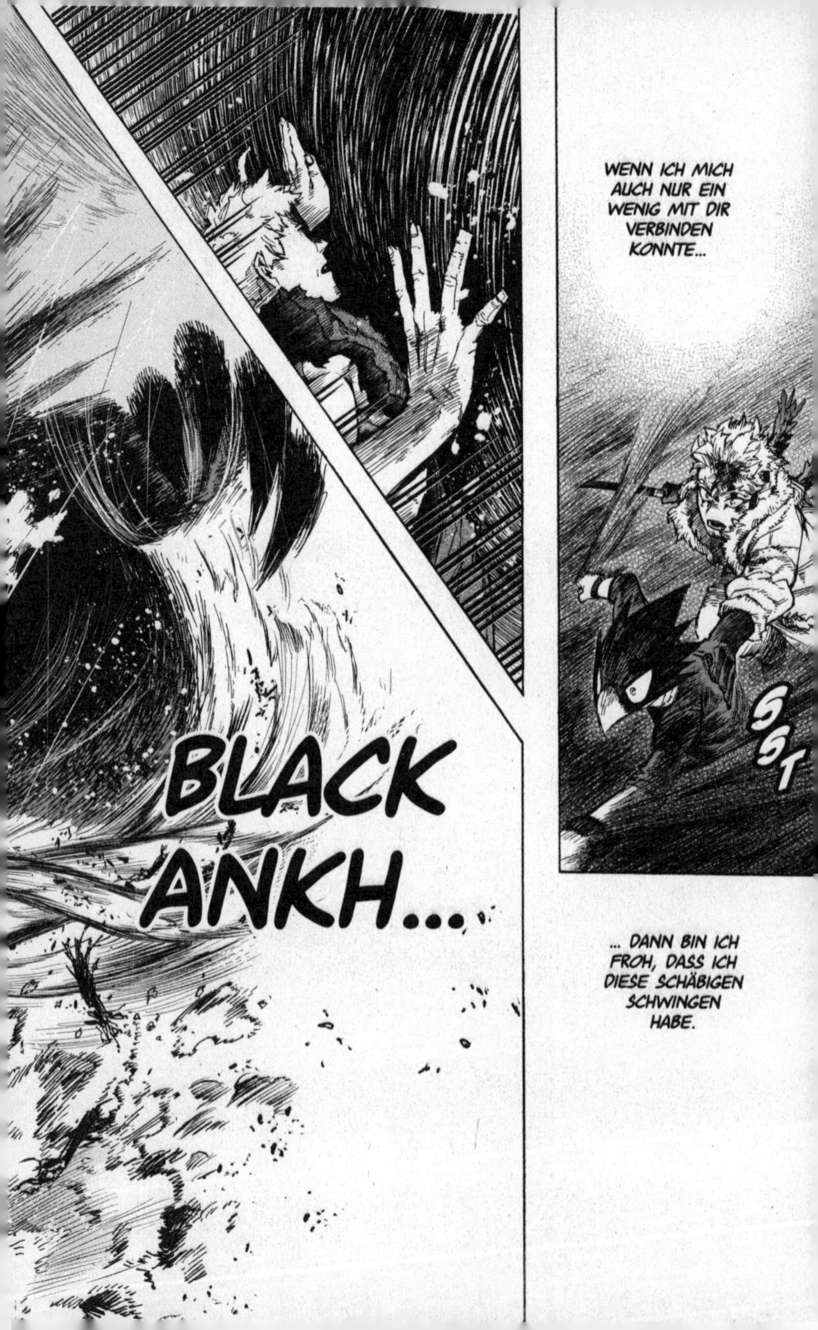
WENN ICH MICH AUCH NUR EIN WENIG MIT DIR VERBINDEN KONNTE...
SST
... DANN BIN ICH FROH, DASS ICH DIESE SCHÄBIGEN SCHWINGEN HABE.
BLACK ANKH...

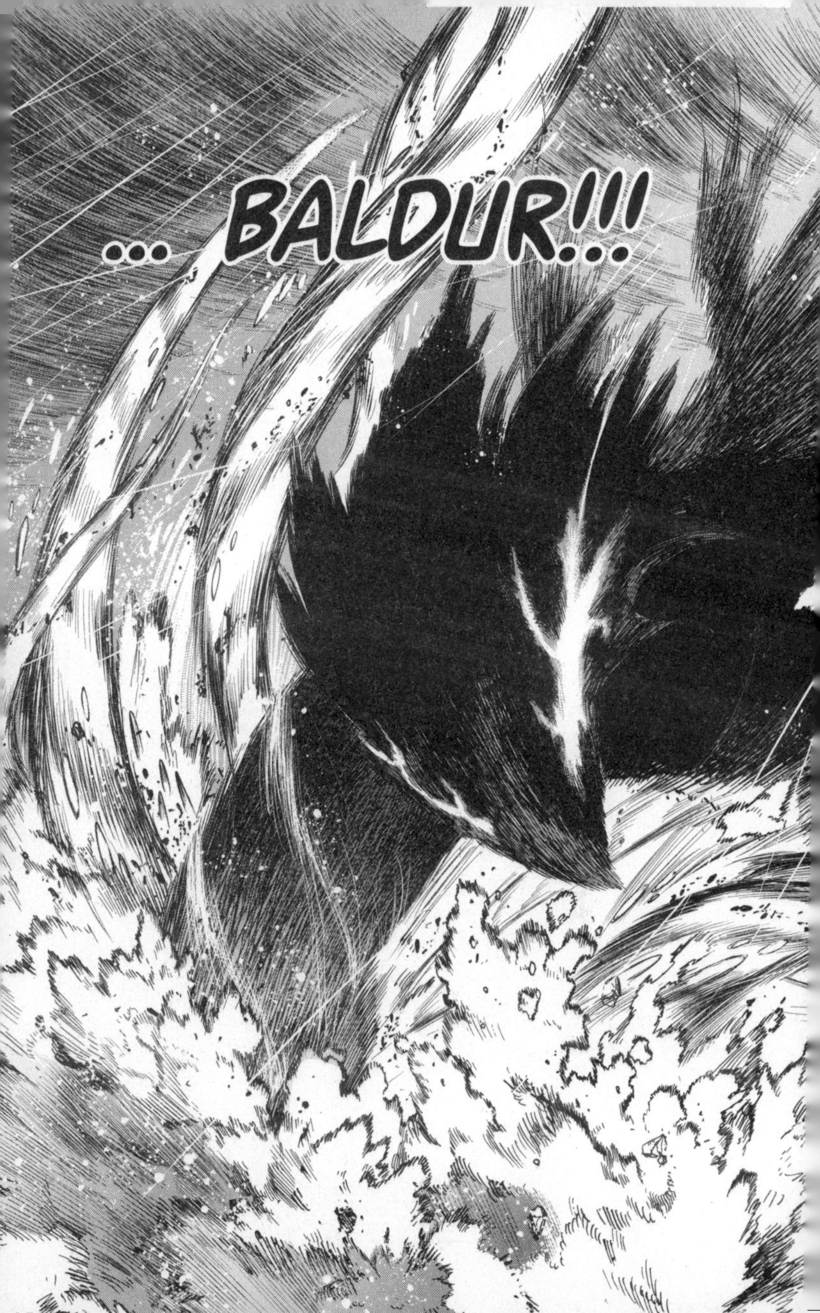
... BALDUR!!!

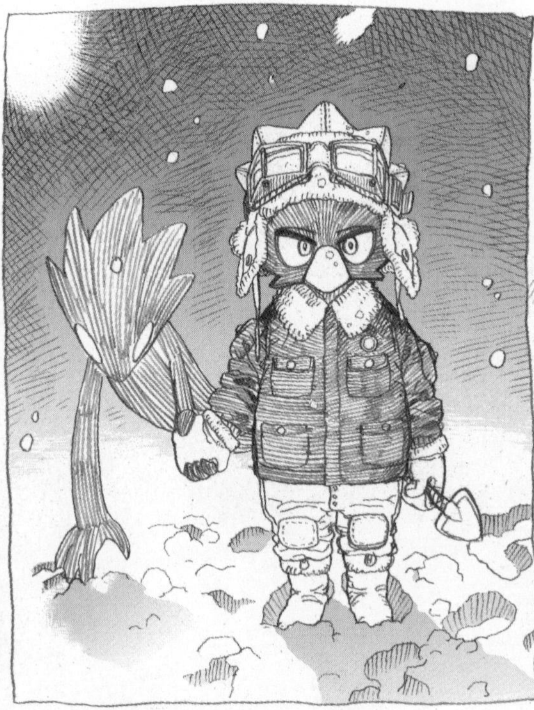

Fumikage und Shadow – der erste große Schnee!

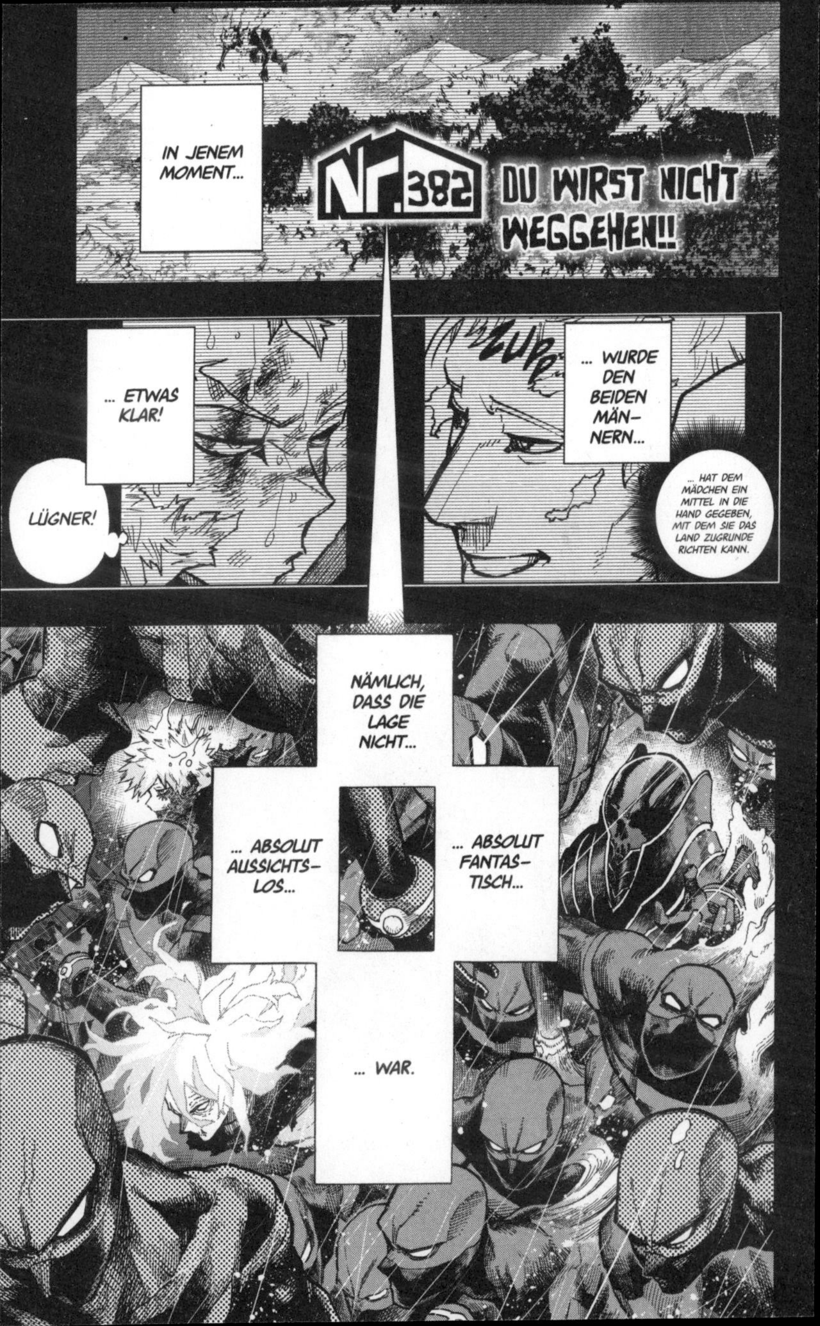
NR. 382
DU WIRST NICHT WEGGEHEN!!
IN JENEM MOMENT...
... WURDE DEN BEIDEN MÄNNERN...
ZUPP
... HAT DEM MÄDCHEN EIN MITTEL IN DIE HAND GEGEBEN, MIT DEM SIE DAS LAND ZUGRUNDE RICHTEN KANN.
... ETWAS KLAR!
LÜGNER!
NÄMLICH, DASS DIE LAGE NICHT...
... ABSOLUT FANTASTISCH...
... ABSOLUT AUSSICHTSLOS...
... WAR.

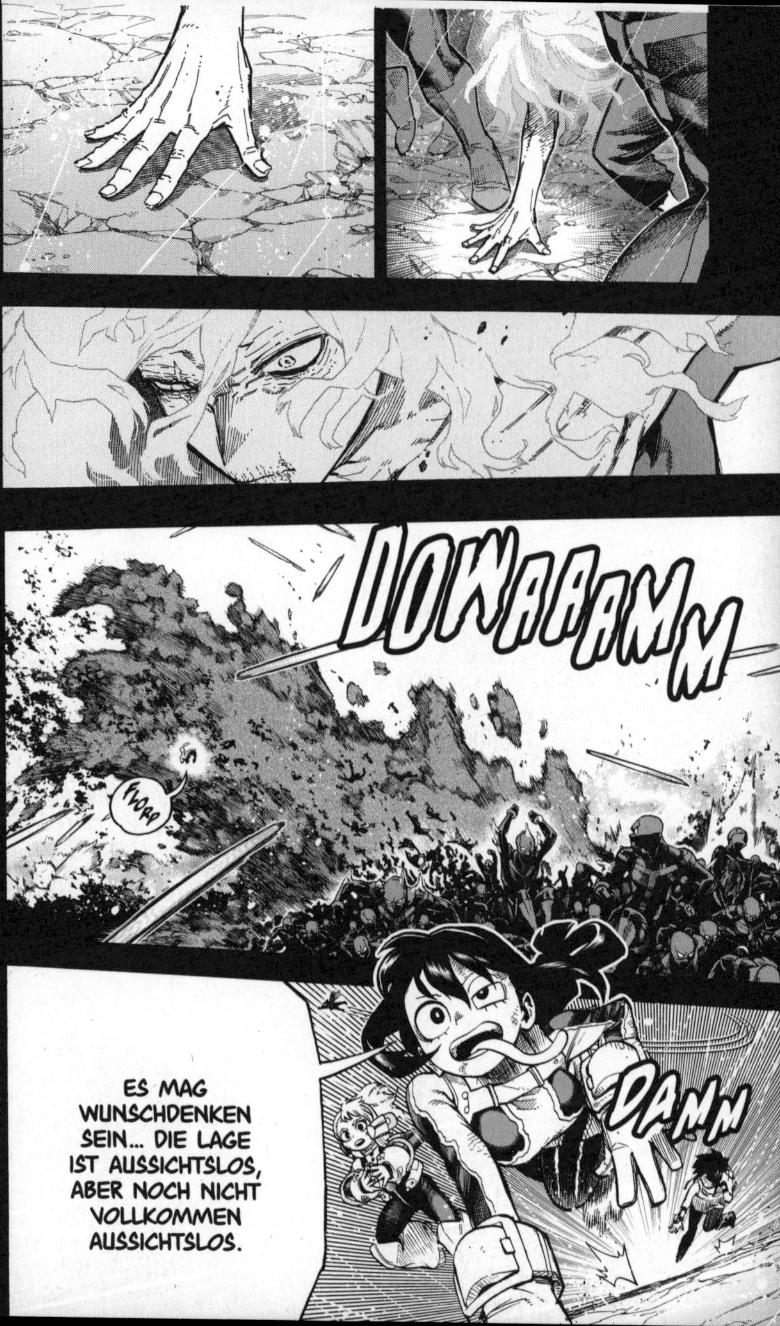

DOWAAAMMM
FVORR
DAMM
ES MAG WUNSCHDENKEN SEIN... DIE LAGE IST AUSSICHTSLOS, ABER NOCH NICHT VOLLKOMMEN AUSSICHTSLOS.

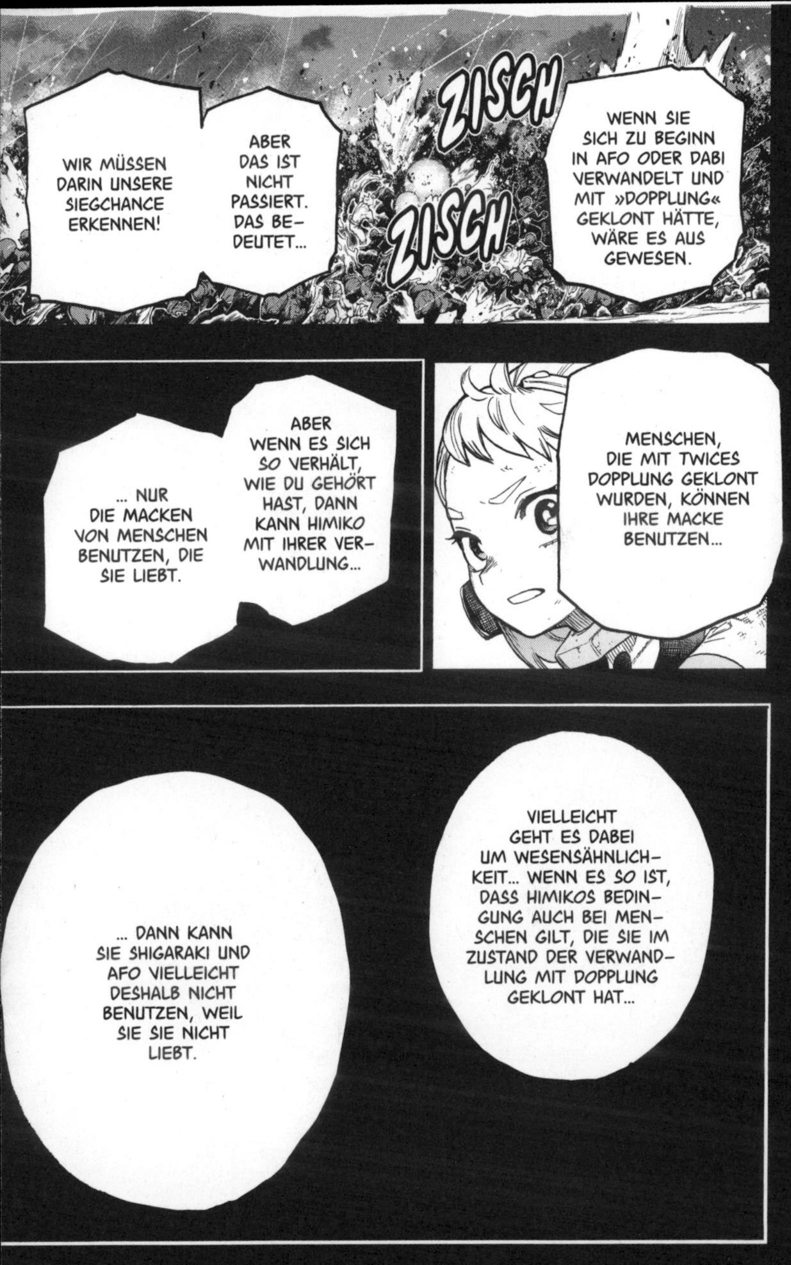
WENN SIE SICH ZU BEGINN IN AFO ODER DABI VERWANDELT UND MIT »DOPPLUNG« GEKLONT HÄTTE, WÄRE ES AUS GEWESEN.
ZISCH
ZISCH
ABER DAS IST NICHT PASSIERT. DAS BEDEUTET...
WIR MÜSSEN DARIN UNSERE SIEGCHANCE ERKENNEN!
MENSCHEN, DIE MIT TWICES DOPPLUNG GEKLONT WURDEN, KÖNNEN IHRE MACKE BENUTZEN...
ABER WENN ES SICH SO VERHÄLT, WIE DU GEHÖRT HAST, DANN KANN HIMIKO MIT IHRER VERWANDLUNG...
... NUR DIE MACKEN VON MENSCHEN BENUTZEN, DIE SIE LIEBT.
VIELLEICHT GEHT ES DABEI UM WESENSÄHNLICHKEIT... WENN ES SO IST, DASS HIMIKOS BEDINGUNG AUCH BEI MENSCHEN GILT, DIE SIE IM ZUSTAND DER VERWANDLUNG MIT DOPPLUNG GEKLONT HAT...
... DANN KANN SIE SHIGARAKI UND AFO VIELLEICHT DESHALB NICHT BENUTZEN, WEIL SIE SIE NICHT LIEBT.

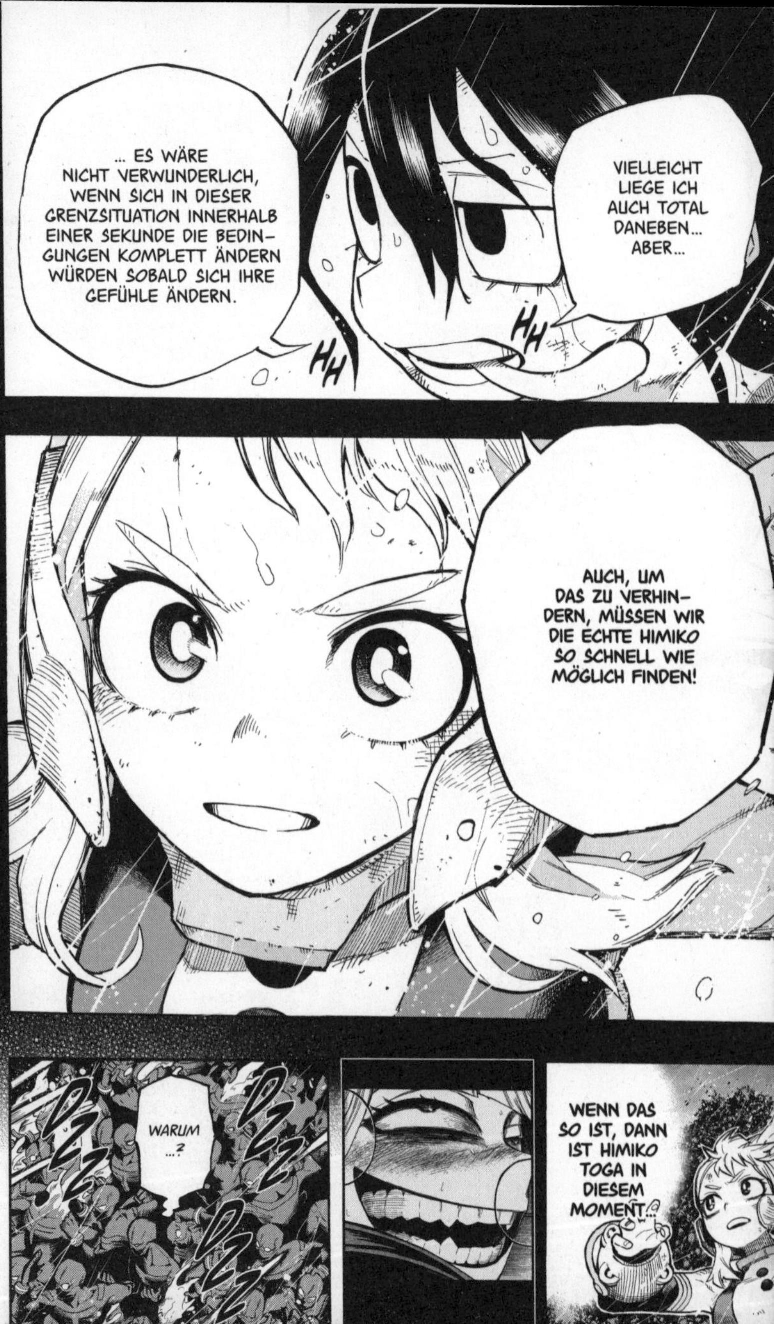
VIELLEICHT LIEGE ICH AUCH TOTAL DANEBEN... ABER...
... ES WÄRE NICHT VERWUNDERLICH, WENN SICH IN DIESER GRENZSITUATION INNERHALB EINER SEKUNDE DIE BEDINGUNGEN KOMPLETT ÄNDERN WÜRDEN SOBALD SICH IHRE GEFÜHLE ÄNDERN.
HH
HH
AUCH, UM DAS ZU VERHINDERN, MÜSSEN WIR DIE ECHTE HIMIKO SO SCHNELL WIE MÖGLICH FINDEN!
WENN DAS SO IST, DANN IST HIMIKO TOGA IN DIESEM MOMENT...
WARUM ...?

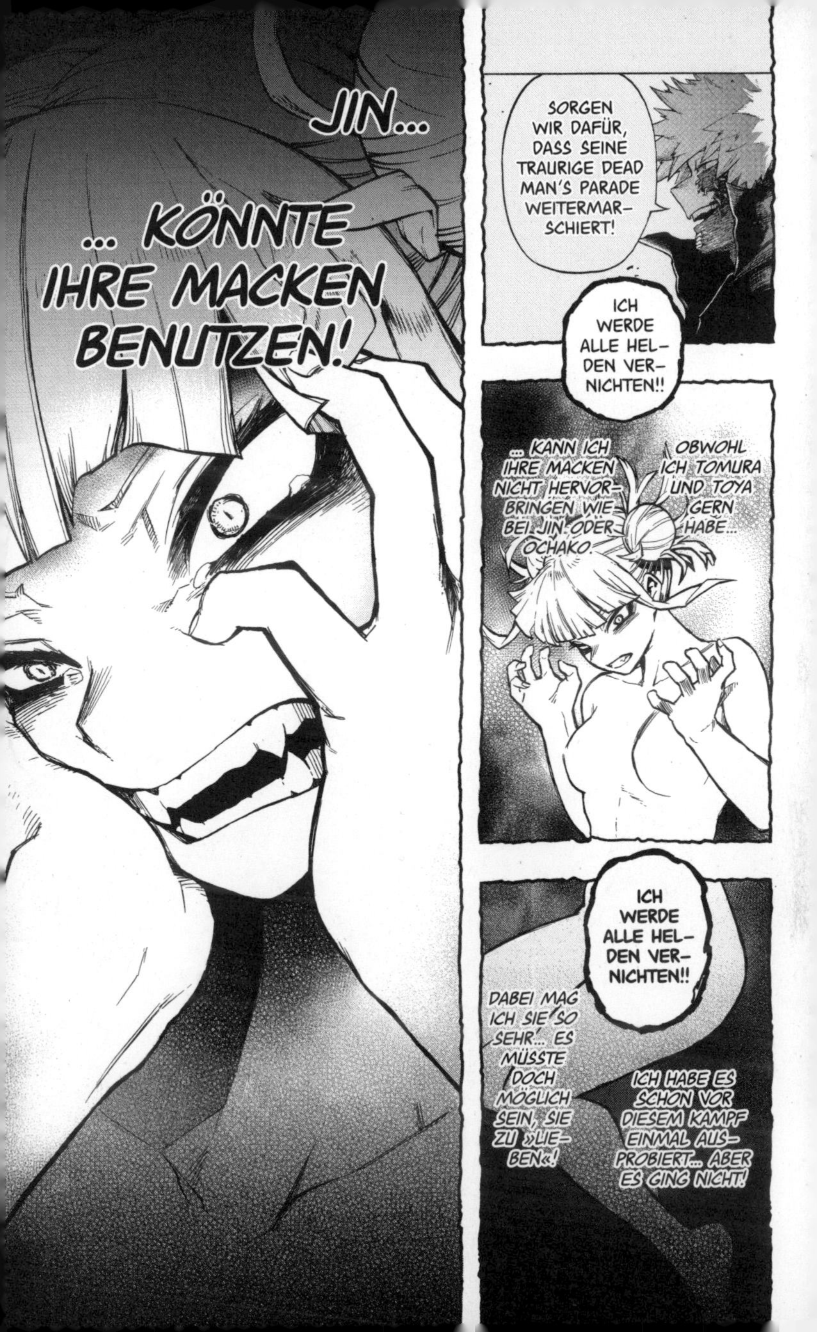
SORGEN WIR DAFÜR, DASS SEINE TRAURIGE DEAD MAN'S PARADE WEITERMARSCHIERT!
ICH WERDE ALLE HELDEN VERNICHTEN!!
OBWOHL ICH TOMURA UND TOYA GERN HABE...
... KANN ICH IHRE MACKEN NICHT HERVORBRINGEN WIE BEI JIN ODER OCHAKO.
ICH WERDE ALLE HELDEN VERNICHTEN!!
ICH HABE ES SCHON VOR DIESEM KAMPF EINMAL AUSPROBIERT... ABER ES GING NICHT!
DABEI MAG ICH SIE SO SEHR... ES MÜSSTE DOCH MÖGLICH SEIN, SIE ZU »LIEBEN«!
JIN...
... KÖNNTE IHRE MACKEN BENUTZEN!

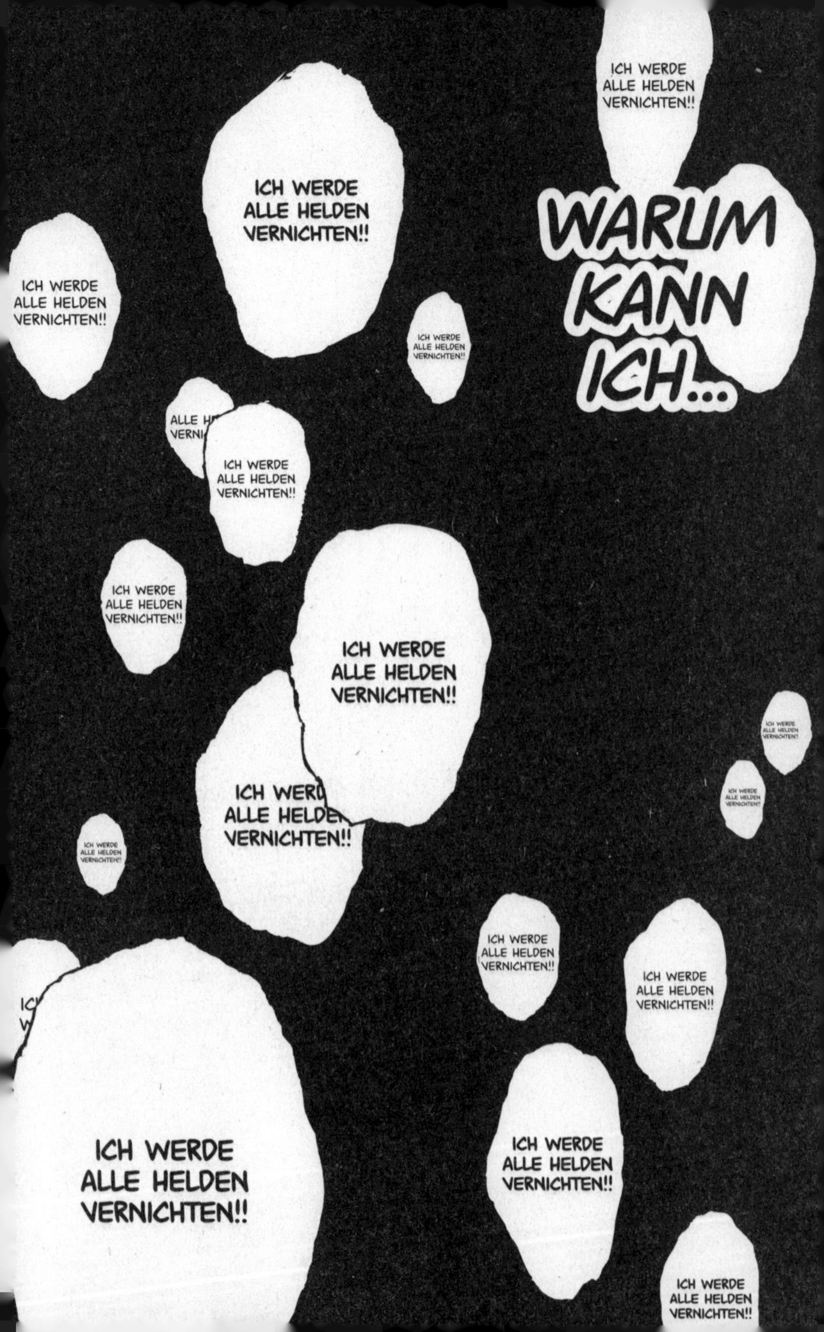
ICH WERDE ALLE HELDEN VERNICHTEN!!
WARUM KANN ICH...
ICH WERDE ALLE HELDEN VERNICHTEN!!
ICH WERDE ALLE HELDEN VERNICHTEN!!
ICH WERDE ALLE HELDEN VERNICHTEN!!
ICH WERDE ALLE HELDEN VERNICHTEN!!
ICH WERDE ALLE HELDEN VERNICHTEN!!
ICH WERDE ALLE HELDEN VERNICHTEN!!
ICH WERDE ALLE HELDEN VERNICHTEN!!
ICH WERDE ALLE HELDEN VERNICHTEN!!
ICH WERDE ALLE HELDEN VERNICHTEN!!
ICH WERDE ALLE HELDEN VERNICHTEN!!
ICH WERDE ALLE HELDEN VERNICHTEN!!
ICH WERDE ALLE HELDEN VERNICHTEN!!
ICH WERDE ALLE HELDEN VERNICHTEN!!
ICH WERDE ALLE HELDEN VERNICHTEN!!

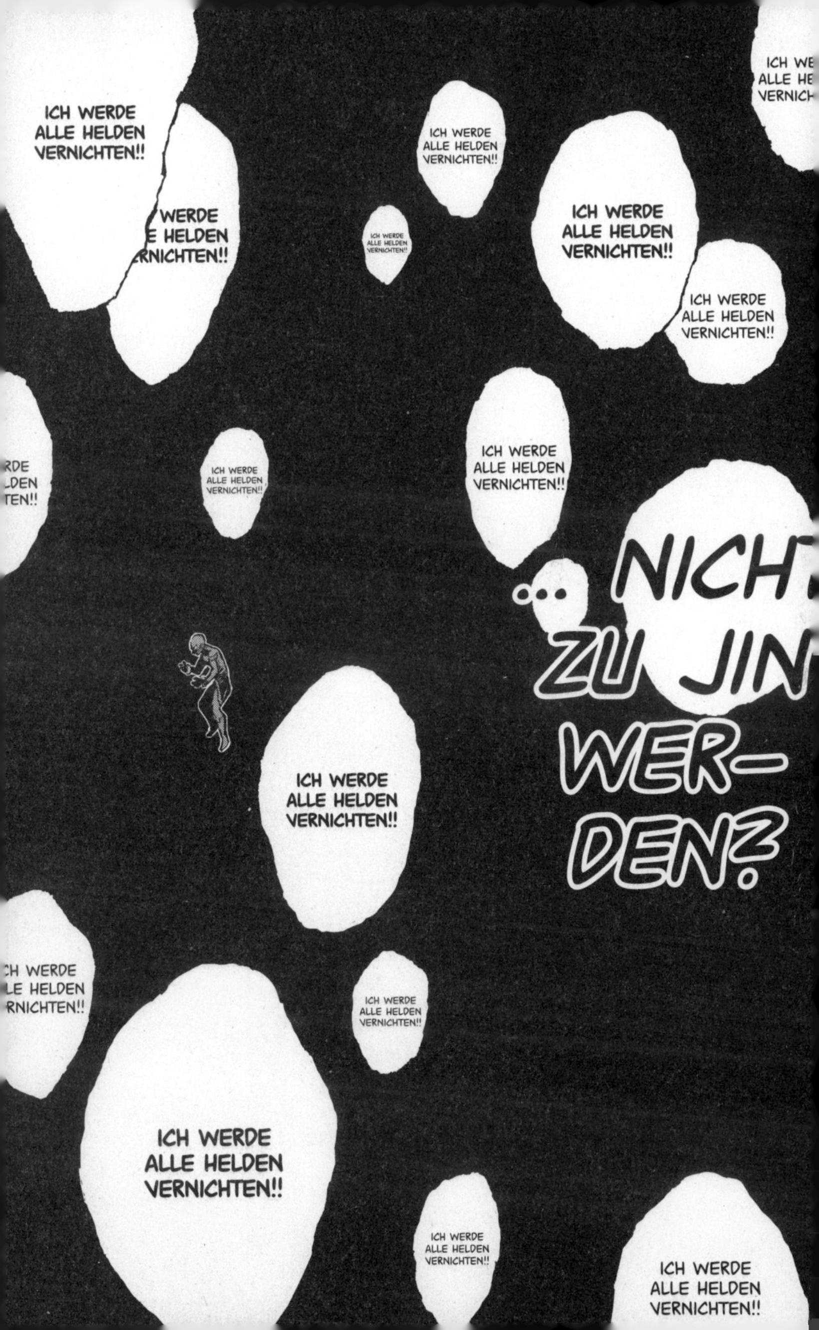
ICH WE ALLE HE VERNICH
ICH WERDE ALLE HELDEN VERNICHTEN!!
ICH WERDE ALLE HELDEN VERNICHTEN!!
ICH WERDE ALLE HELDEN VERNICHTEN!!
ICH WERDE ALLE HELDEN VERNICHTEN!!
ICH WERDE ALLE HELDEN VERNICHTEN!!
ICH WERDE ALLE HELDEN VERNICHTEN!!
WERDE E HELDEN RNICHTEN!!
ICH WERDE ALLE HELDEN VERNICHTEN!!
...NICH ZU JIN WER- DEN?
ICH WERDE ALLE HELDEN VERNICHTEN!!
RDE LDEN TEN!!
ICH WERDE ALLE HELDEN VERNICHTEN!!
ICH WERDE ALLE HELDEN VERNICHTEN!!
CH WERDE LE HELDEN RNICHTEN!!
ICH WERDE ALLE HELDEN VERNICHTEN!!
ICH WERDE ALLE HELDEN VERNICHTEN!!
ICH WERDE ALLE HELDEN VERNICHTEN!!

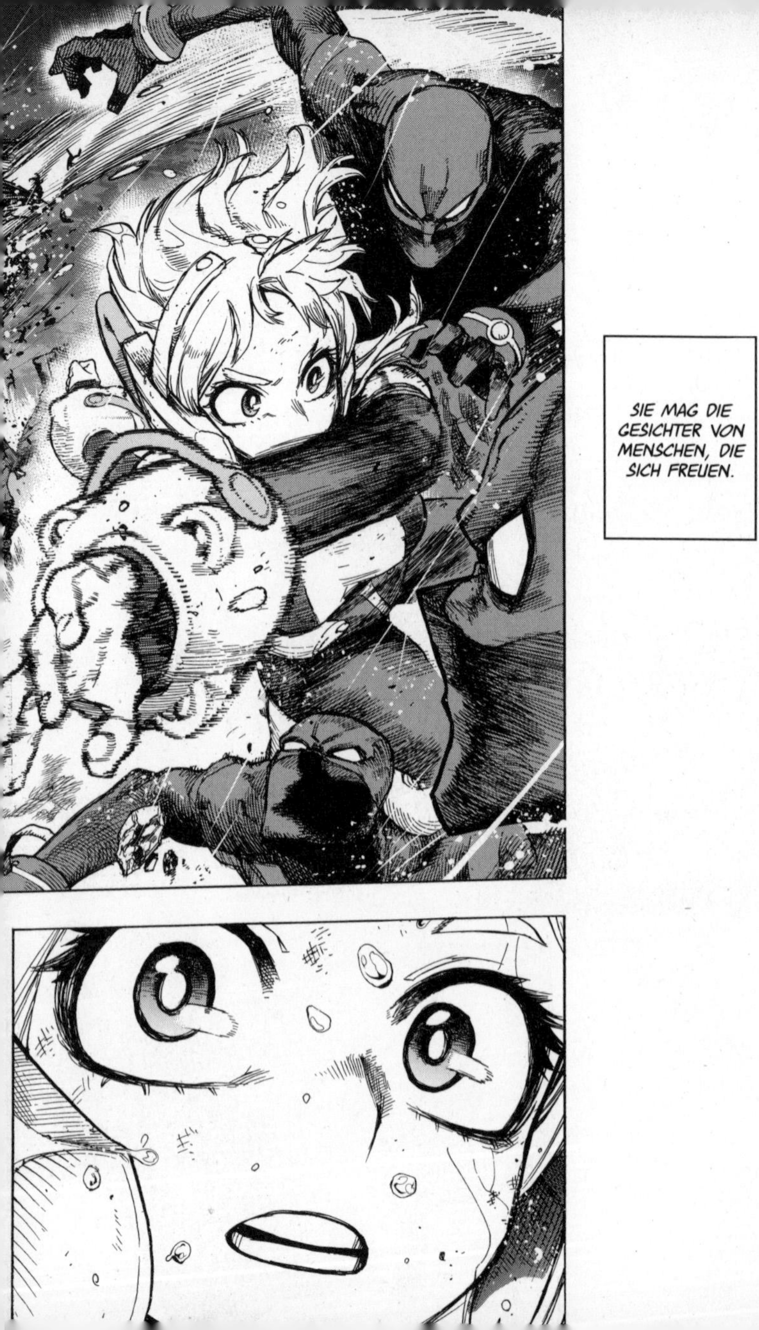
SIE MAG DIE
GESICHTER VON
MENSCHEN, DIE
SICH FREUEN.

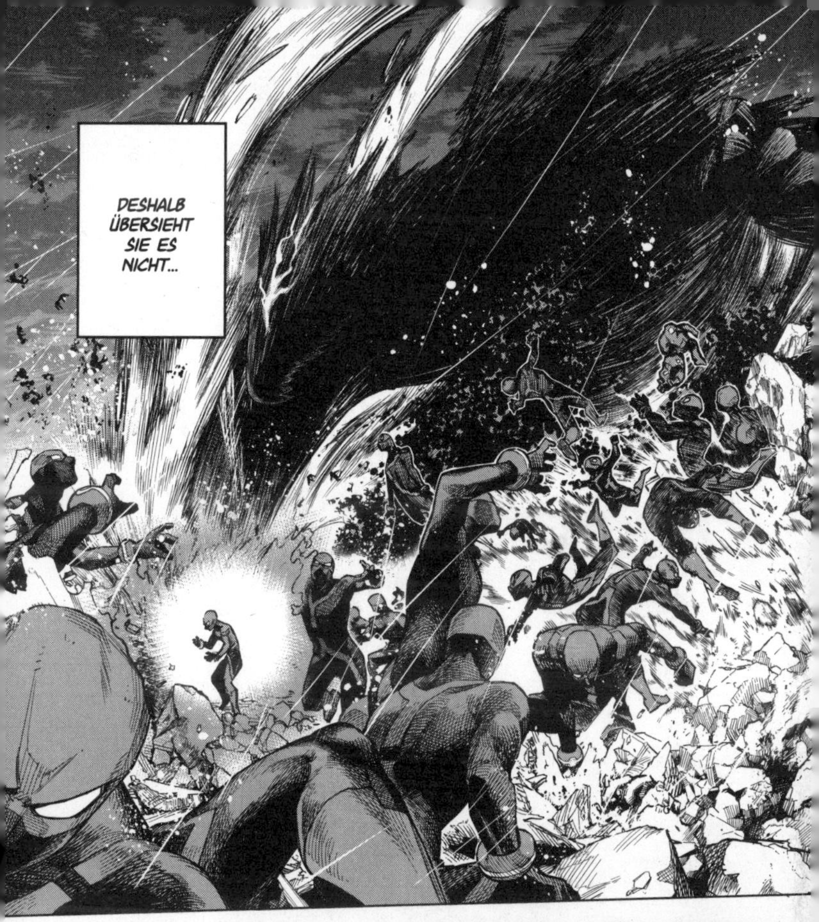
DESHALB ÜBERSIEHT SIE ES NICHT...
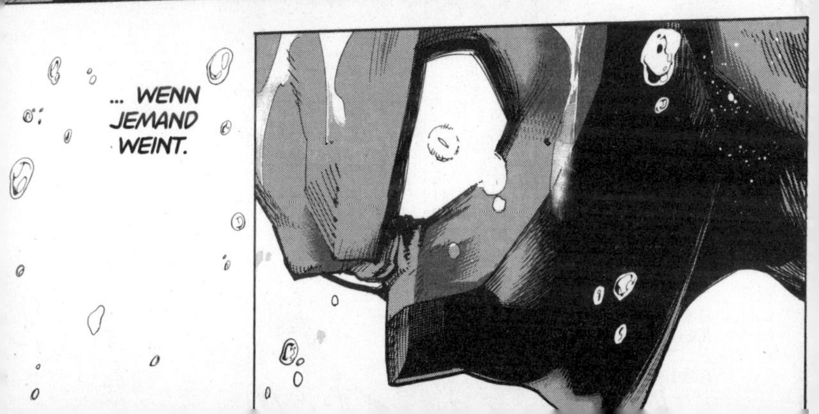
... WENN JEMAND WEINT.

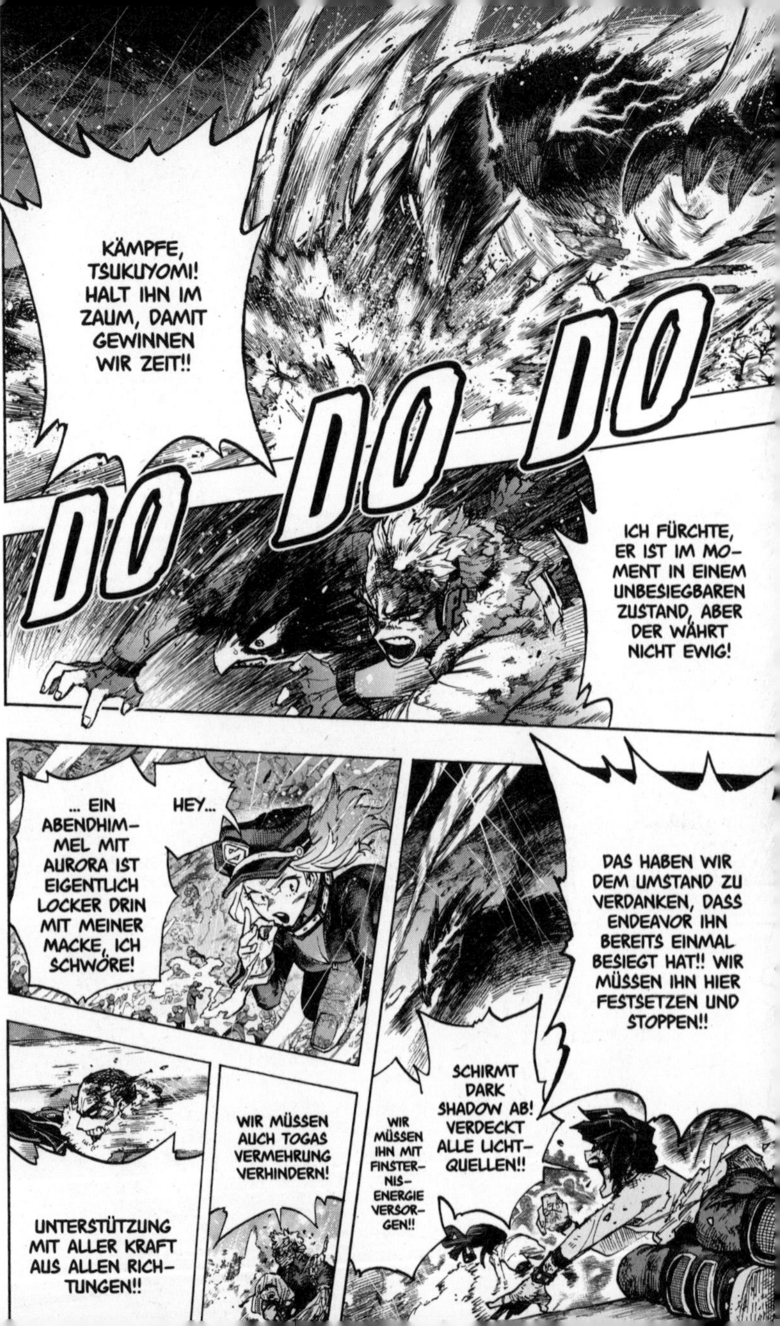
KÄMPFE, TSUKUYOMI! HALT IHN IM ZAUM, DAMIT GEWINNEN WIR ZEIT!!
DO DO DO DO
ICH FÜRCHTE, ER IST IM MOMENT IN EINEM UNBESIEGBAREN ZUSTAND, ABER DER WÄHRT NICHT EWIG!
DAS HABEN WIR DEM UMSTAND ZU VERDANKEN, DASS ENDEAVOR IHN BEREITS EINMAL BESIEGT HAT!! WIR MÜSSEN IHN HIER FESTSETZEN UND STOPPEN!!
HEY...
... EIN ABENDHIMMEL MIT AURORA IST EIGENTLICH LOCKER DRIN MIT MEINER MACKE, ICH SCHWÖRE!
SCHIRMT DARK SHADOW AB! VERDECKT ALLE LICHTQUELLEN!!
WIR MÜSSEN IHN MIT FINSTERNIS-ENERGIE VERSORGEN!!
WIR MÜSSEN AUCH TOGAS VERMEHRUNG VERHINDERN!
UNTERSTÜTZUNG MIT ALLER KRAFT AUS ALLEN RICHTUNGEN!!

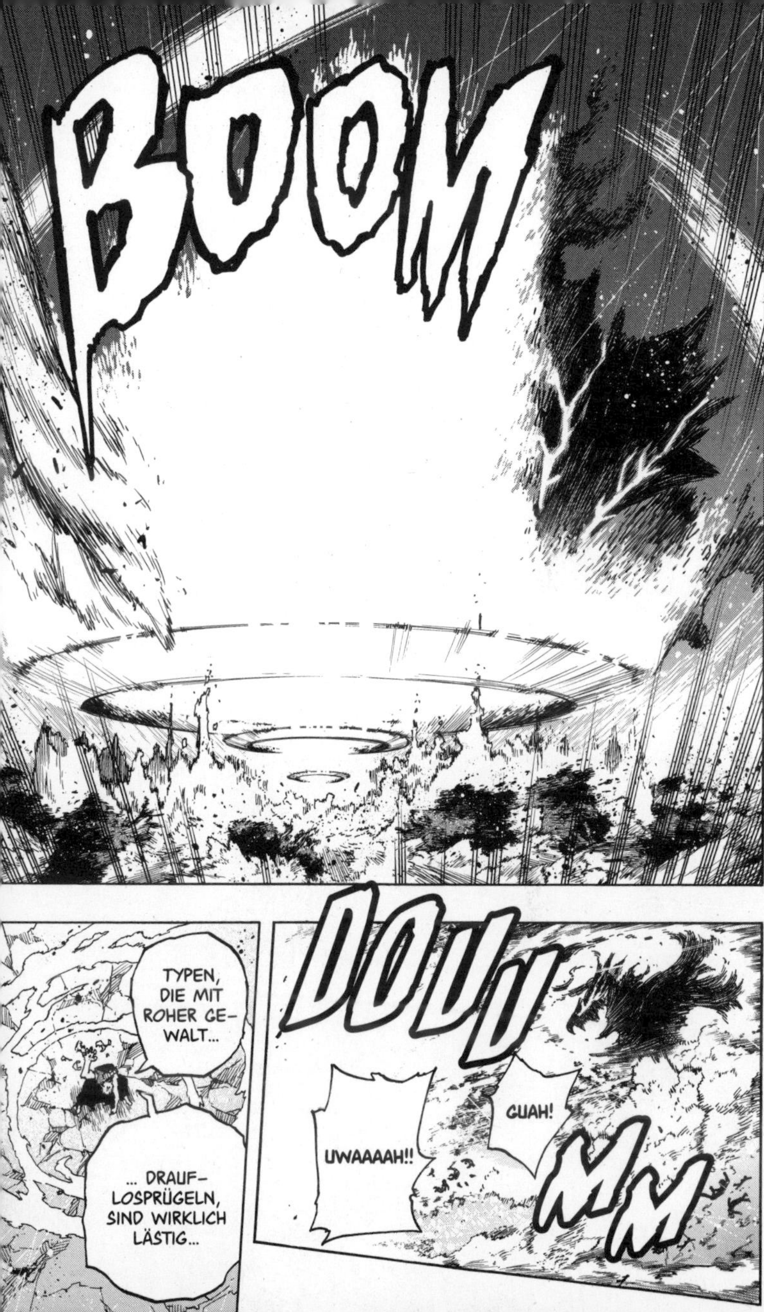
BOOM
DOOOM
GUAH!
UWAAAAH!!
TYPEN, DIE MIT ROHER GE-WALT...
... DRAUF-LOSPRÜGELN, SIND WIRKLICH LÄSTIG...

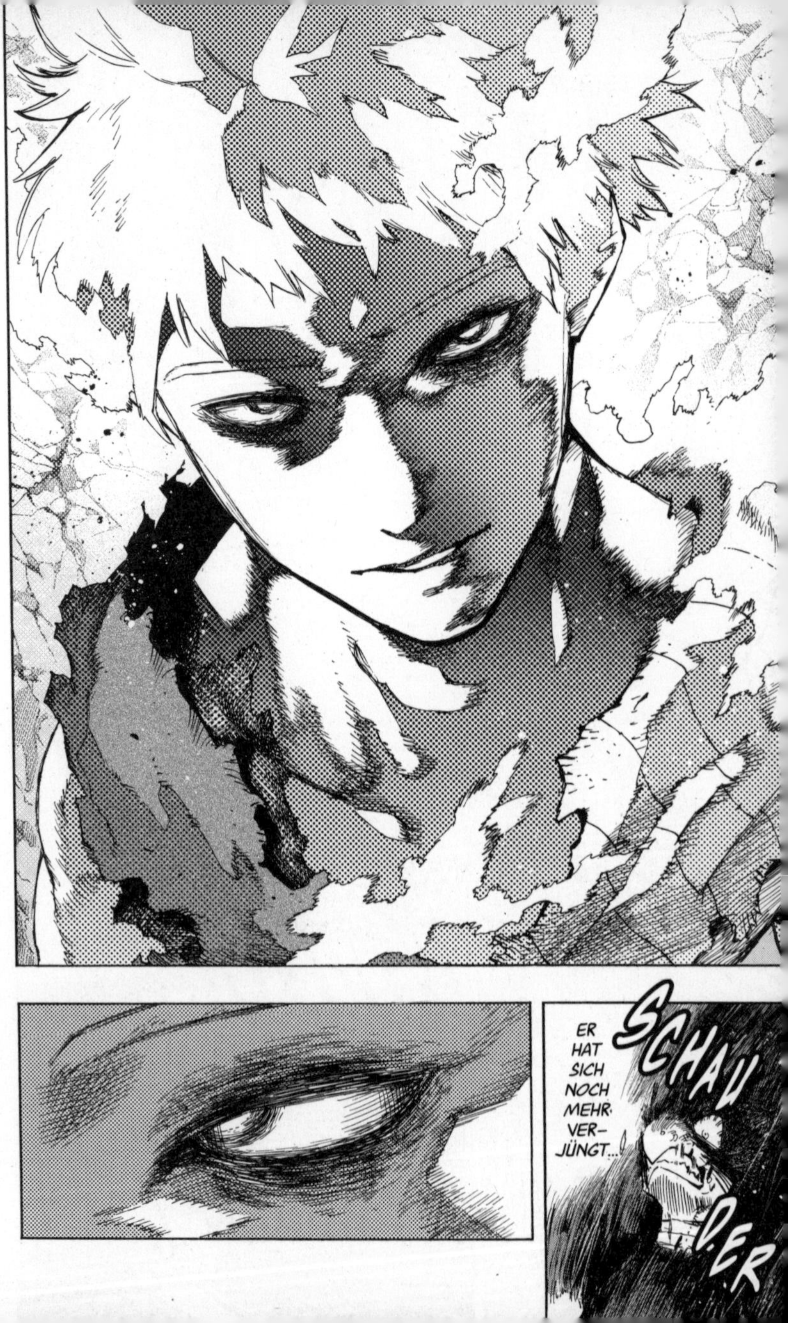
SCHAUDER
ER HAT SICH NOCH MEHR VERJÜNGT...!

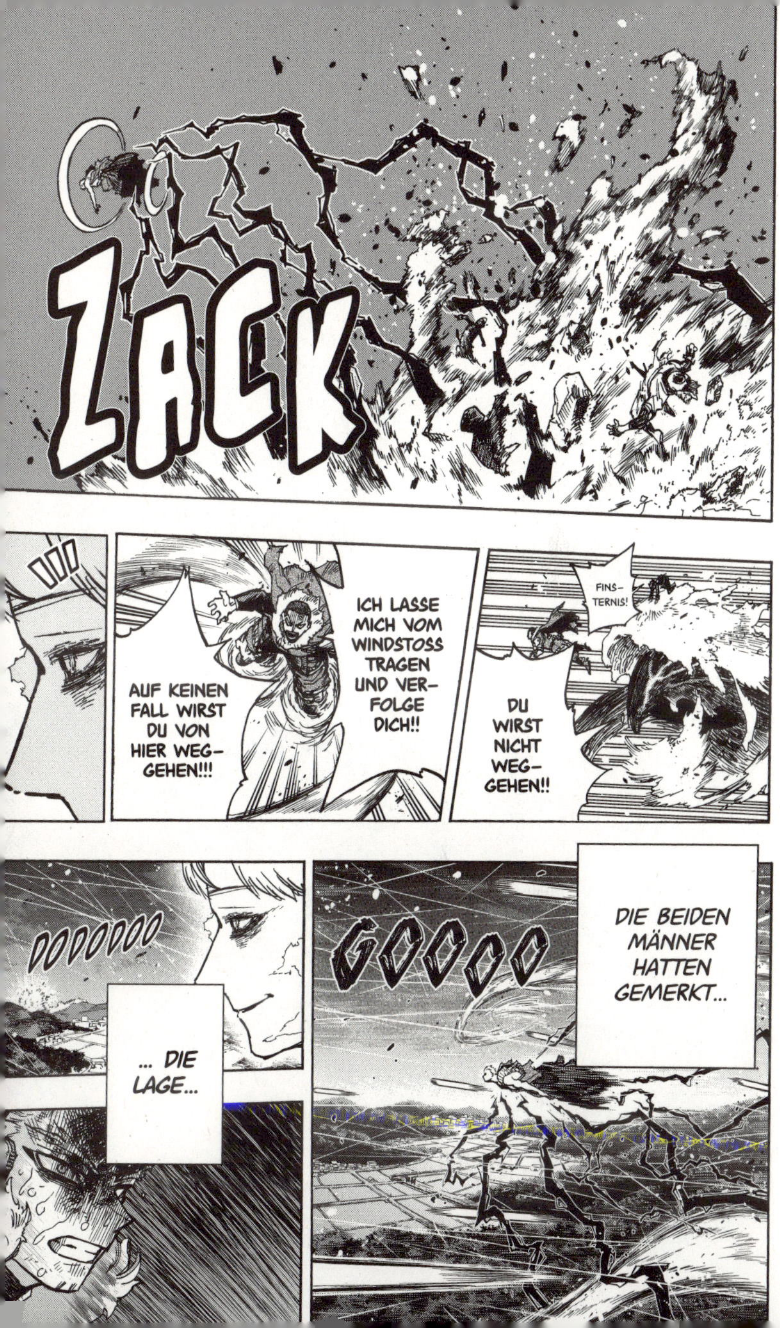
ZACK
FINS-TERNIS!
DU WIRST NICHT WEG-GEHEN!!
ICH LASSE MICH VOM WINDSTOSS TRAGEN UND VER-FOLGE DICH!!
AUF KEINEN FALL WIRST DU VON HIER WEG-GEHEN!!!
DIE BEIDEN MÄNNER HATTEN GEMERKT...
GOOOOO
DODODODO
... DIE LAGE...

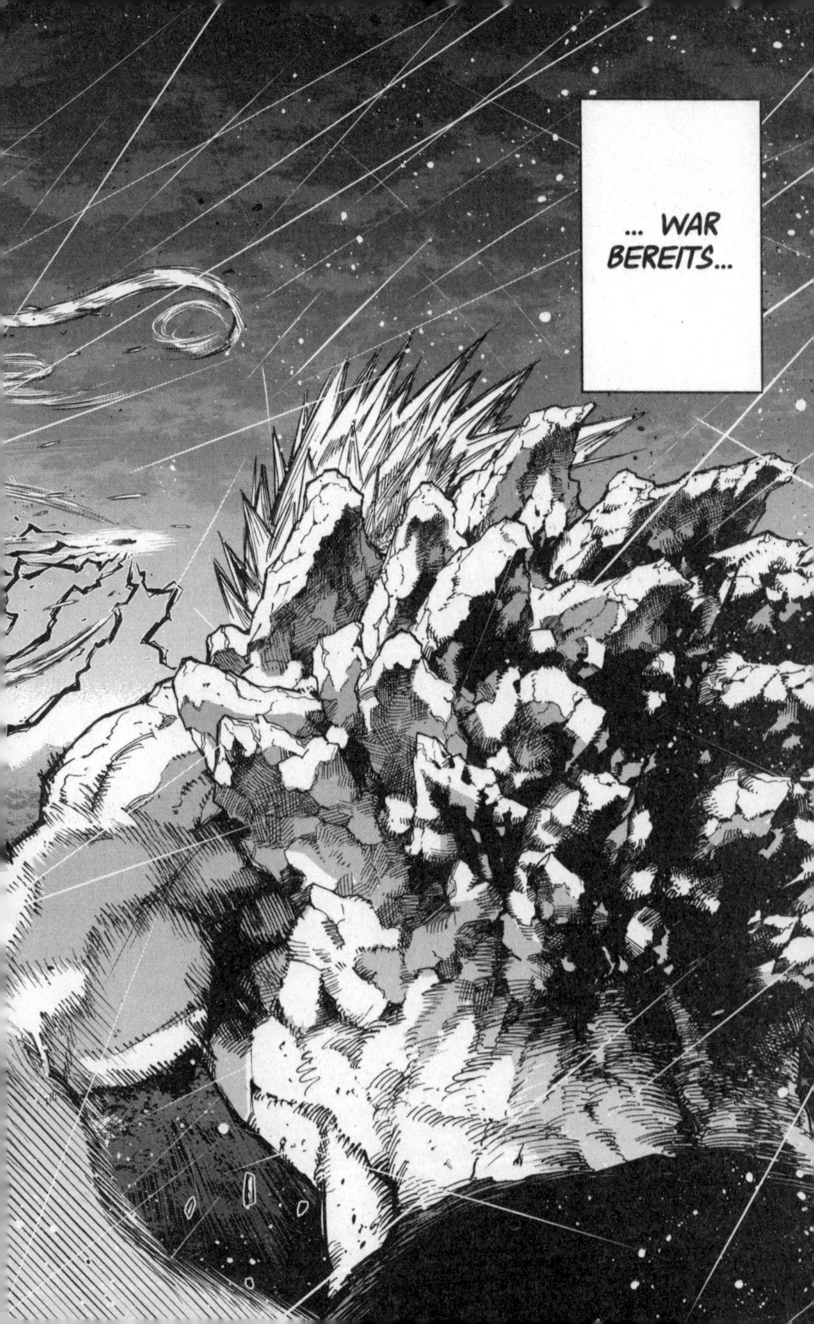
... WAR BEREITS...

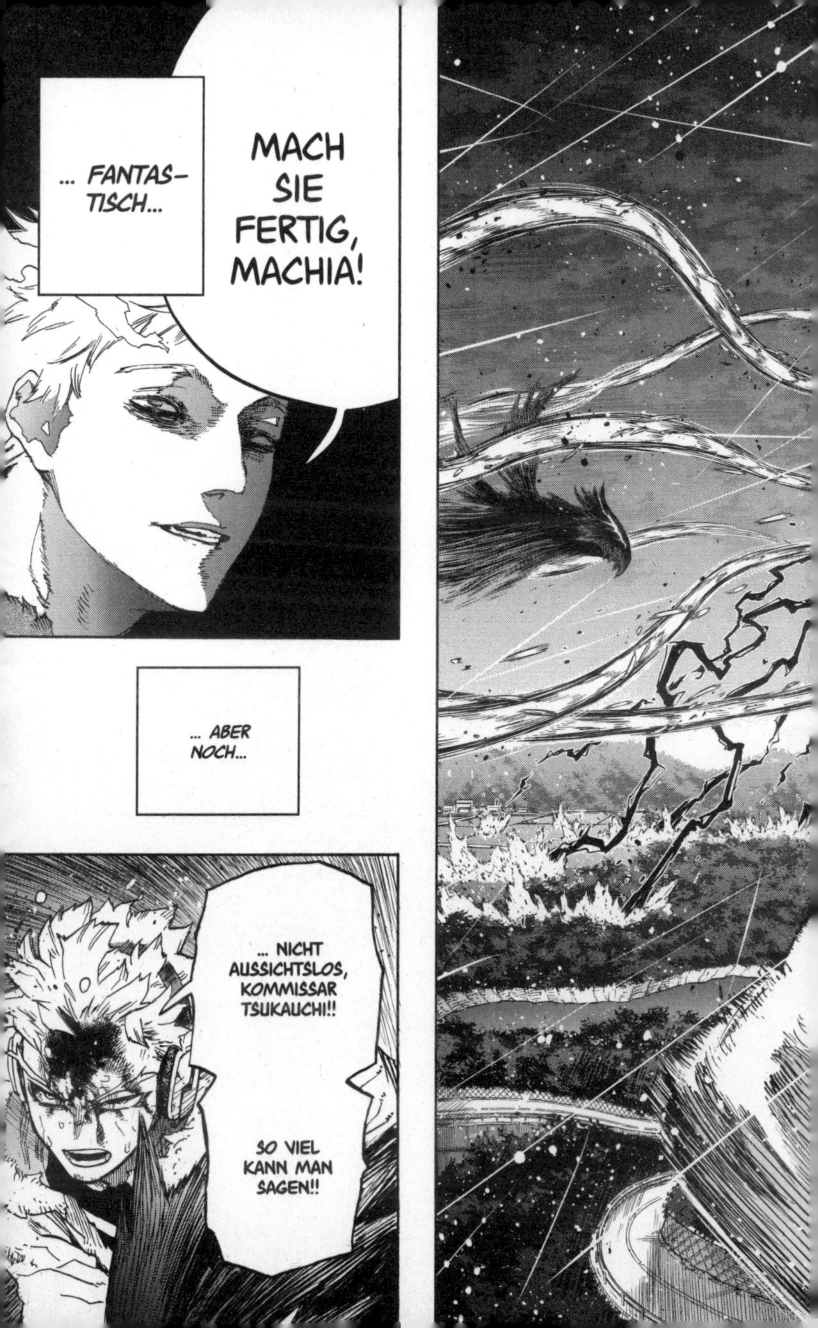
MACH SIE FERTIG, MACHIA!
... FANTAS-TISCH...
... ABER NOCH...
... NICHT AUSSICHTSLOS, KOMMISSAR TSUKAUCHI!!
SO VIEL KANN MAN SAGEN!!

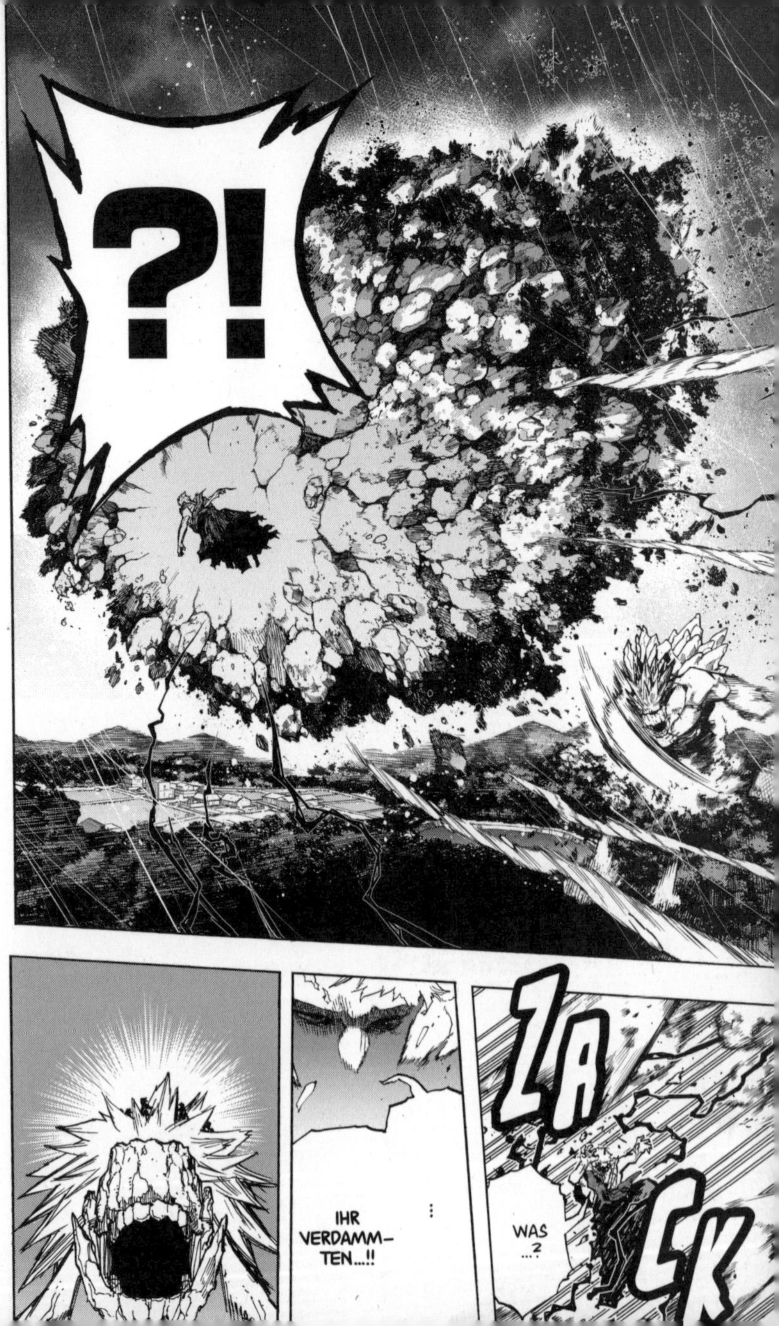
?!
ZACK
WAS ...?
...
IHR VERDAMM-TEN...!!

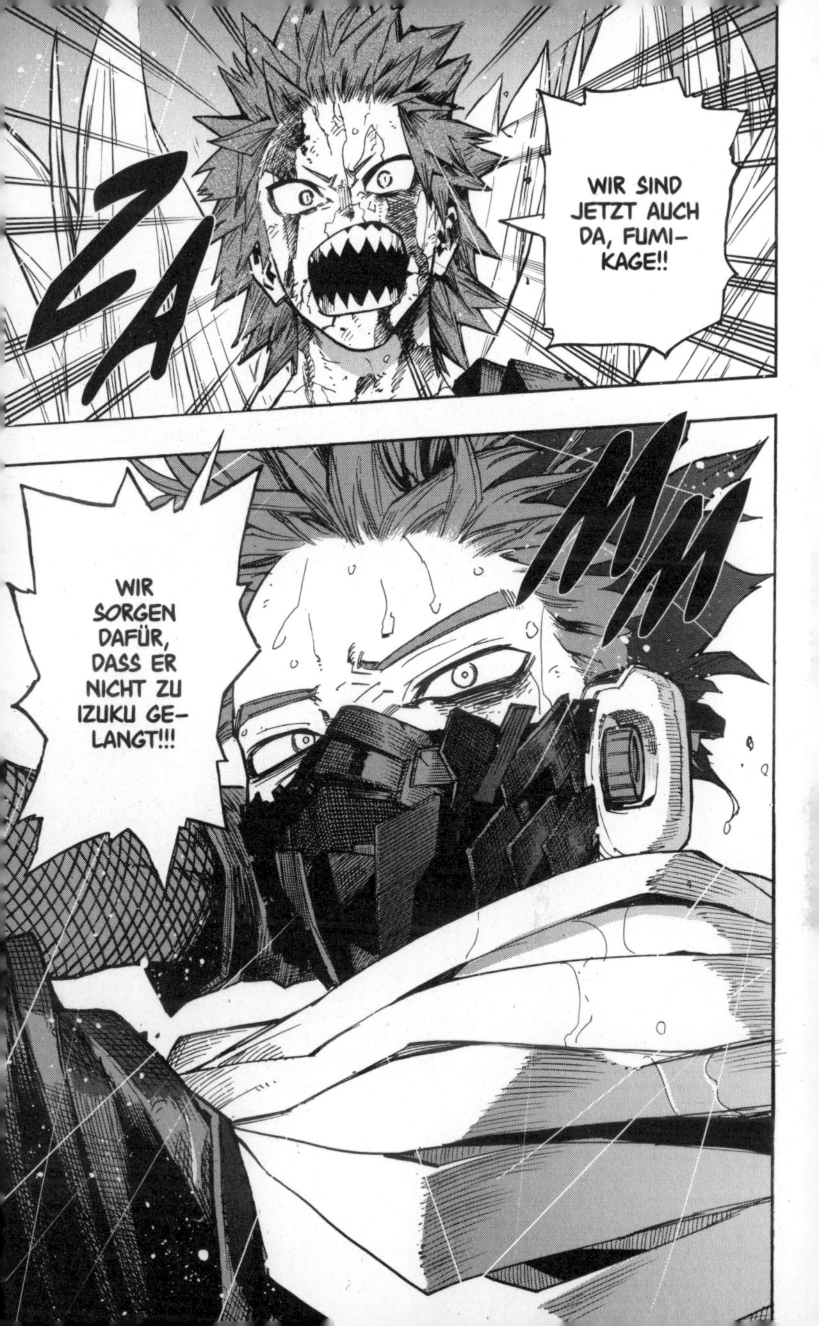
ZA
WIR SIND JETZT AUCH DA, FUMI-KAGE!!
WIR SORGEN DAFÜR, DASS ER NICHT ZU IZUKU GE-LANGT!!!

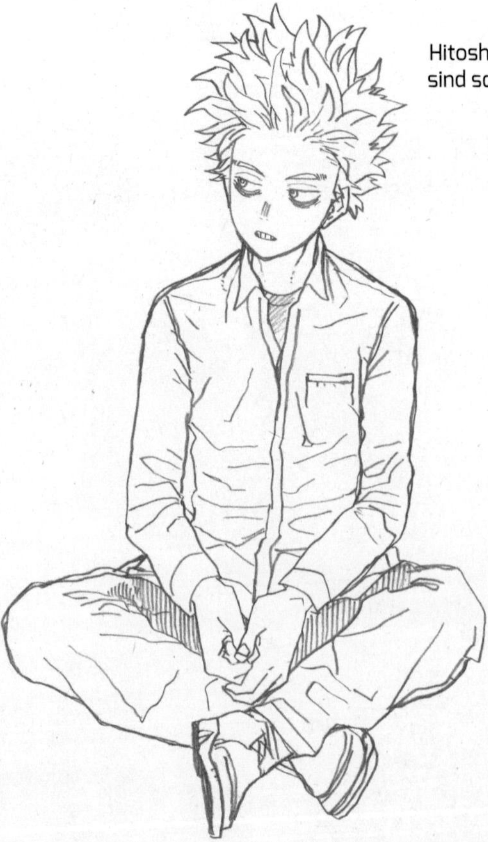

Hitoshis Haare
sind schwierig.

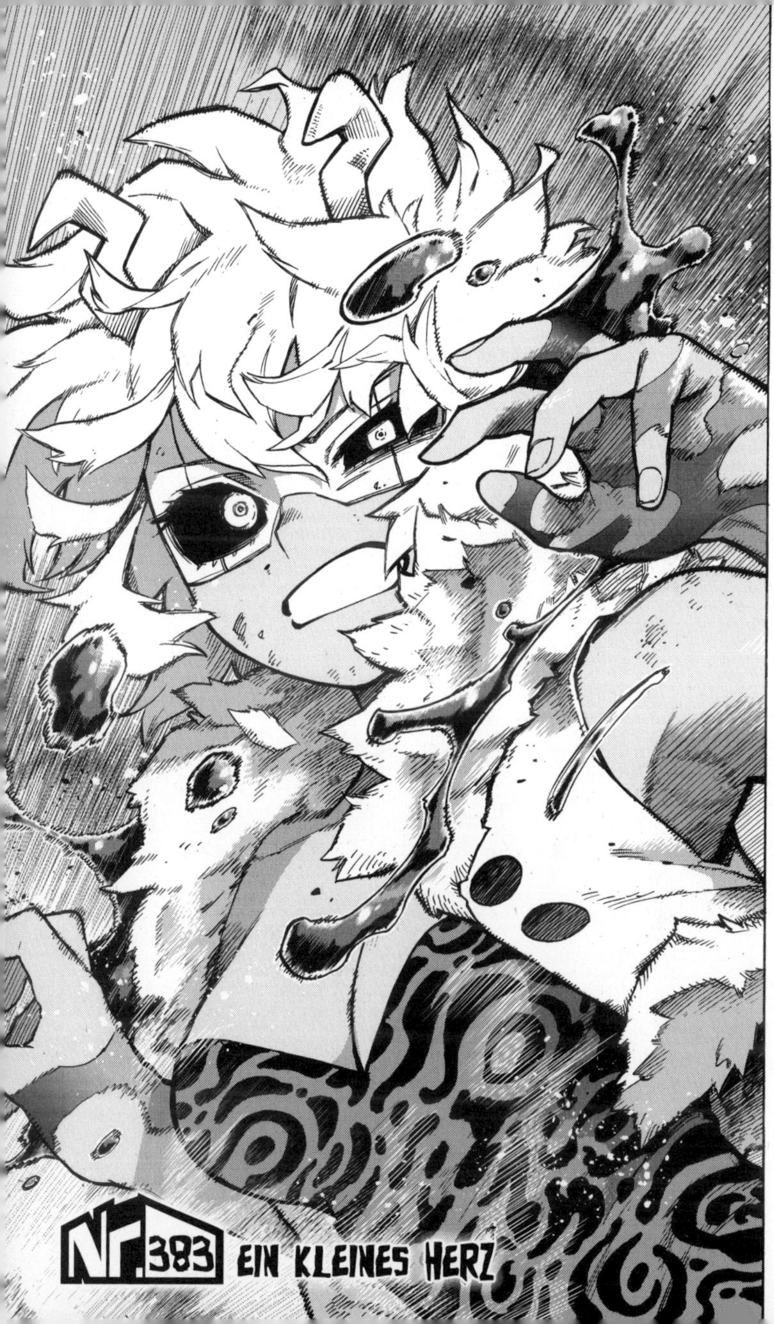
Nr. 383 Ein kleines Herz

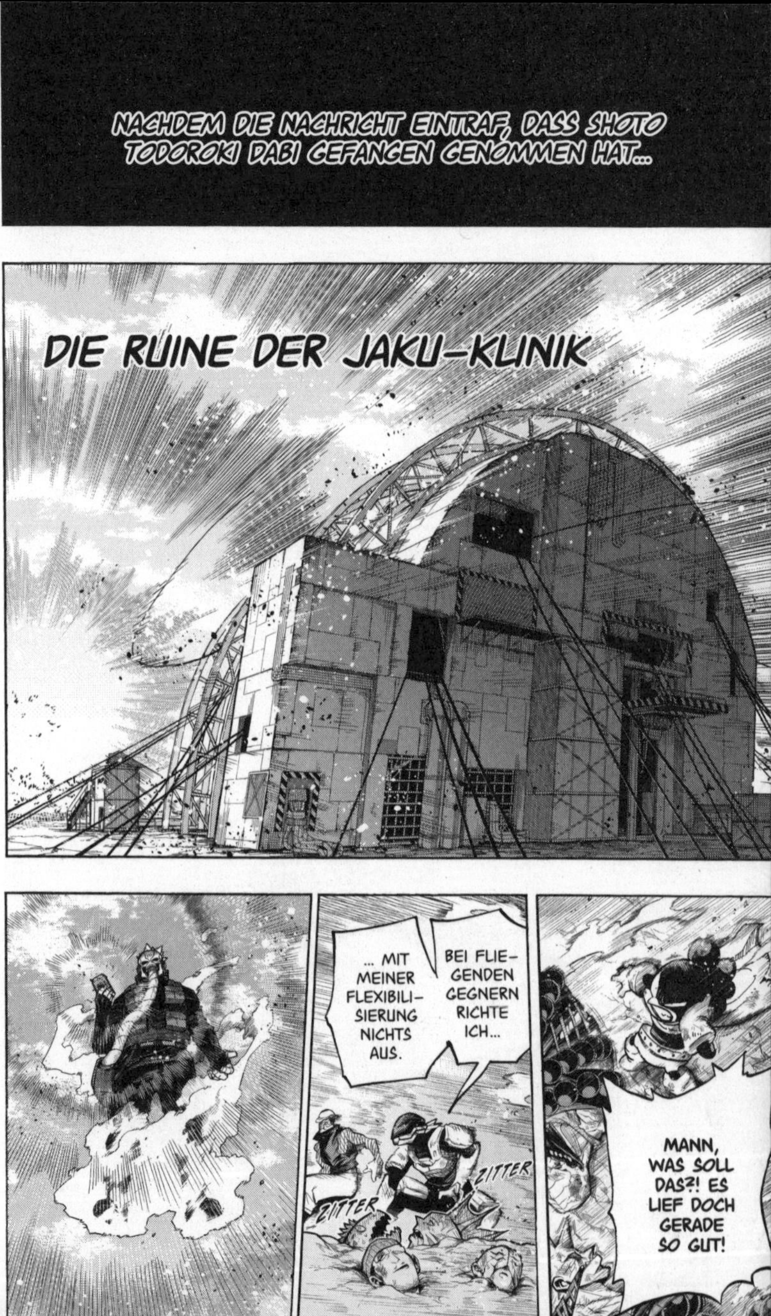
NACHDEM DIE NACHRICHT EINTRAF, DASS SHOTO TODOROKI DABI GEFANGEN GENOMMEN HAT...
DIE RUINE DER JAKU-KLINIK
MANN, WAS SOLL DAS?! ES LIEF DOCH GERADE SO GUT!
BEI FLIE-GENDEN GEGNERN RICHTE ICH...
... MIT MEINER FLEXIBILI-SIERUNG NICHTS AUS.
ZITTER
ZITTER

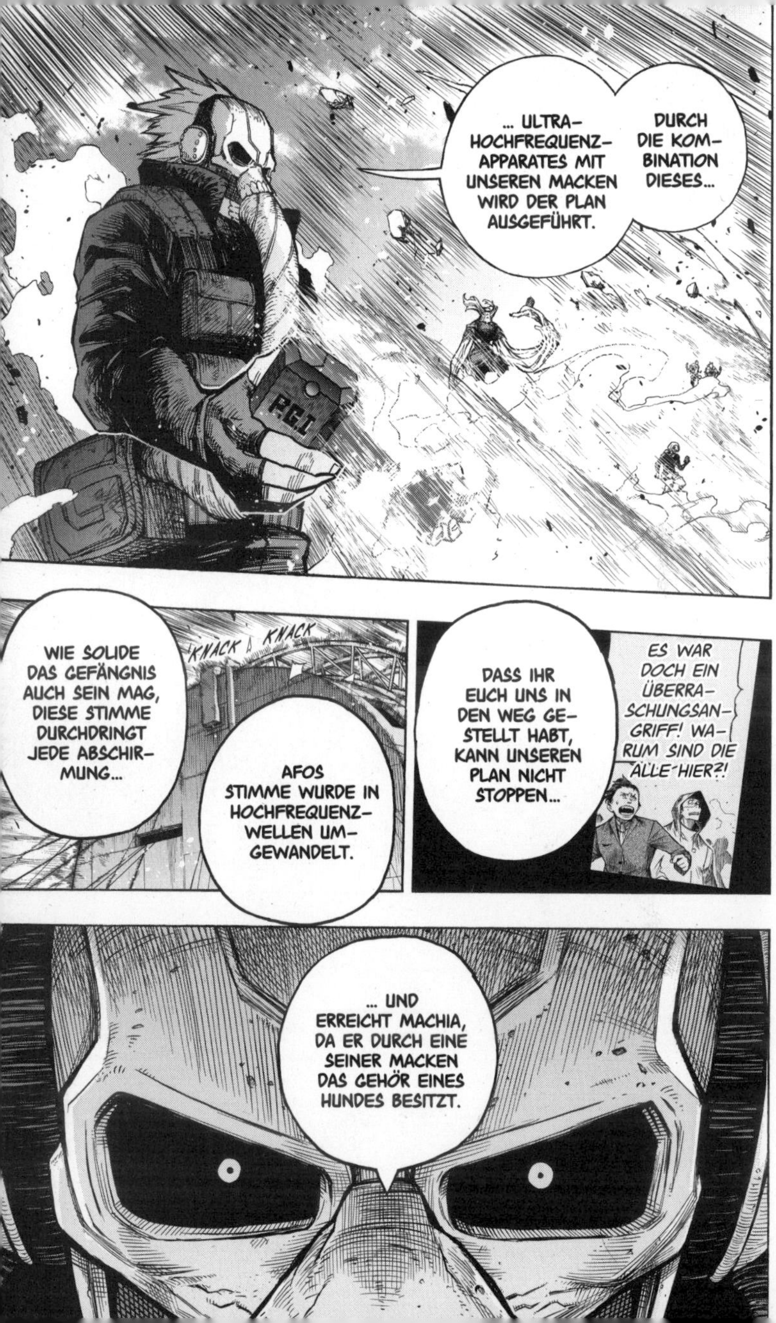
DURCH DIE KOMBINATION DIESES...
... ULTRA-HOCHFREQUENZ-APPARATES MIT UNSEREN MACKEN WIRD DER PLAN AUSGEFÜHRT.
ES WAR DOCH EIN ÜBERRASCHUNGSANGRIFF! WARUM SIND DIE ALLE HIER?!
DASS IHR EUCH UNS IN DEN WEG GESTELLT HABT, KANN UNSEREN PLAN NICHT STOPPEN...
KNACK KNACK
AFOS STIMME WURDE IN HOCHFREQUENZWELLEN UMGEWANDELT.
WIE SOLIDE DAS GEFÄNGNIS AUCH SEIN MAG, DIESE STIMME DURCHDRINGT JEDE ABSCHIRMUNG...
... UND ERREICHT MACHIA, DA ER DURCH EINE SEINER MACKEN DAS GEHÖR EINES HUNDES BESITZT.

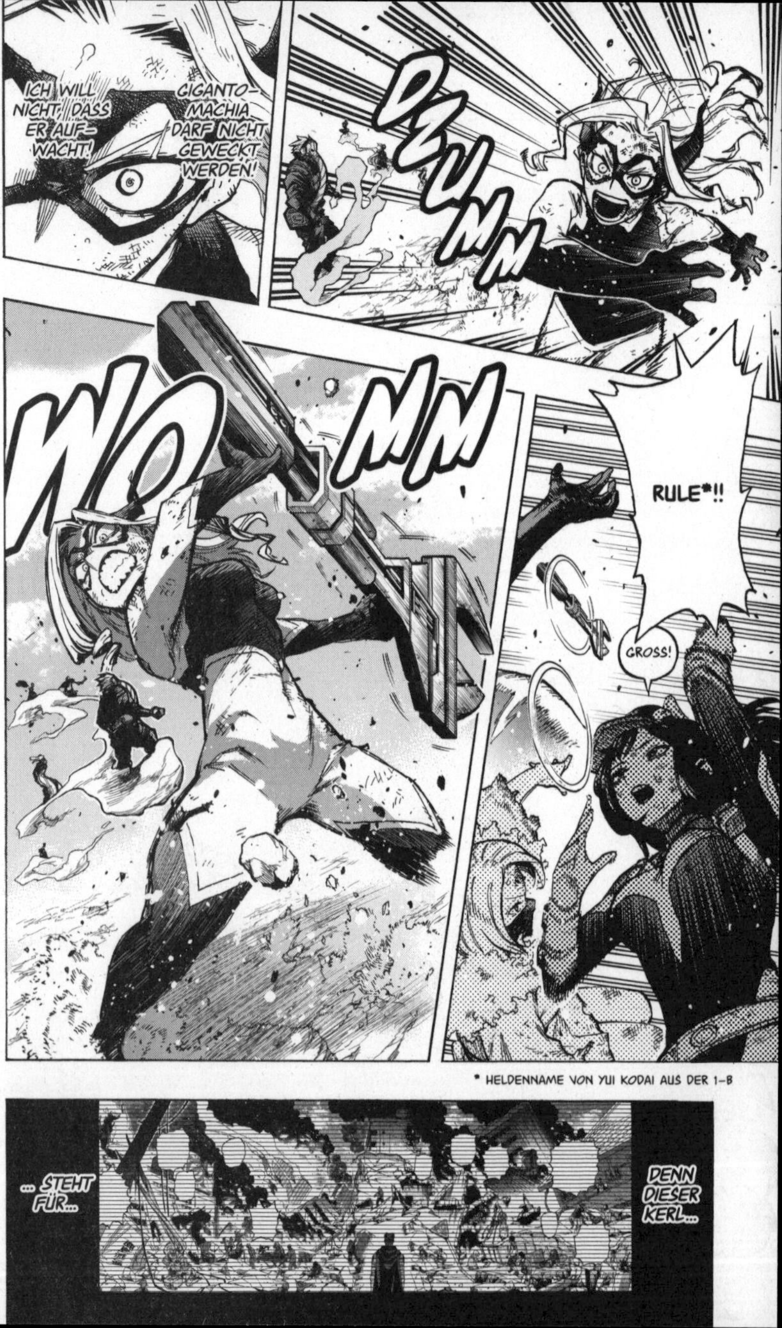

* HELDENNAME VON YUI KODAI AUS DER 1-B

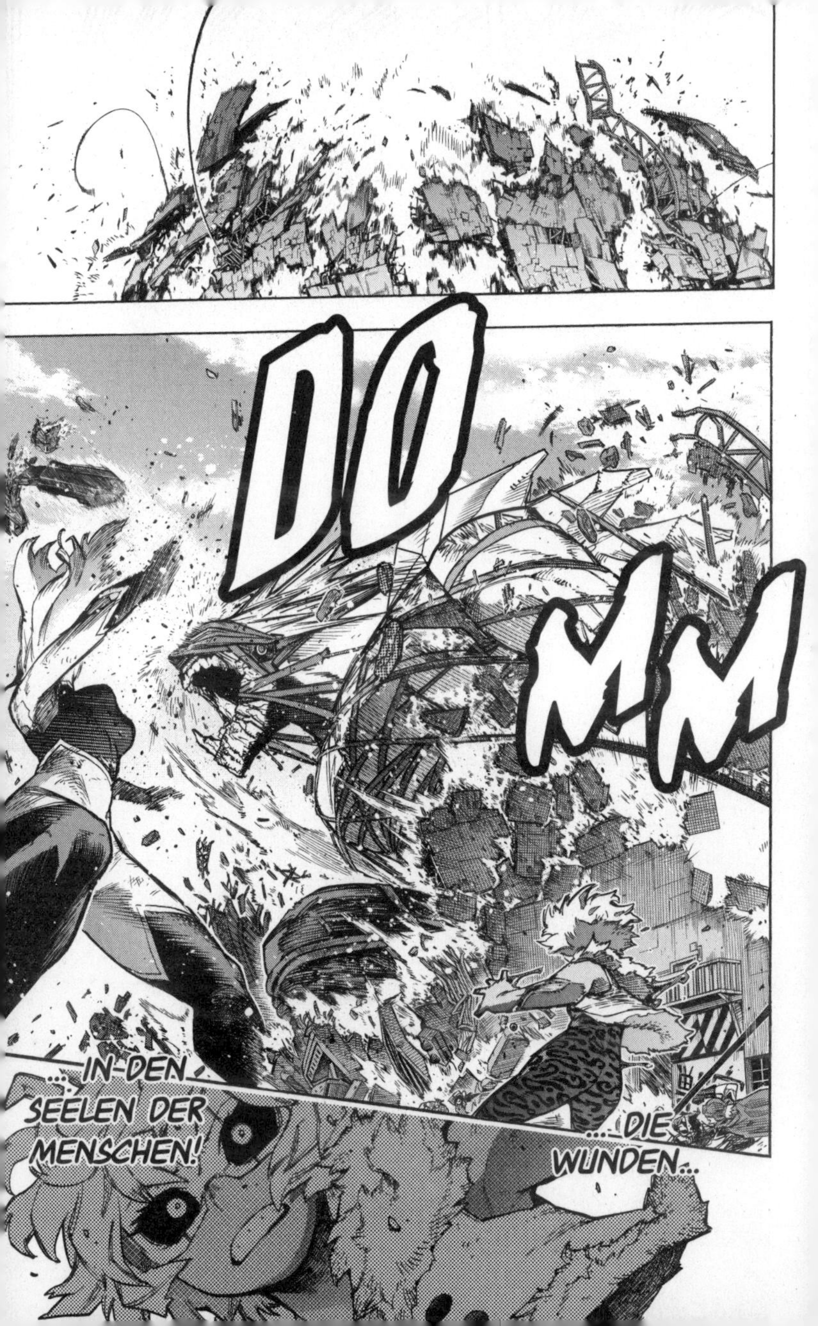
DOMM
... DIE WUNDEN...
... IN DEN SEELEN DER MENSCHEN!

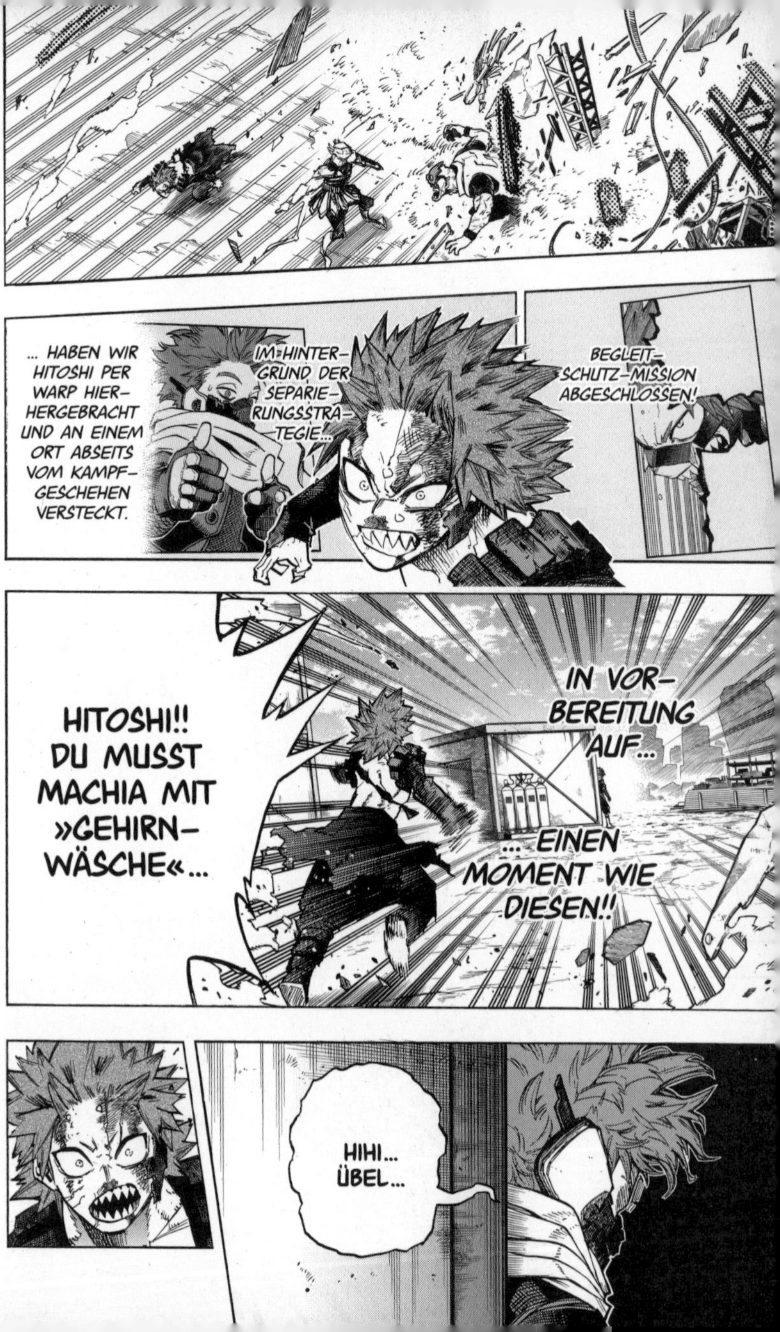
BEGLEIT-SCHUTZ-MISSION ABGESCHLOSSEN!
IM HINTERGRUND DER SEPARIERUNGSSTRATEGIE...
... HABEN WIR HITOSHI PER WARP HIERHERGEBRACHT UND AN EINEM ORT ABSEITS VOM KAMPFGESCHEHEN VERSTECKT.
IN VORBEREITUNG AUF...
... EINEN MOMENT WIE DIESEN!!
HITOSHI!! DU MUSST MACHIA MIT »GEHIRNWÄSCHE«...
HIHI... ÜBEL...

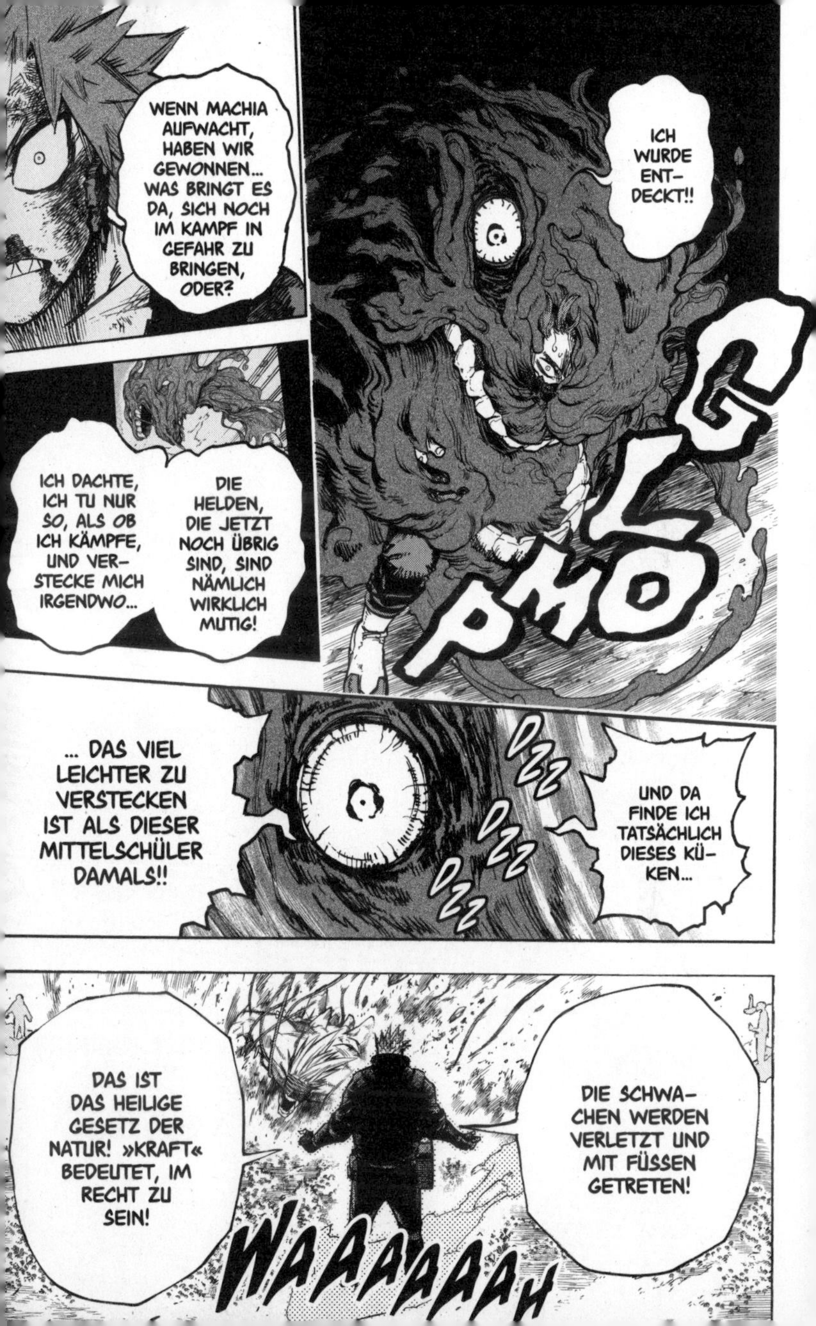
ICH WURDE ENT-DECKT!!
WENN MACHIA AUFWACHT, HABEN WIR GEWONNEN… WAS BRINGT ES DA, SICH NOCH IM KAMPF IN GEFAHR ZU BRINGEN, ODER?
GOMP
DIE HELDEN, DIE JETZT NOCH ÜBRIG SIND, SIND NÄMLICH WIRKLICH MUTIG!
ICH DACHTE, ICH TU NUR SO, ALS OB ICH KÄMPFE, UND VER-STECKE MICH IRGENDWO…
UND DA FINDE ICH TATSÄCHLICH DIESES KÜ-KEN…
DZZ DZZ DZZ
… DAS VIEL LEICHTER ZU VERSTECKEN IST ALS DIESER MITTELSCHÜLER DAMALS!!
DIE SCHWA-CHEN WERDEN VERLETZT UND MIT FÜSSEN GETRETEN!
DAS IST DAS HEILIGE GESETZ DER NATUR! »KRAFT« BEDEUTET, IM RECHT ZU SEIN!
WAAAAAAAH

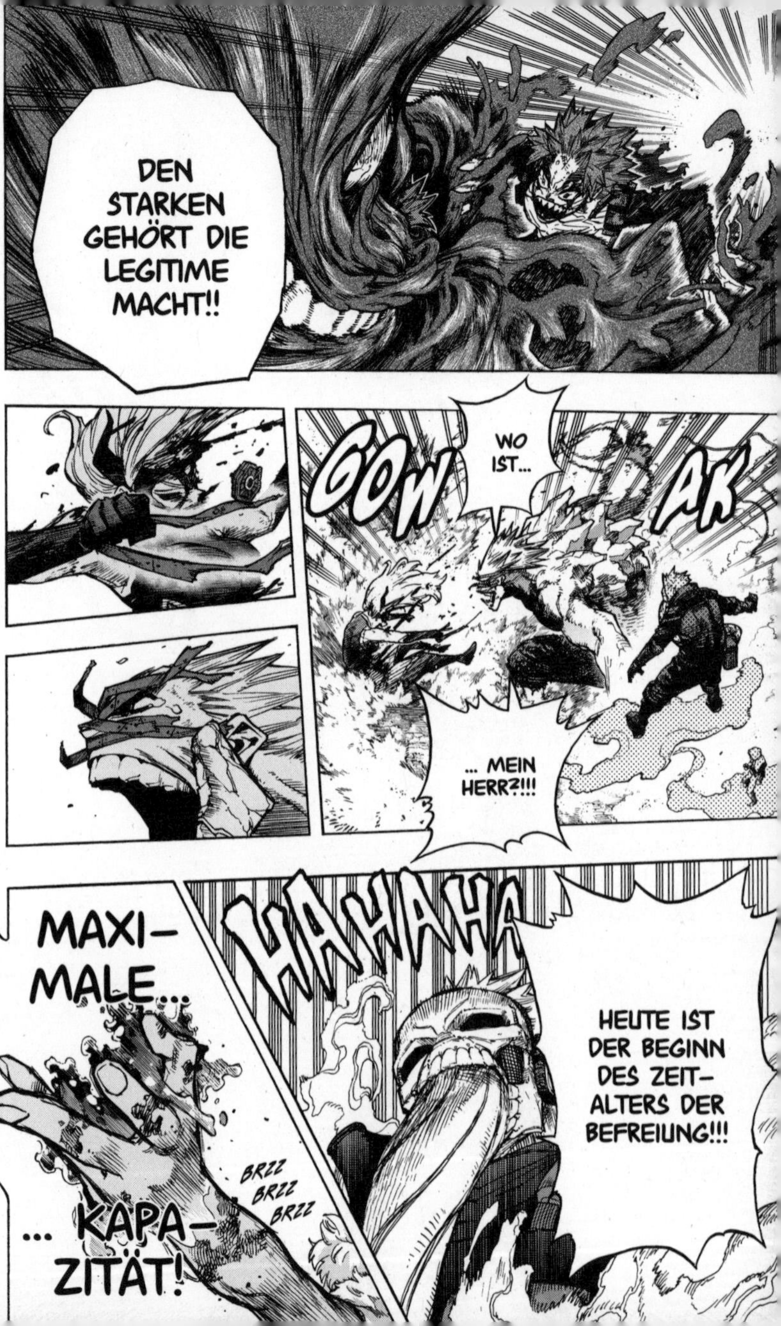
DEN STARKEN GEHÖRT DIE LEGITIME MACHT!!
GOW
AK
WO IST...
... MEIN HERR?!!!
HAHAHA
HEUTE IST DER BEGINN DES ZEIT-ALTERS DER BEFREIUNG!!!
MAXI-MALE...
BRZZ BRZZ BRZZ
... KAPA-ZITÄT!

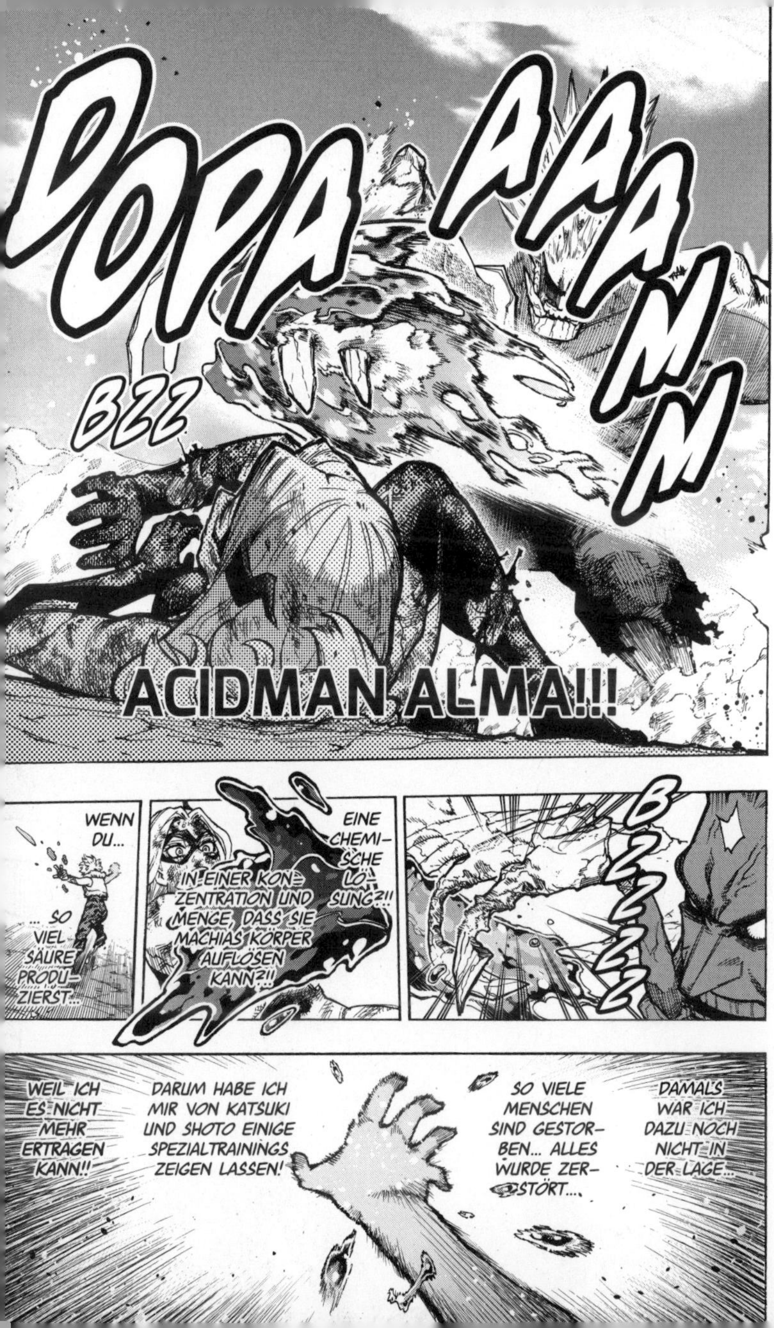
BZZ
ACIDMAN ALMA!!!
EINE CHEMISCHE LÖSUNG?!!
IN EINER KONZENTRATION UND MENGE, DASS SIE MACHIAS KÖRPER AUFLÖSEN KANN?!!
WENN DU...
... SO VIEL SÄURE PRODUZIERST...
DAMALS WAR ICH DAZU NOCH NICHT IN DER LAGE...
SO VIELE MENSCHEN SIND GESTORBEN... ALLES WURDE ZERSTÖRT....
DARUM HABE ICH MIR VON KATSUKI UND SHOTO EINIGE SPEZIALTRAININGS ZEIGEN LASSEN!
WEIL ICH ES NICHT MEHR ERTRAGEN KANN!!

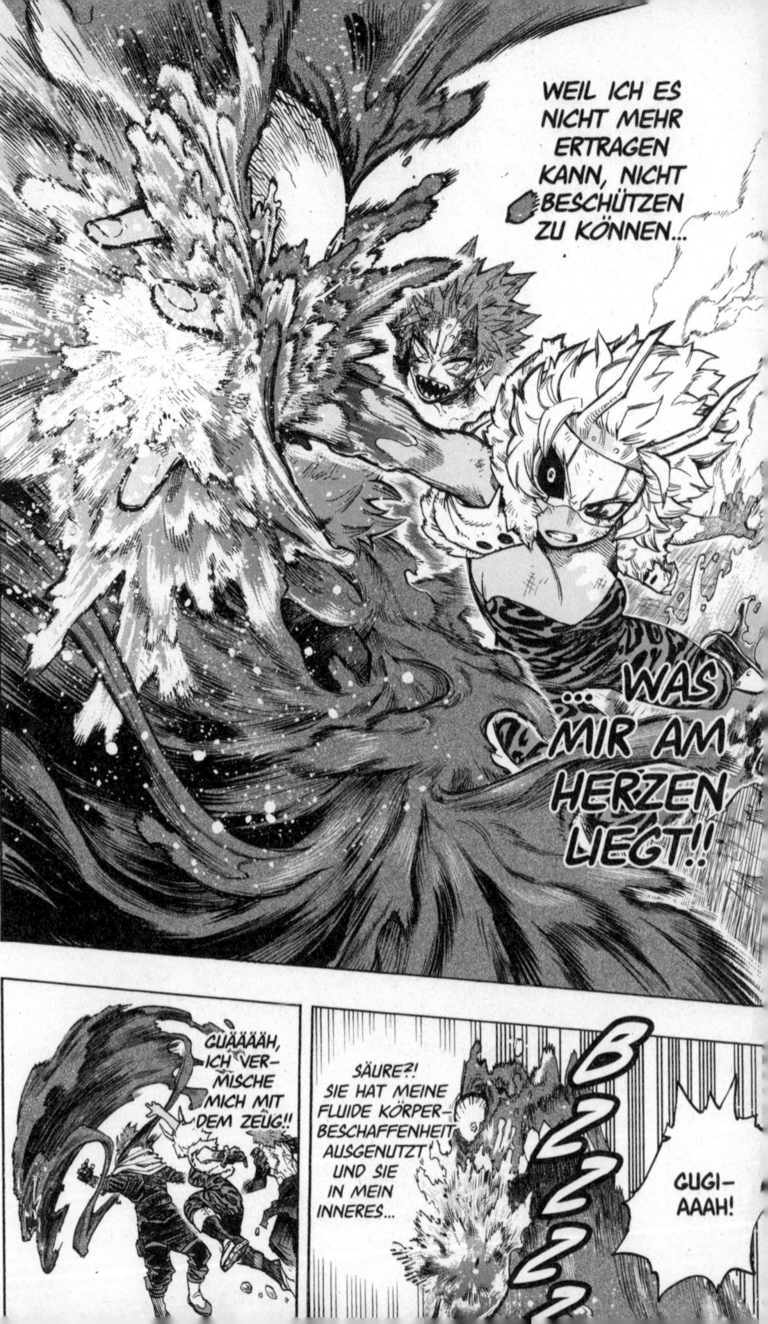
WEIL ICH ES NICHT MEHR ERTRAGEN KANN, NICHT BESCHÜTZEN ZU KÖNNEN...
... WAS MIR AM HERZEN LIEGT!!
GUGI-AAAH!
BZZZZZZ
SÄURE?! SIE HAT MEINE FLUIDE KÖRPER-BESCHAFFENHEIT AUSGENUTZT UND SIE IN MEIN INNERES...
GUÄÄÄÄH, ICH VER-MISCHE MICH MIT DEM ZEUG!!

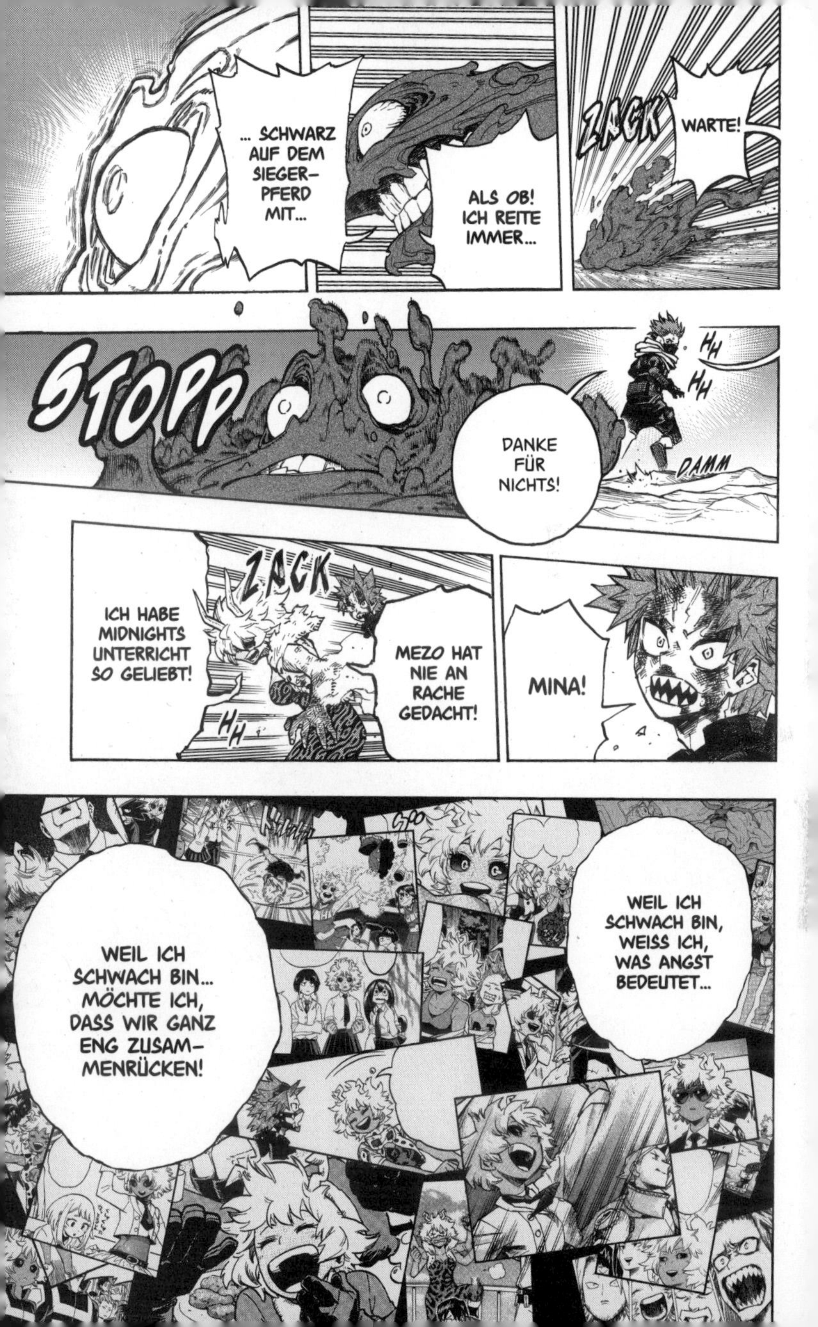
ZACK
WARTE!
ALS OB! ICH REITE IMMER...
... SCHWARZ AUF DEM SIEGER-PFERD MIT...
HH
HH
DAMM
DANKE FÜR NICHTS!
STOPP
MINA!
ZACK
MEZO HAT NIE AN RACHE GEDACHT!
ICH HABE MIDNIGHTS UNTERRICHT SO GELIEBT!
HH
WEIL ICH SCHWACH BIN, WEISS ICH, WAS ANGST BEDEUTET...
WEIL ICH SCHWACH BIN... MÖCHTE ICH, DASS WIR GANZ ENG ZUSAM-MENRÜCKEN!

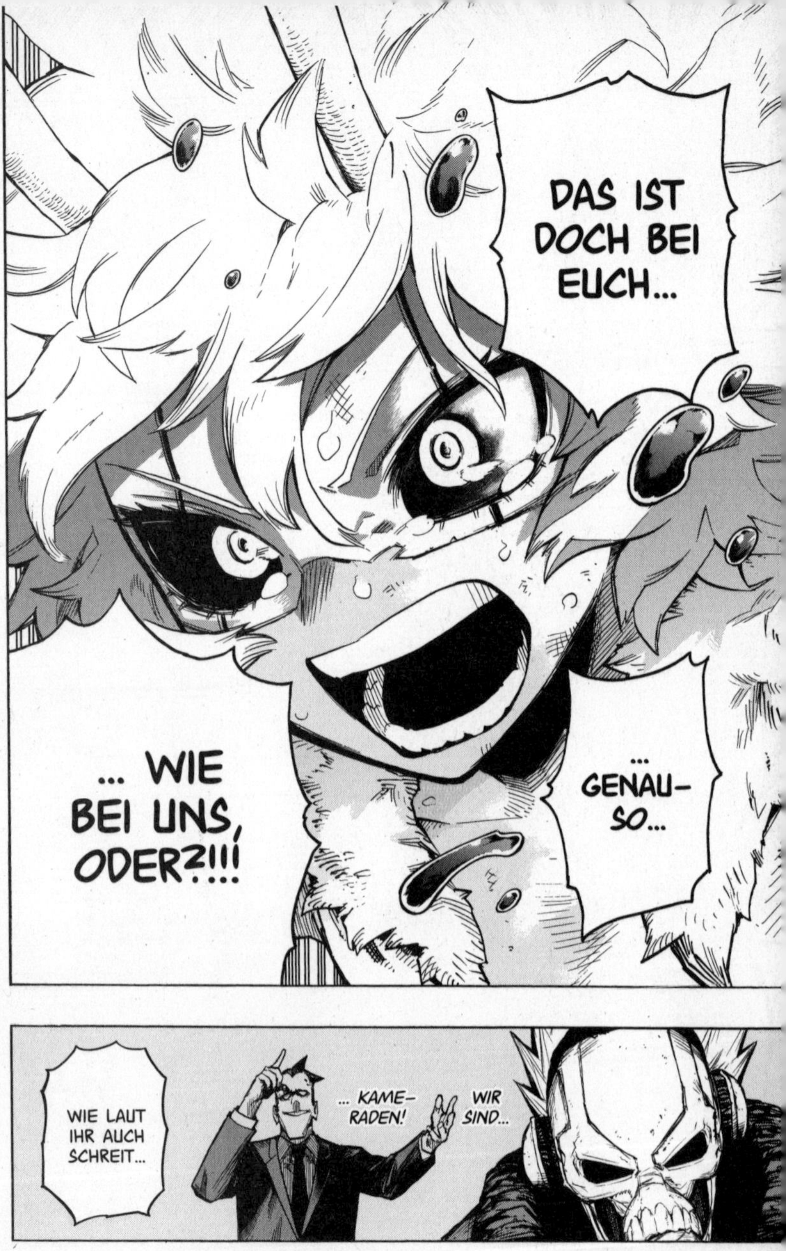
DAS IST DOCH BEI EUCH...
... GENAU-SO...
... WIE BEI UNS, ODER?!!!
WIR SIND...
... KAME-RADEN!
WIE LAUT IHR AUCH SCHREIT...

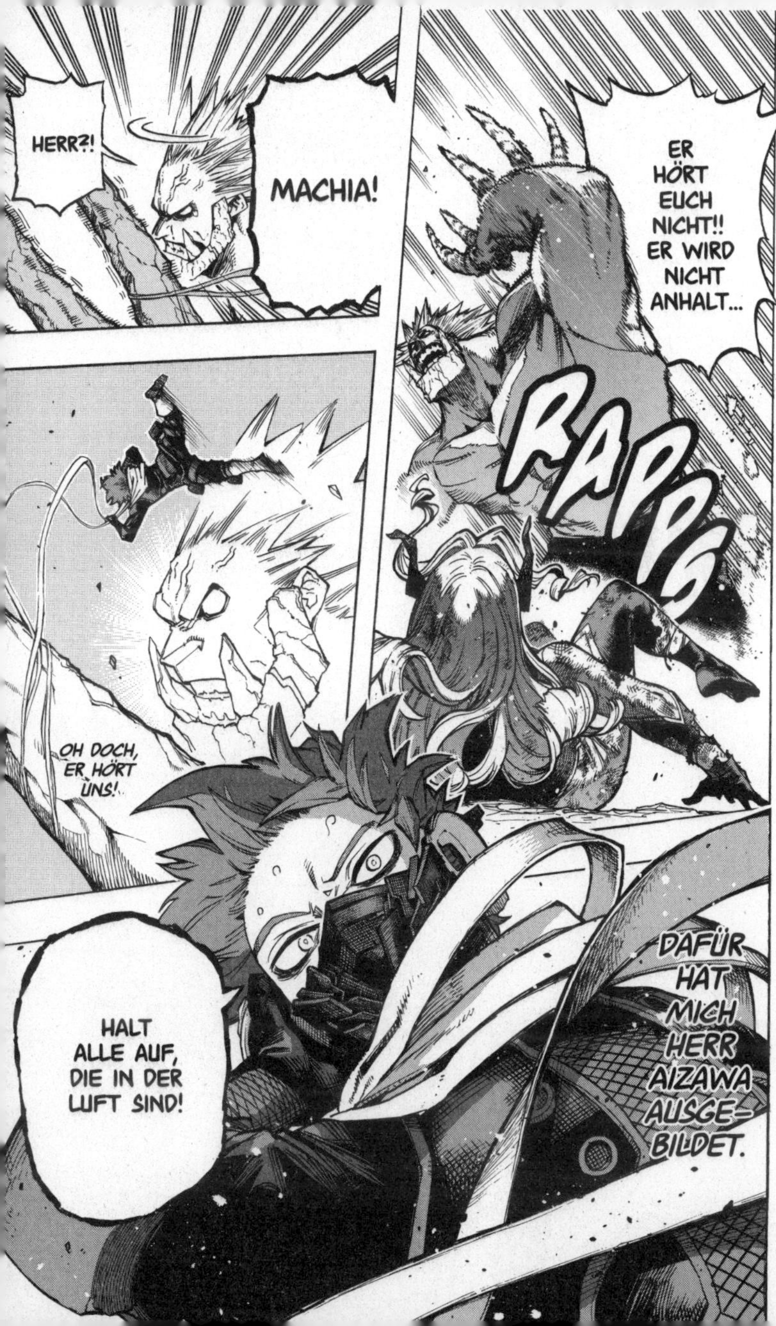
ER HÖRT EUCH NICHT!! ER WIRD NICHT ANHALT...
MACHIA!
HERR?!
RAPPS
OH DOCH, ER HÖRT UNS!
DAFÜR HAT MICH HERR AIZAWA AUSGE-BILDET.
HALT ALLE AUF, DIE IN DER LUFT SIND!

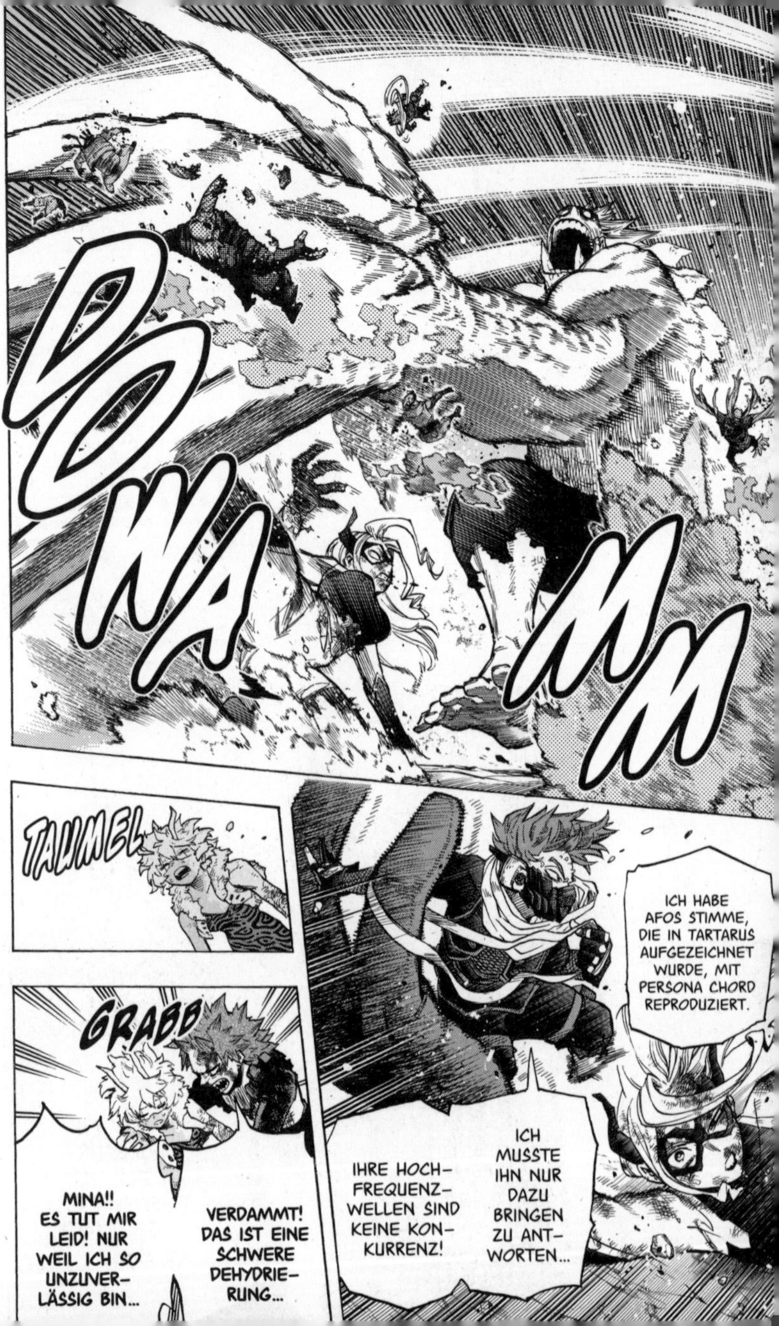
DOWAMM
ICH HABE AFOS STIMME, DIE IN TARTARUS AUFGEZEICHNET WURDE, MIT PERSONA CHORD REPRODUZIERT.
ICH MUSSTE IHN NUR DAZU BRINGEN ZU ANTWORTEN...
IHRE HOCHFREQUENZWELLEN SIND KEINE KONKURRENZ!
TAUMEL
GRABB
VERDAMMT! DAS IST EINE SCHWERE DEHYDRIERUNG...
MINA!! ES TUT MIR LEID! NUR WEIL ICH SO UNZUVERLÄSSIG BIN...

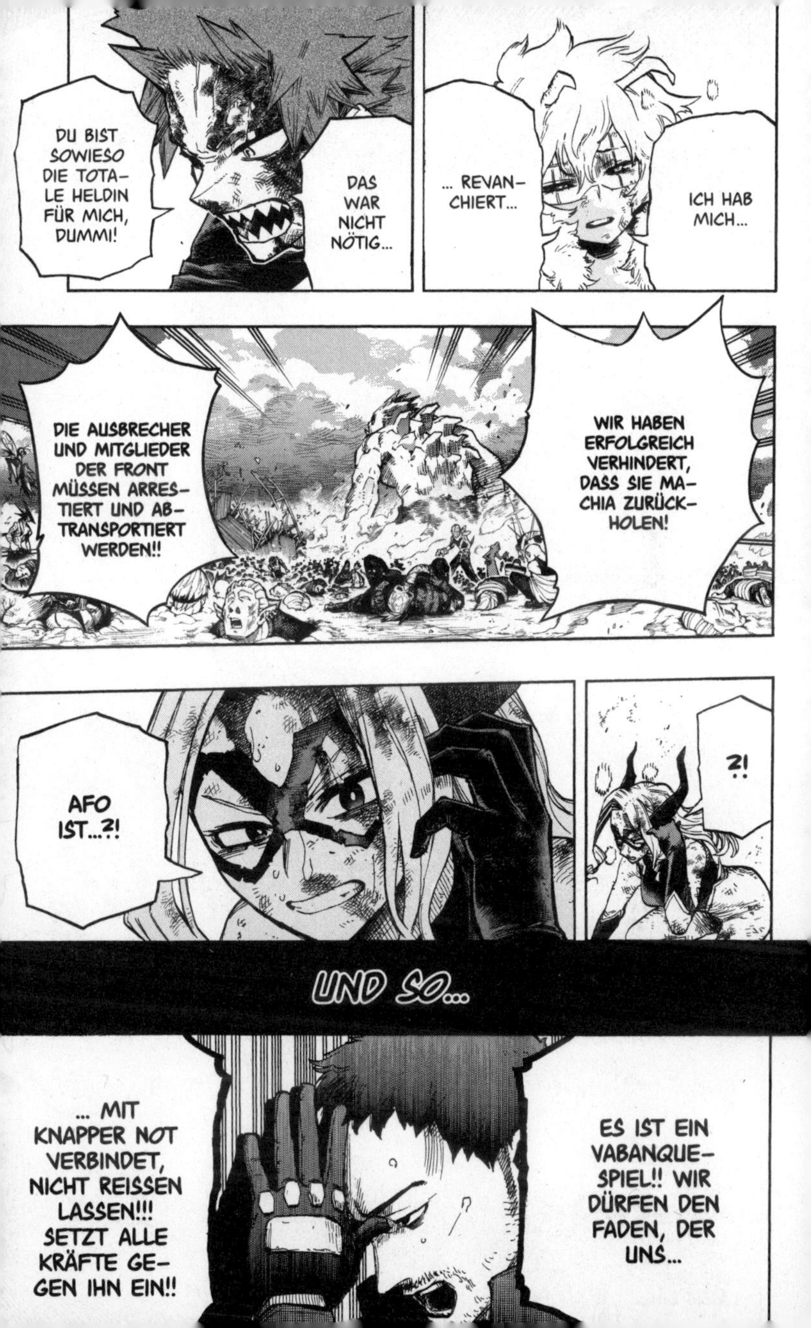
ICH HAB MICH...
... REVANCHIERT...
DAS WAR NICHT NÖTIG...
DU BIST SOWIESO DIE TOTALE HELDIN FÜR MICH, DUMMI!
WIR HABEN ERFOLGREICH VERHINDERT, DASS SIE MACHIA ZURÜCKHOLEN!
DIE AUSBRECHER UND MITGLIEDER DER FRONT MÜSSEN ARRESTIERT UND ABTRANSPORTIERT WERDEN!!
?!
AFO IST...?!
UND SO...
ES IST EIN VABANQUESPIEL!! WIR DÜRFEN DEN FADEN, DER UNS...
... MIT KNAPPER NOT VERBINDET, NICHT REISSEN LASSEN!!! SETZT ALLE KRÄFTE GEGEN IHN EIN!!

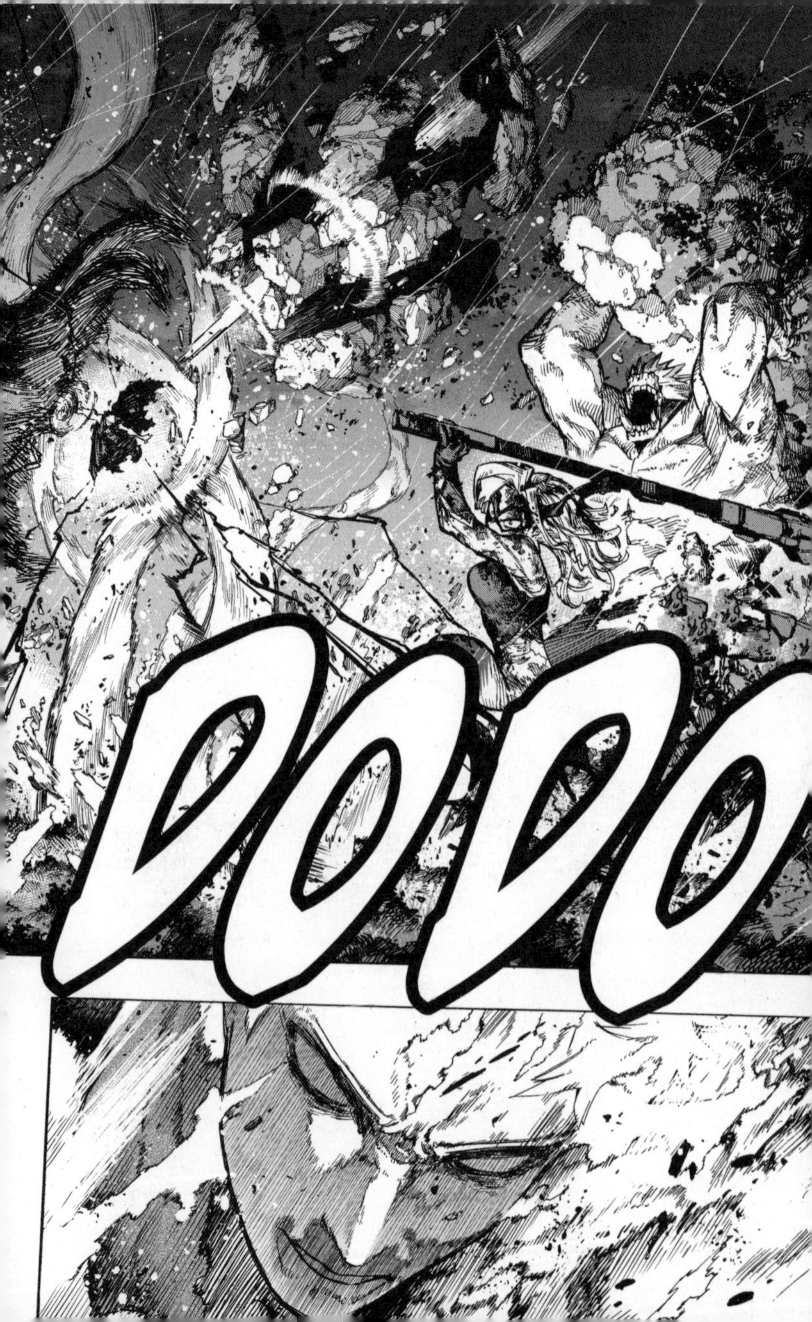

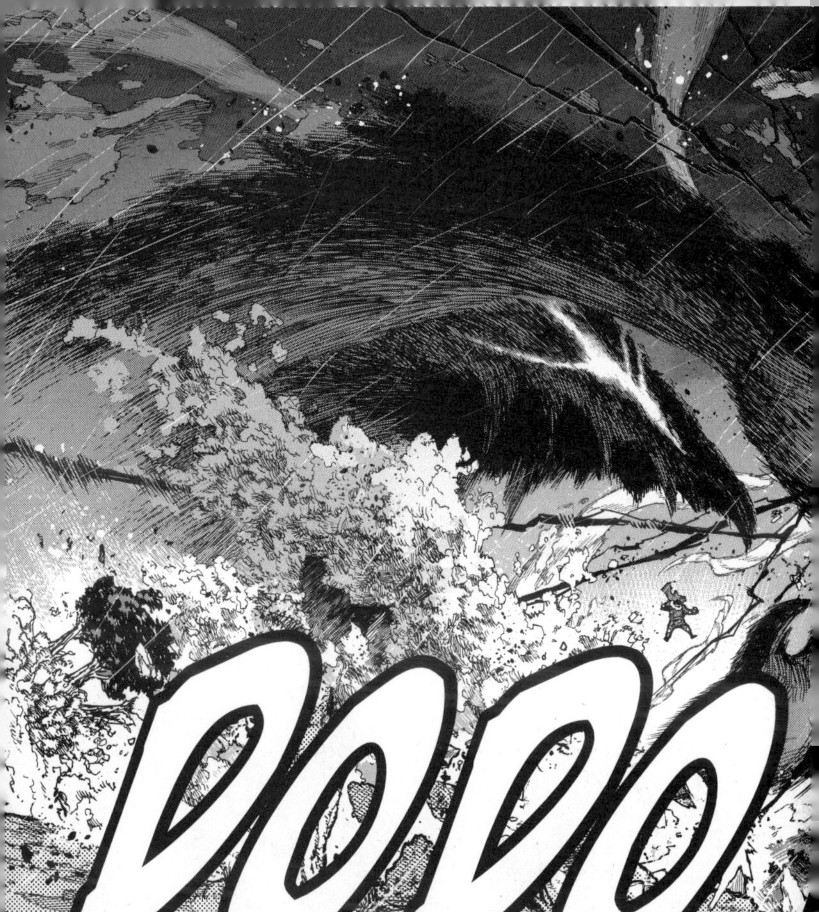

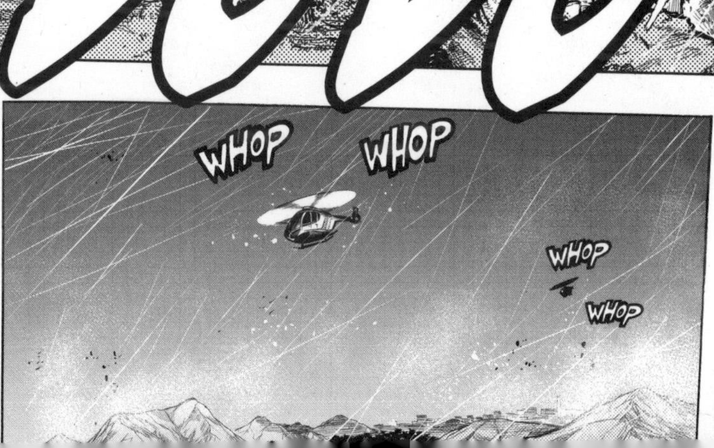
WHOP
WHOP
WHOP
WHOP

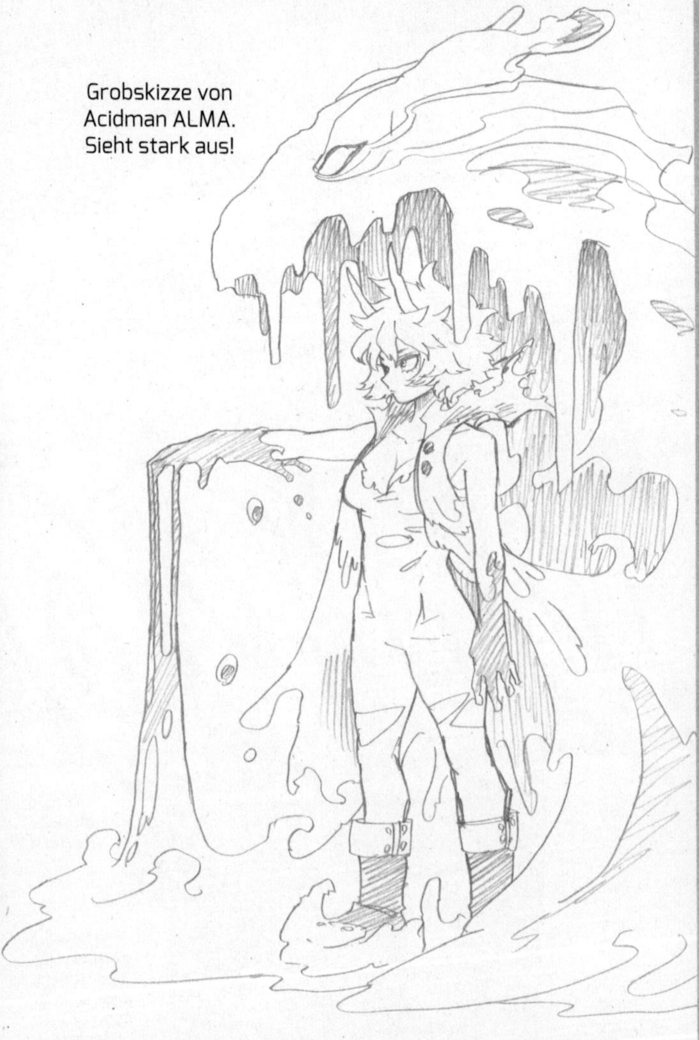

Grobskizze von
Acidman ALMA.
Sieht stark aus!

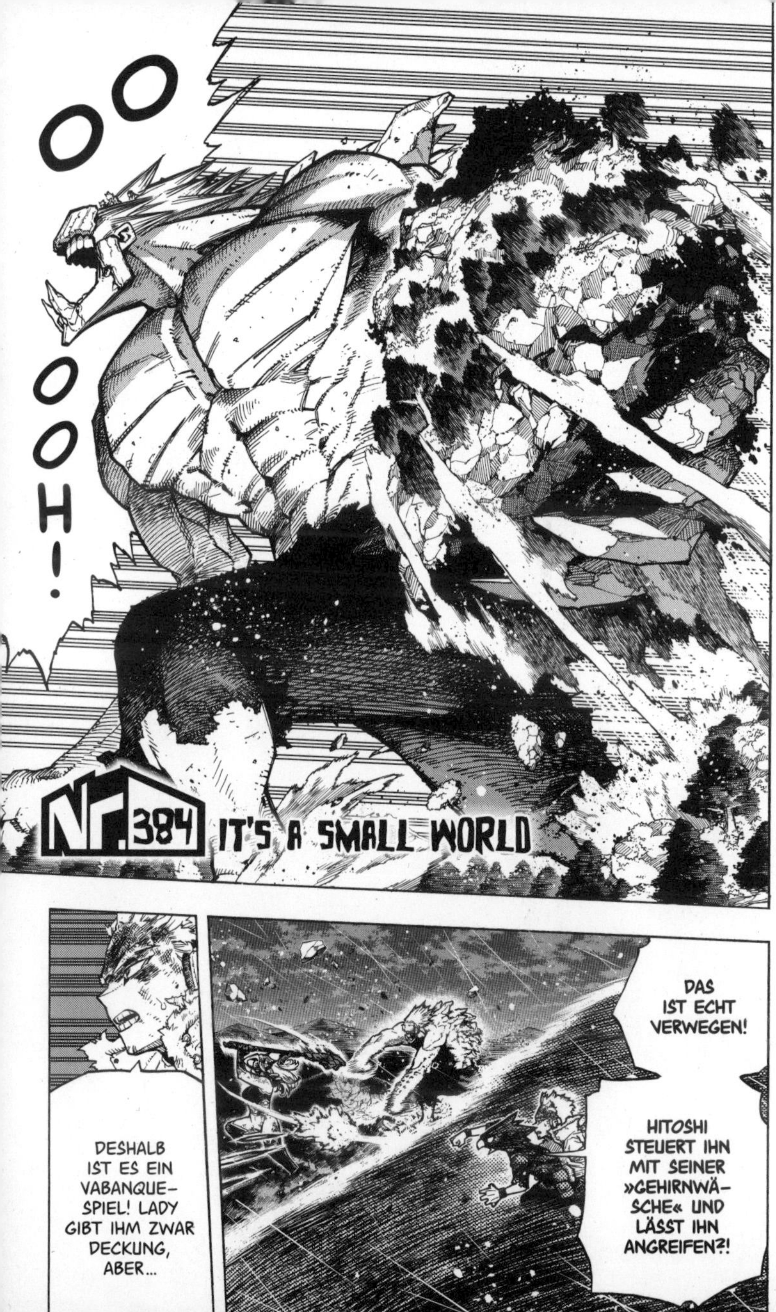
OOOOOH!
Nr. 384 IT'S A SMALL WORLD
DAS IST ECHT VERWEGEN!
HITOSHI STEUERT IHN MIT SEINER »GEHIRNWÄSCHE« UND LÄSST IHN ANGREIFEN?!
DESHALB IST ES EIN VABANQUE-SPIEL! LADY GIBT IHM ZWAR DECKUNG, ABER...

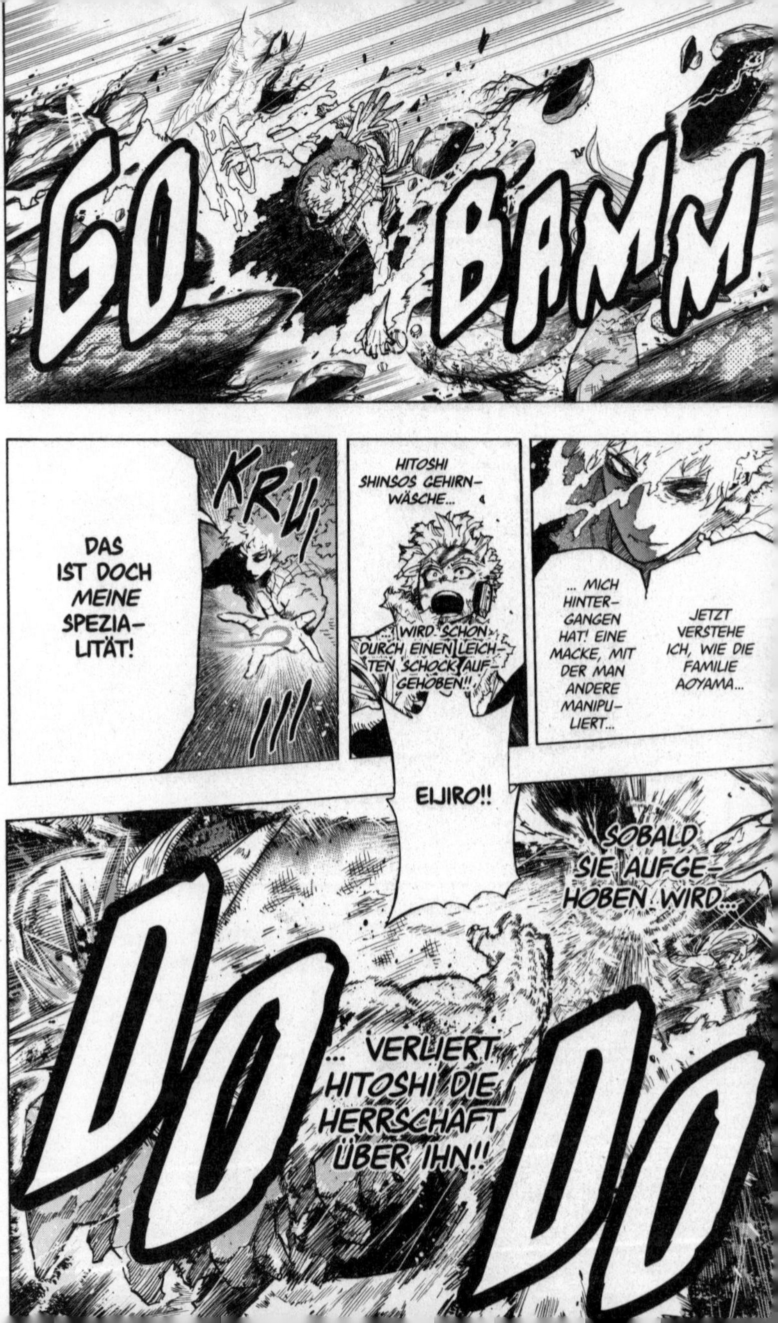
GO
BAMM
JETZT VERSTEHE ICH, WIE DIE FAMILIE AOYAMA...
... MICH HINTERGANGEN HAT! EINE MACKE, MIT DER MAN ANDERE MANIPULIERT...
HITOSHI SHINSOS GEHIRNWÄSCHE...
... WIRD SCHON DURCH EINEN LEICHTEN SCHOCK AUFGEHOBEN!!
KRUI
DAS IST DOCH MEINE SPEZIALITÄT!
EIJIRO!!
SOBALD SIE AUFGEHOBEN WIRD...
... VERLIERT HITOSHI DIE HERRSCHAFT ÜBER IHN!!
DO
DODO

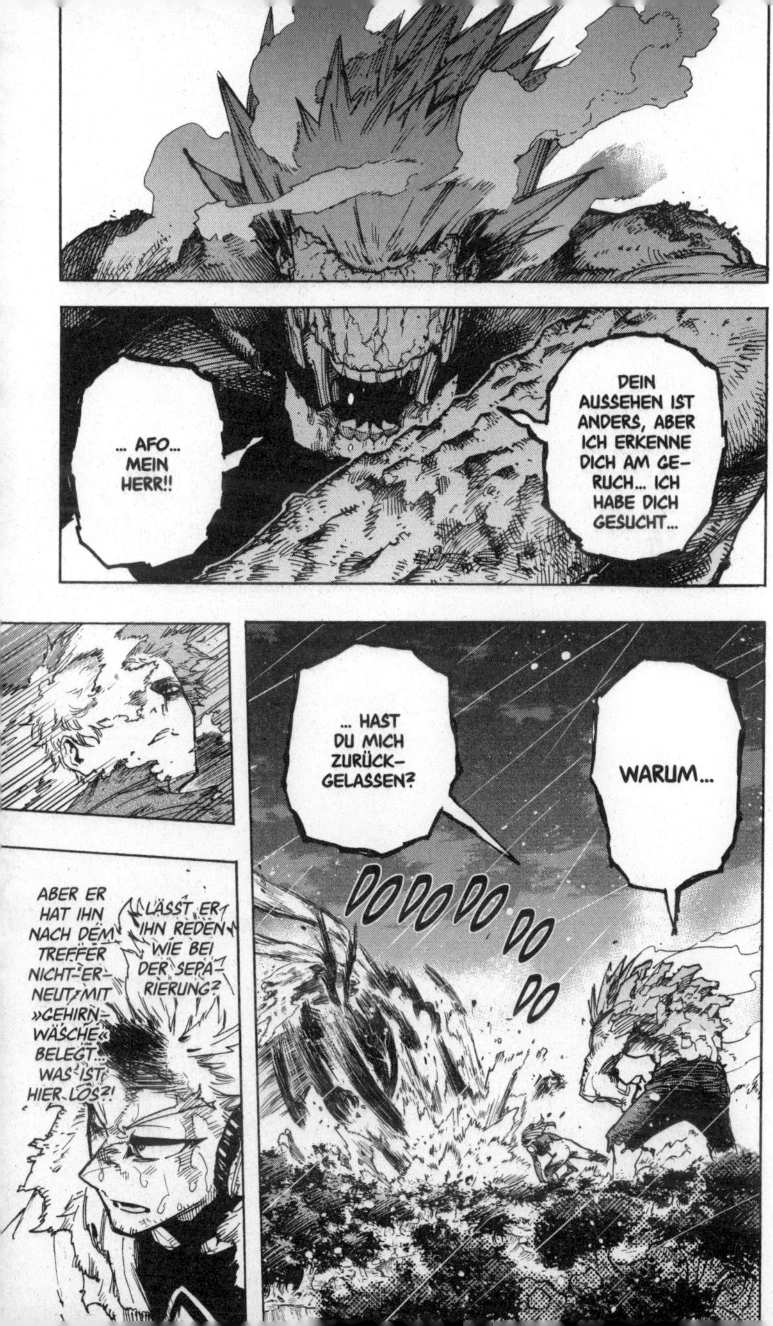
DEIN AUSSEHEN IST ANDERS, ABER ICH ERKENNE DICH AM GERUCH... ICH HABE DICH GESUCHT...
... AFO... MEIN HERR!!
WARUM...
... HAST DU MICH ZURÜCKGELASSEN?
DODODODO DO DO DO
LÄSST ER IHN REDEN WIE BEI DER SEPARIERUNG?
ABER ER HAT IHN NACH DEM TREFFER NICHT ERNEUT MIT »GEHIRNWÄSCHE« BELEGT... WAS IST HIER LOS?!

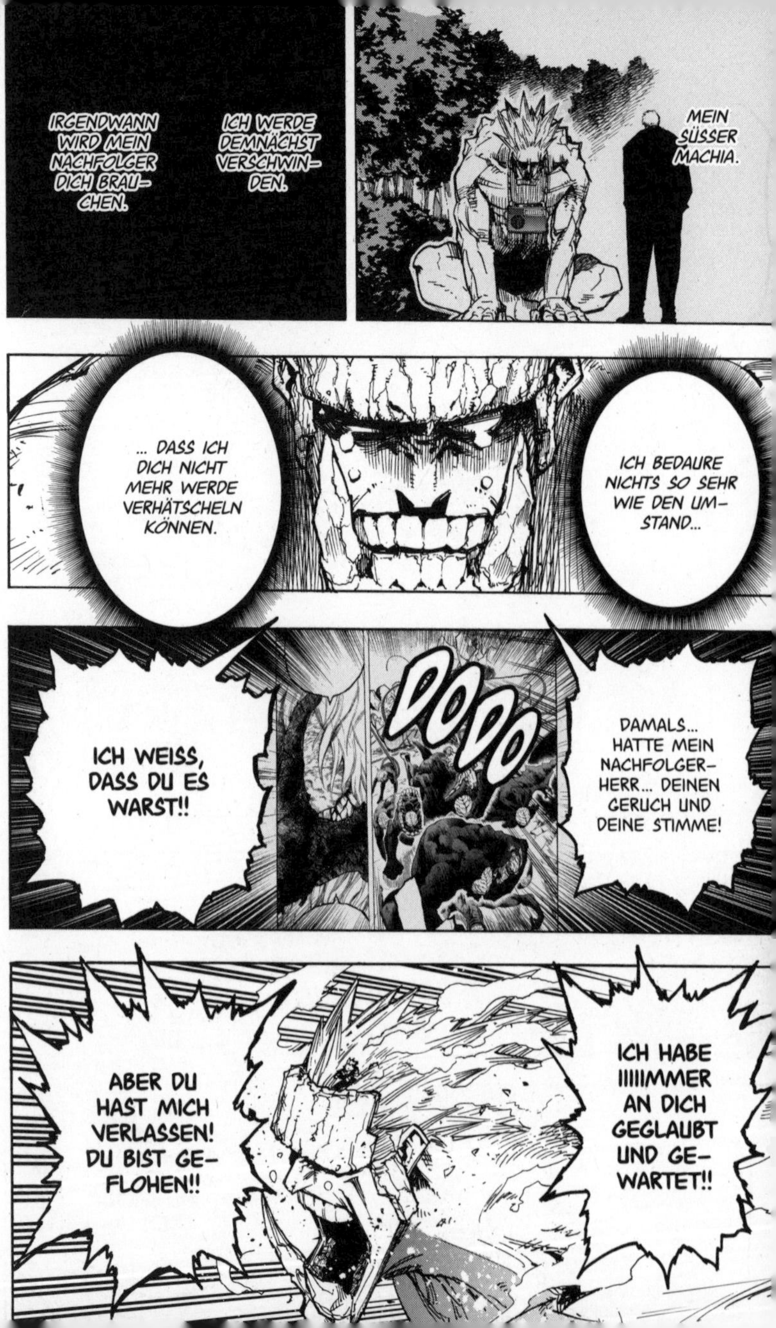
MEIN SÜSSER MACHIA.
ICH WERDE DEMNÄCHST VERSCHWINDEN.
IRGENDWANN WIRD MEIN NACHFOLGER DICH BRAUCHEN.
ICH BEDAURE NICHTS SO SEHR WIE DEN UMSTAND...
... DASS ICH DICH NICHT MEHR WERDE VERHÄTSCHELN KÖNNEN.
DAMALS... HATTE MEIN NACHFOLGER-HERR... DEINEN GERUCH UND DEINE STIMME!
DODODO
ICH WEISS, DASS DU ES WARST!!
ICH HABE IIIIIIMMER AN DICH GEGLAUBT UND GEWARTET!!
ABER DU HAST MICH VERLASSEN! DU BIST GEFLOHEN!!

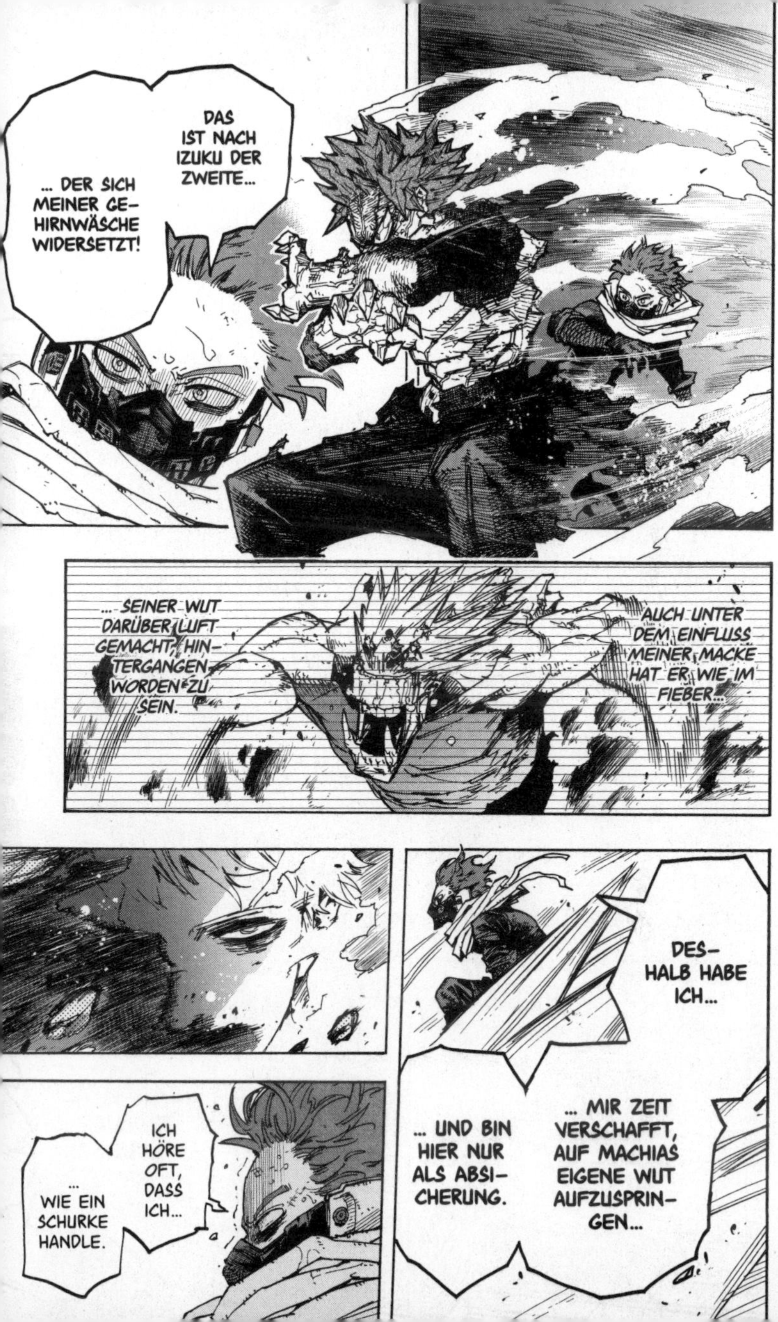
DAS IST NACH IZUKU DER ZWEITE...
... DER SICH MEINER GEHIRNWÄSCHE WIDERSETZT!
AUCH UNTER DEM EINFLUSS MEINER MACKE HAT ER WIE IM FIEBER...
... SEINER WUT DARÜBER LUFT GEMACHT, HINTERGANGEN WORDEN ZU SEIN.
DESHALB HABE ICH...
... MIR ZEIT VERSCHAFFT, AUF MACHIAS EIGENE WUT AUFZUSPRINGEN...
... UND BIN HIER NUR ALS ABSICHERUNG.
ICH HÖRE OFT, DASS ICH...
... WIE EIN SCHURKE HANDLE.

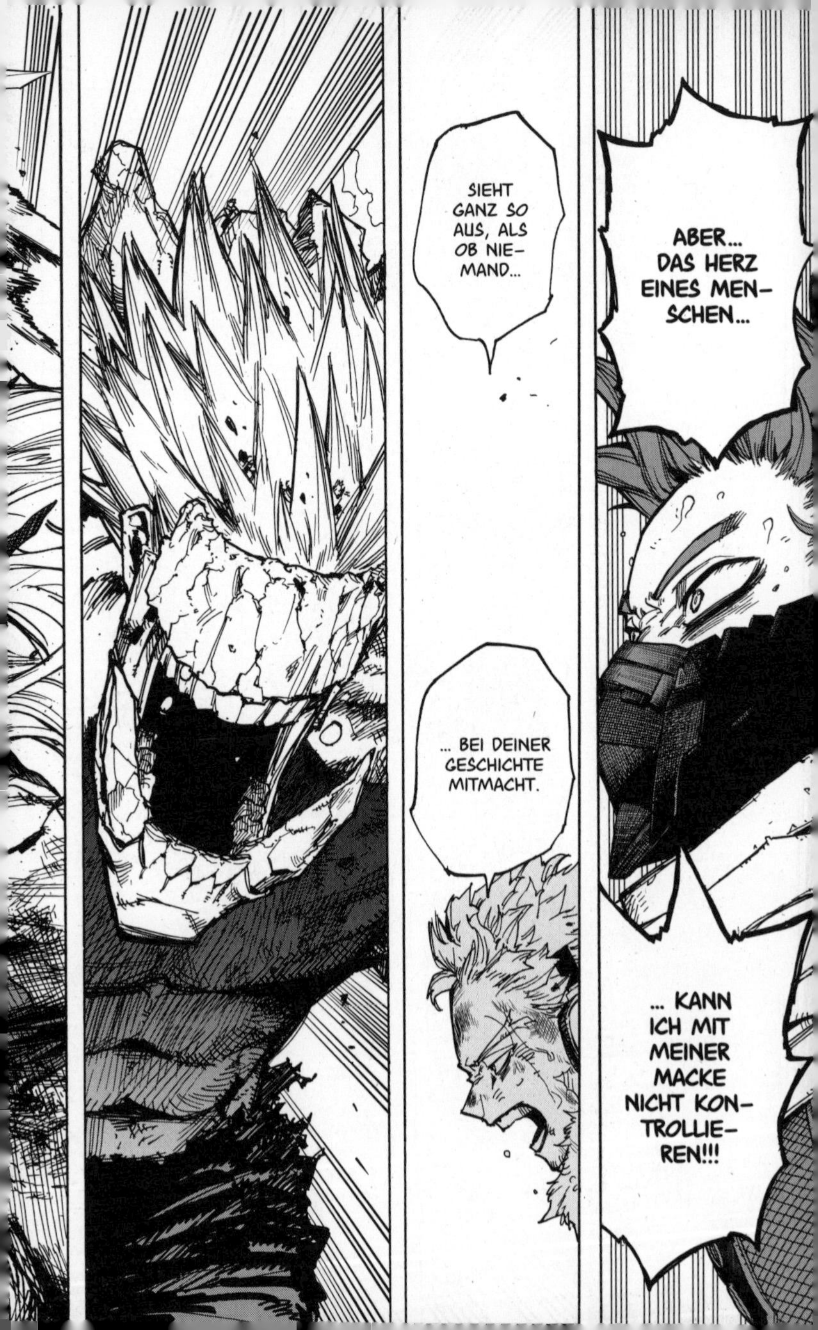

ABER... DAS HERZ EINES MENSCHEN...
... KANN ICH MIT MEINER MACKE NICHT KONTROLLIEREN!!!
SIEHT GANZ SO AUS, ALS OB NIEMAND...
... BEI DEINER GESCHICHTE MITMACHT.

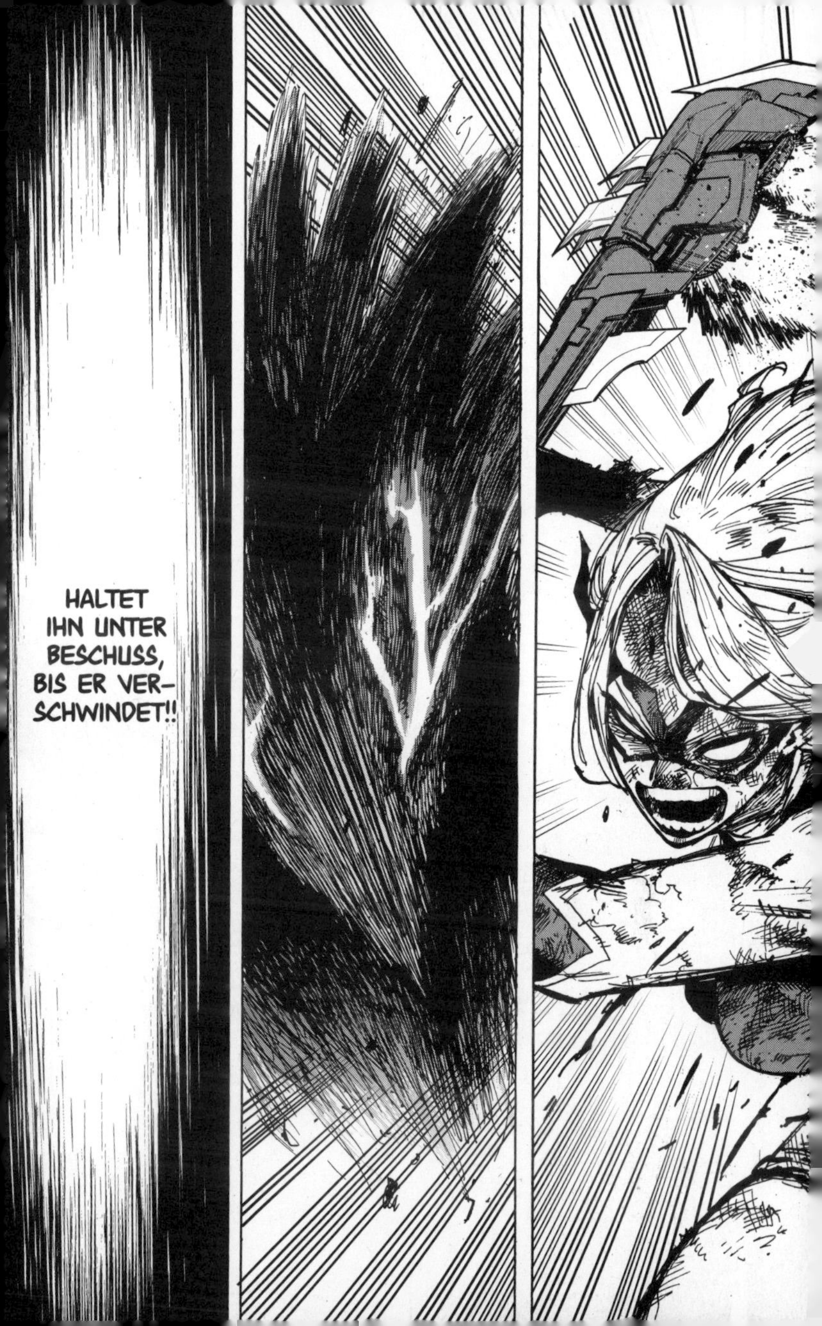
HALTET IHN UNTER BESCHUSS, BIS ER VER-SCHWINDET!!

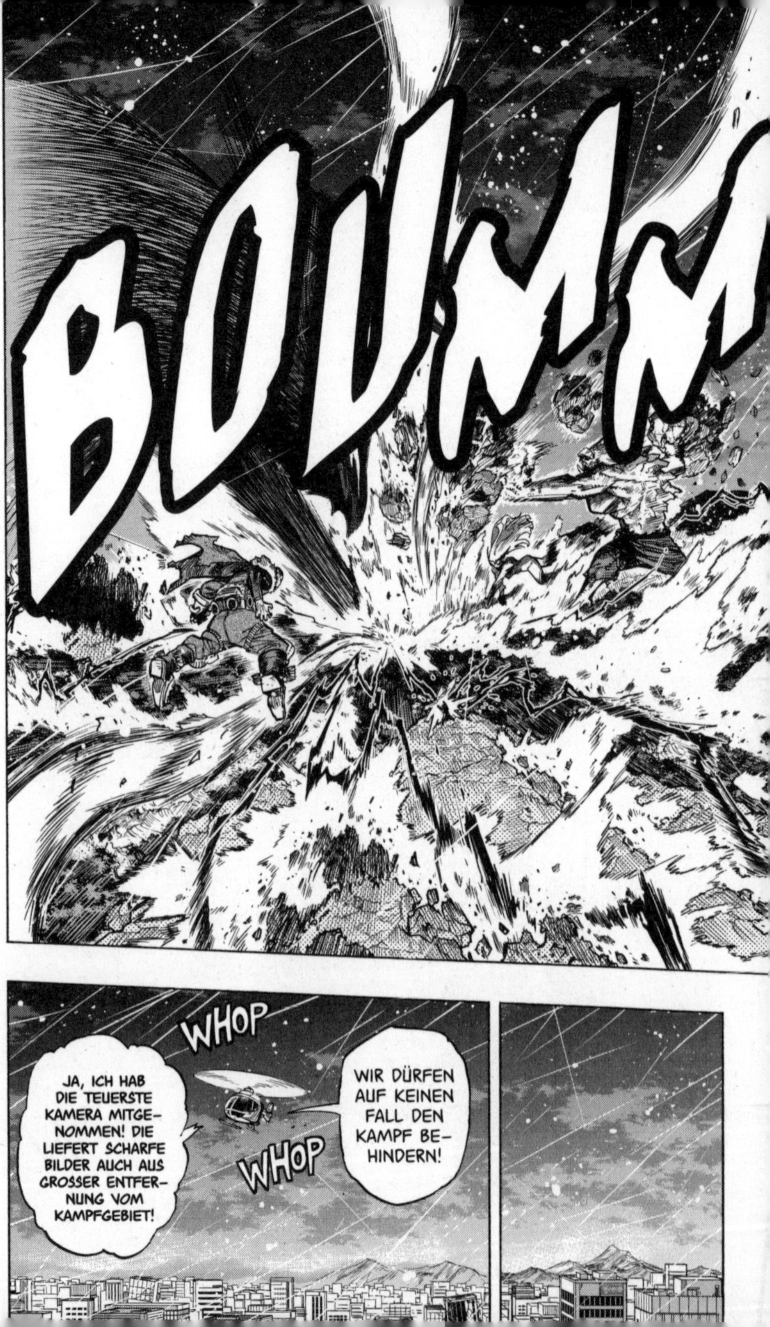
WHOP
WIR DÜRFEN AUF KEINEN FALL DEN KAMPF BE- HINDERN!
JA, ICH HAB DIE TEUERSTE KAMERA MITGE- NOMMEN! DIE LIEFERT SCHARFE BILDER AUCH AUS GROSSER ENTFER- NUNG VOM KAMPFGEBIET!
WHOP

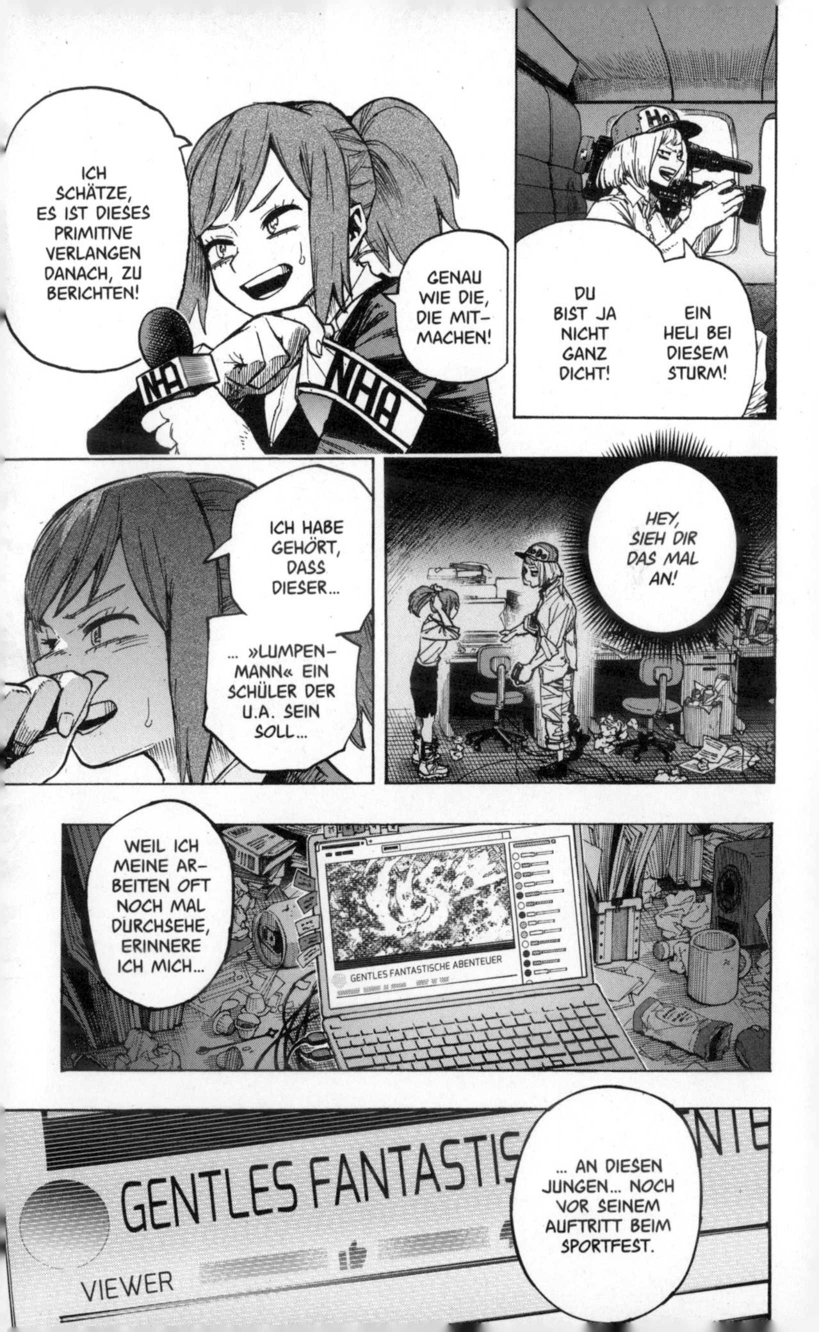
Ein Heli bei diesem Sturm!
Du bist ja nicht ganz dicht!
Genau wie die, die mitmachen!
Ich schätze, es ist dieses primitive Verlangen danach, zu berichten!
Hey, sieh dir das mal an!
Ich habe gehört, dass dieser...
... »Lumpenmann« ein Schüler der U.A. sein soll...
Weil ich meine Arbeiten oft noch mal durchsehe, erinnere ich mich...
GENTLES FANTASTISCHE ABENTEUER
... an diesen Jungen... noch vor seinem Auftritt beim Sportfest.
GENTLES FANTASTIS
VIEWER

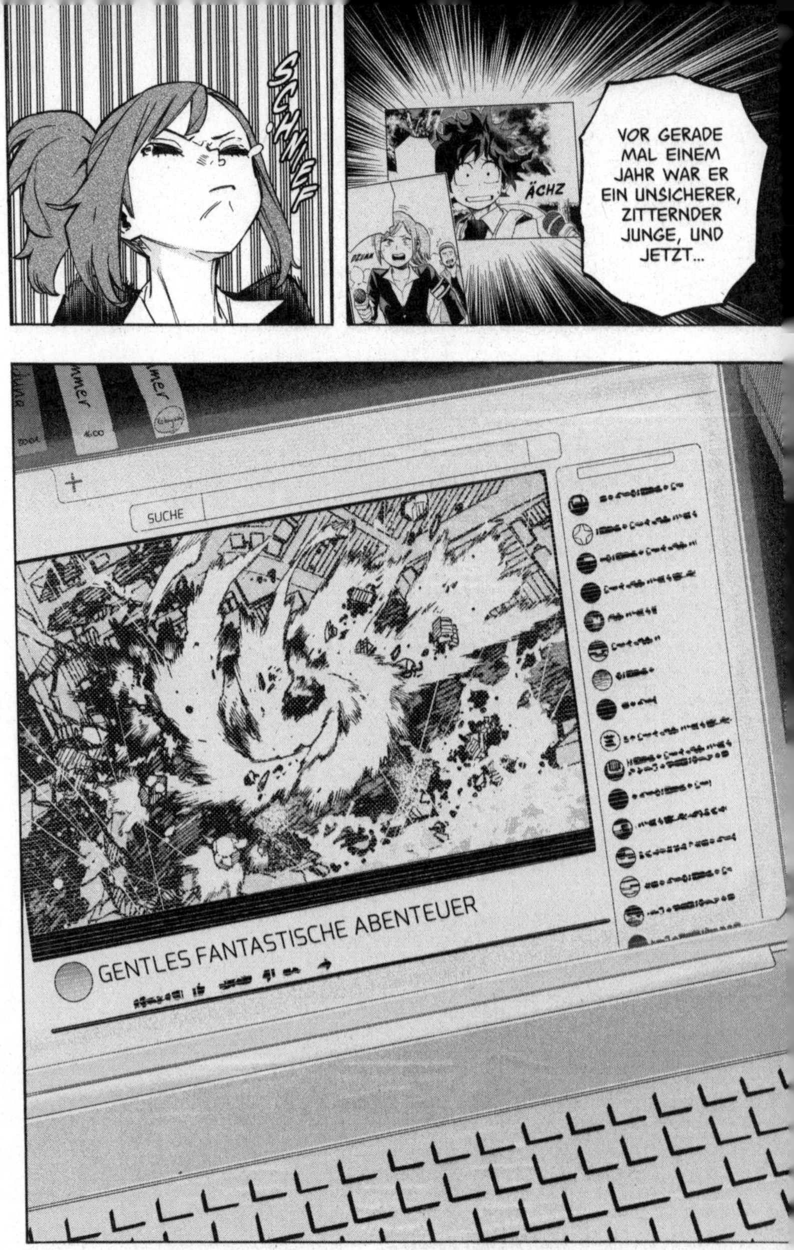
SCHNIEF
VOR GERADE MAL EINEM JAHR WAR ER EIN UNSICHERER, ZITTERNDER JUNGE, UND JETZT...
ÄCHZ
SUCHE
GENTLES FANTASTISCHE ABENTEUER

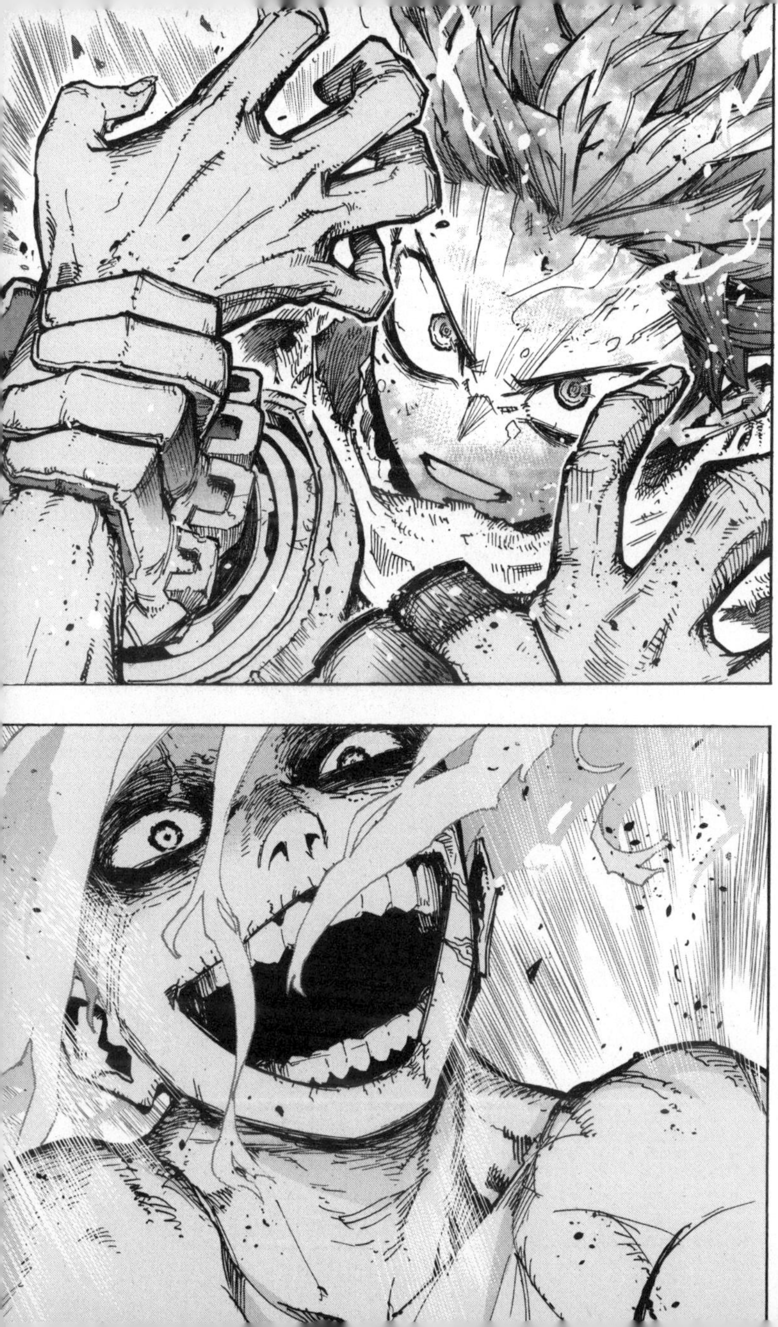

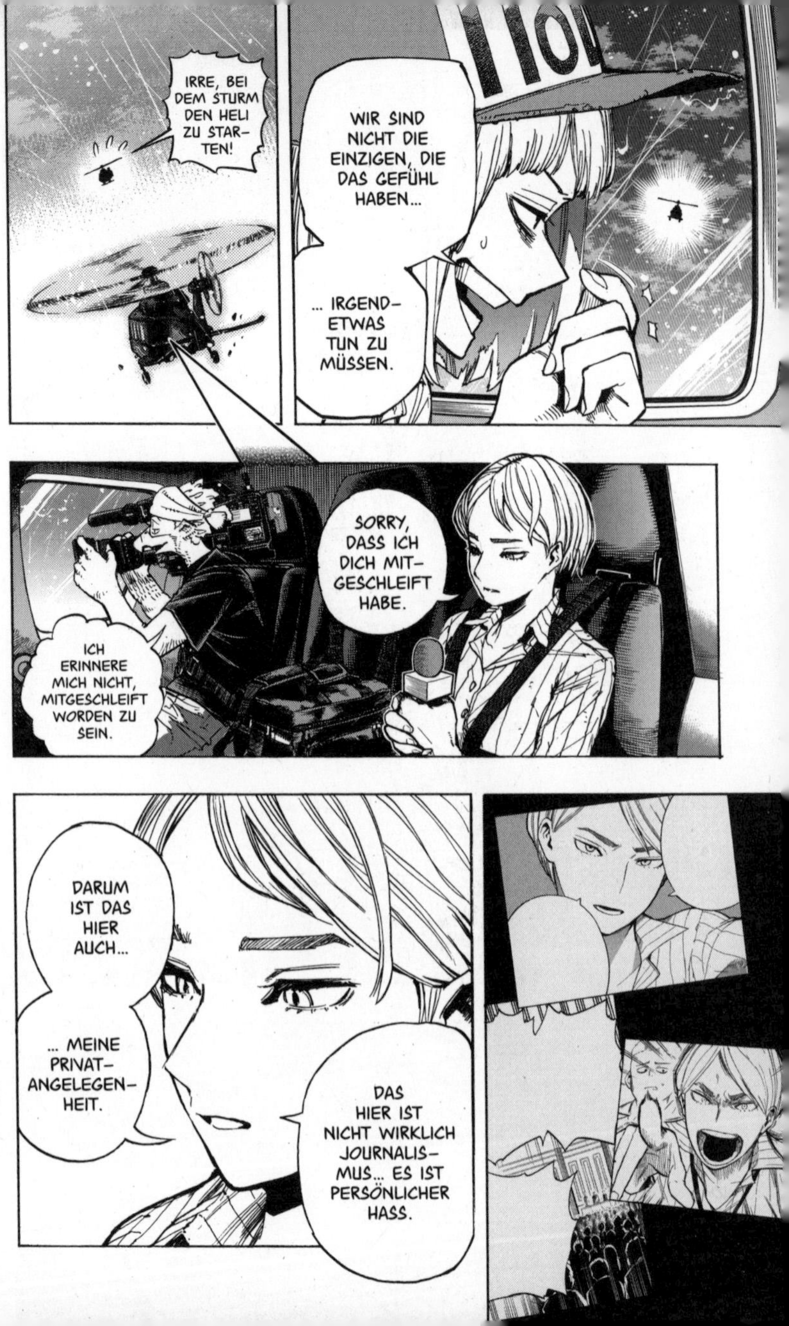
WIR SIND NICHT DIE EINZIGEN, DIE DAS GEFÜHL HABEN...
... IRGEND-ETWAS TUN ZU MÜSSEN.
IRRE, BEI DEM STURM DEN HELI ZU STAR-TEN!
SORRY, DASS ICH DICH MIT-GESCHLEIFT HABE.
ICH ERINNERE MICH NICHT, MITGESCHLEIFT WORDEN ZU SEIN.
DAS HIER IST NICHT WIRKLICH JOURNALIS-MUS... ES IST PERSÖNLICHER HASS.
DARUM IST DAS HIER AUCH...
... MEINE PRIVAT-ANGELEGEN-HEIT.

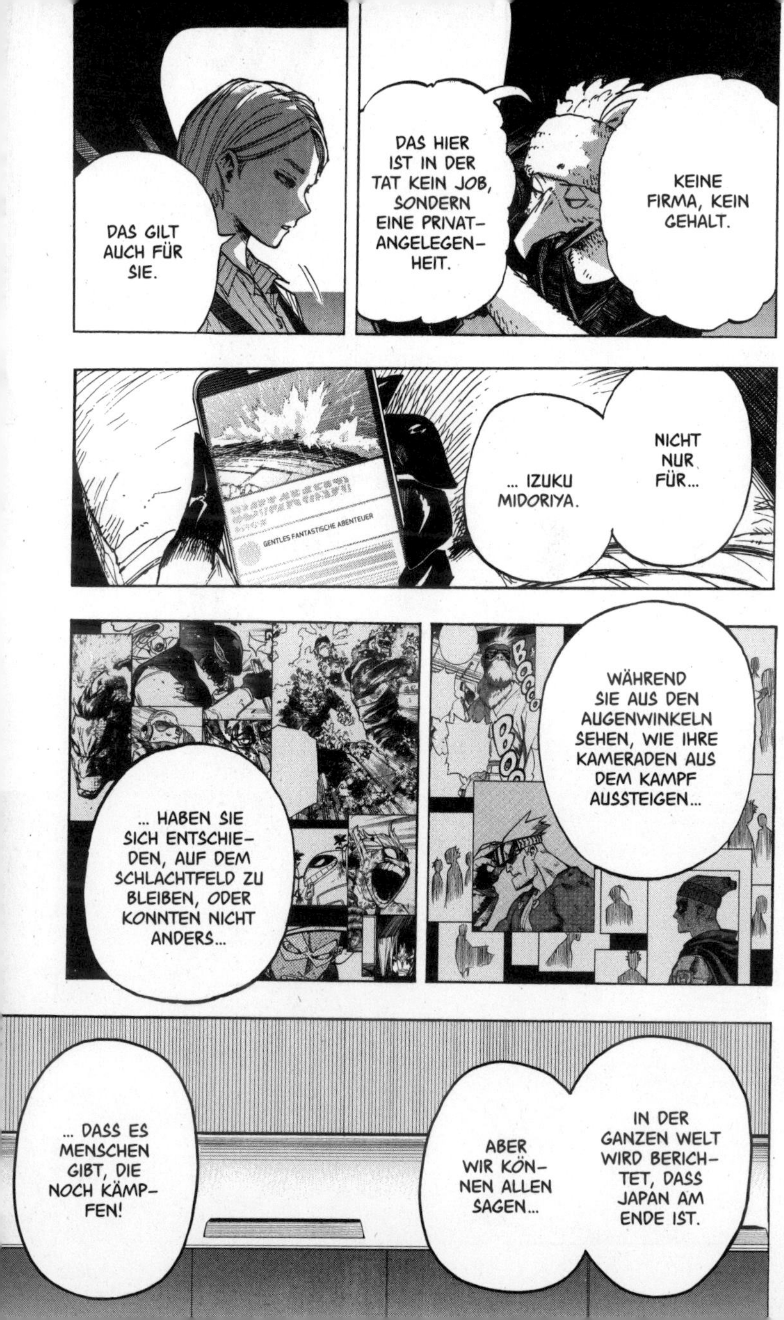
KEINE FIRMA, KEIN GEHALT.
DAS HIER IST IN DER TAT KEIN JOB, SONDERN EINE PRIVAT-ANGELEGEN-HEIT.
DAS GILT AUCH FÜR SIE.
NICHT NUR FÜR...
... IZUKU MIDORIYA.
GENTLES FANTASTISCHE ABENTEUER
WÄHREND SIE AUS DEN AUGENWINKELN SEHEN, WIE IHRE KAMERADEN AUS DEM KAMPF AUSSTEIGEN...
... HABEN SIE SICH ENTSCHIE-DEN, AUF DEM SCHLACHTFELD ZU BLEIBEN, ODER KONNTEN NICHT ANDERS...
IN DER GANZEN WELT WIRD BERICH-TET, DASS JAPAN AM ENDE IST.
ABER WIR KÖN-NEN ALLEN SAGEN...
... DASS ES MENSCHEN GIBT, DIE NOCH KÄMP-FEN!

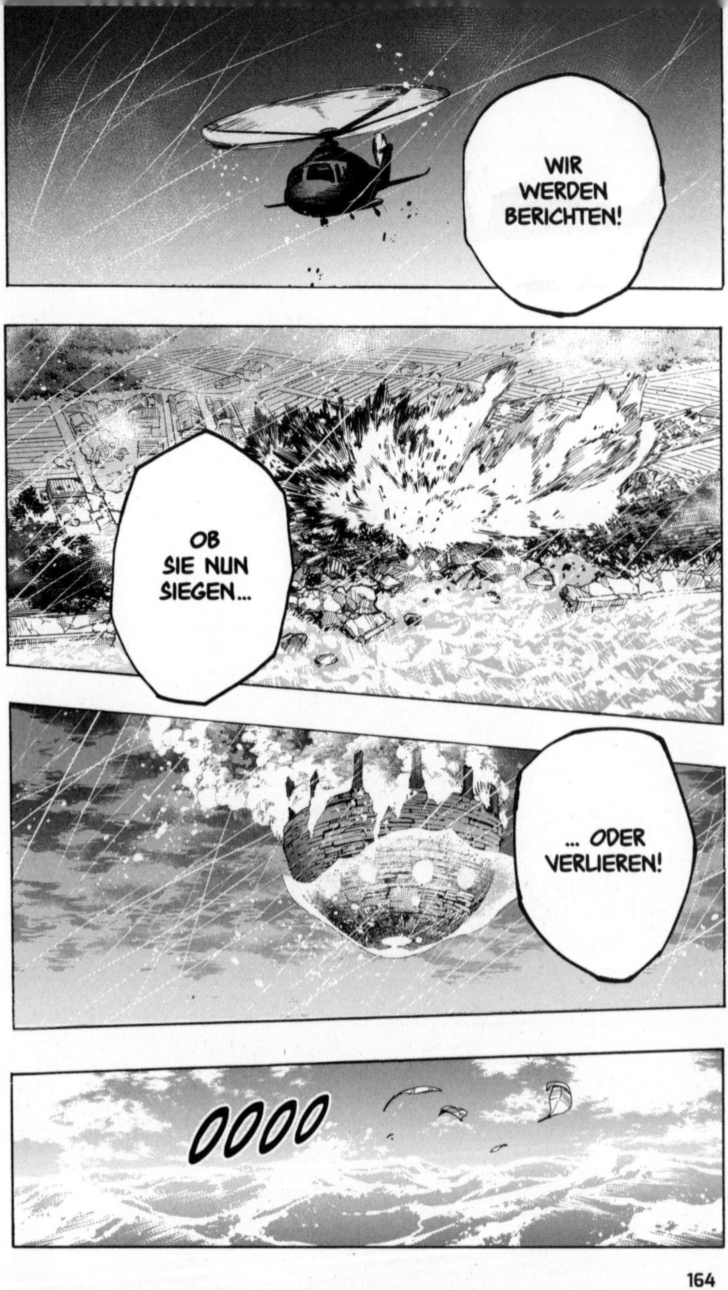

WIR WERDEN BERICHTEN!
OB SIE NUN SIEGEN...
... ODER VERLIEREN!
OOOO

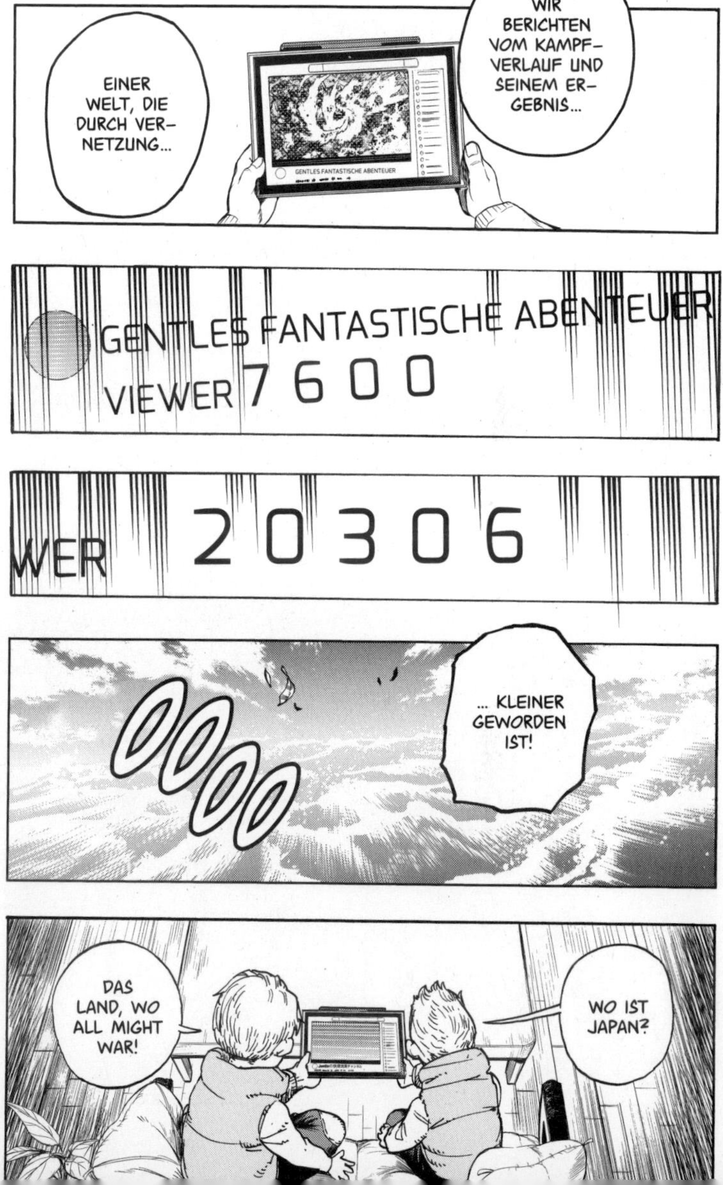
WIR BERICHTEN VOM KAMPF-VERLAUF UND SEINEM ER-GEBNIS...
EINER WELT, DIE DURCH VER-NETZUNG...
GENTLES FANTASTISCHE ABENTEUER
GENTLES FANTASTISCHE ABENTEUER
VIEWER 7600
WER 20306
... KLEINER GEWORDEN IST!
WO IST JAPAN?
DAS LAND, WO ALL MIGHT WAR!

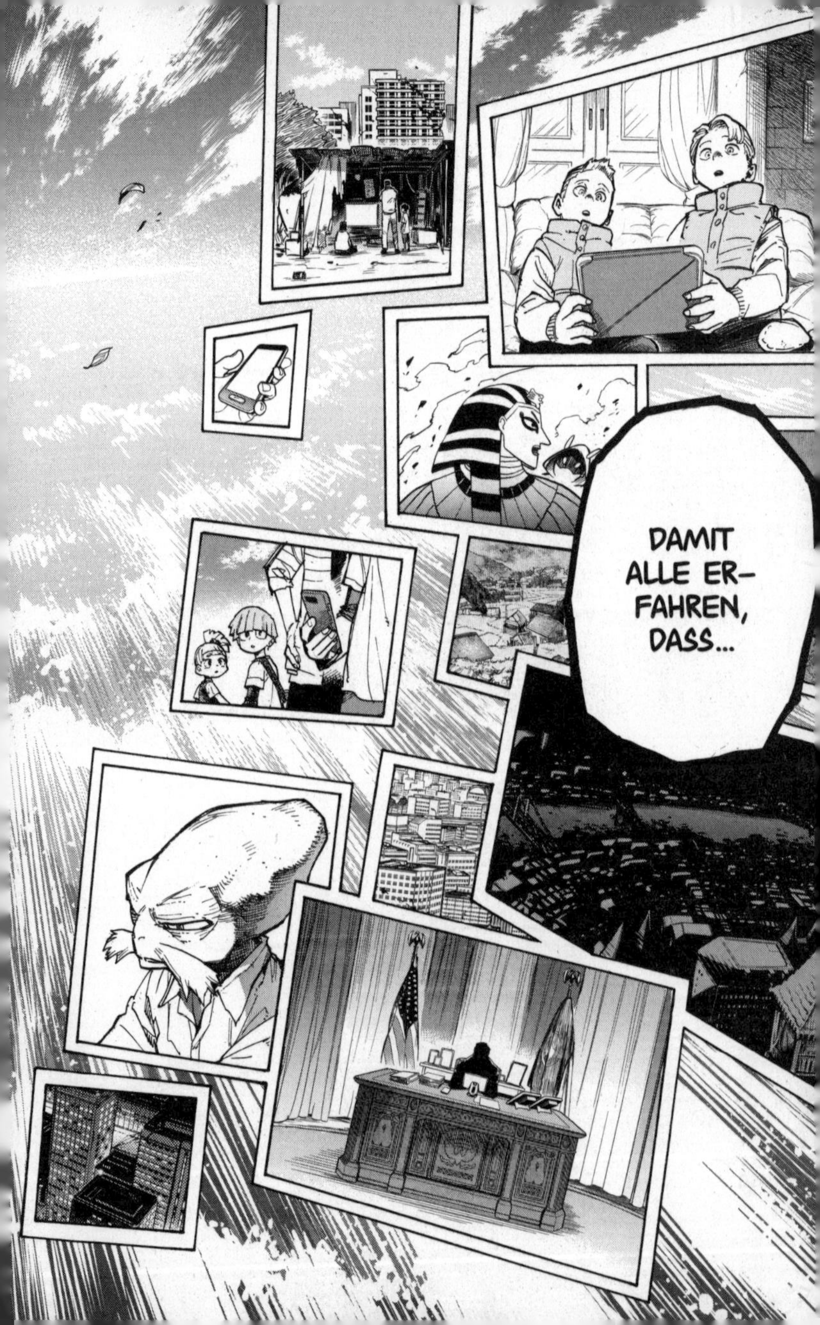
DAMIT ALLE ER-FAHREN, DASS...

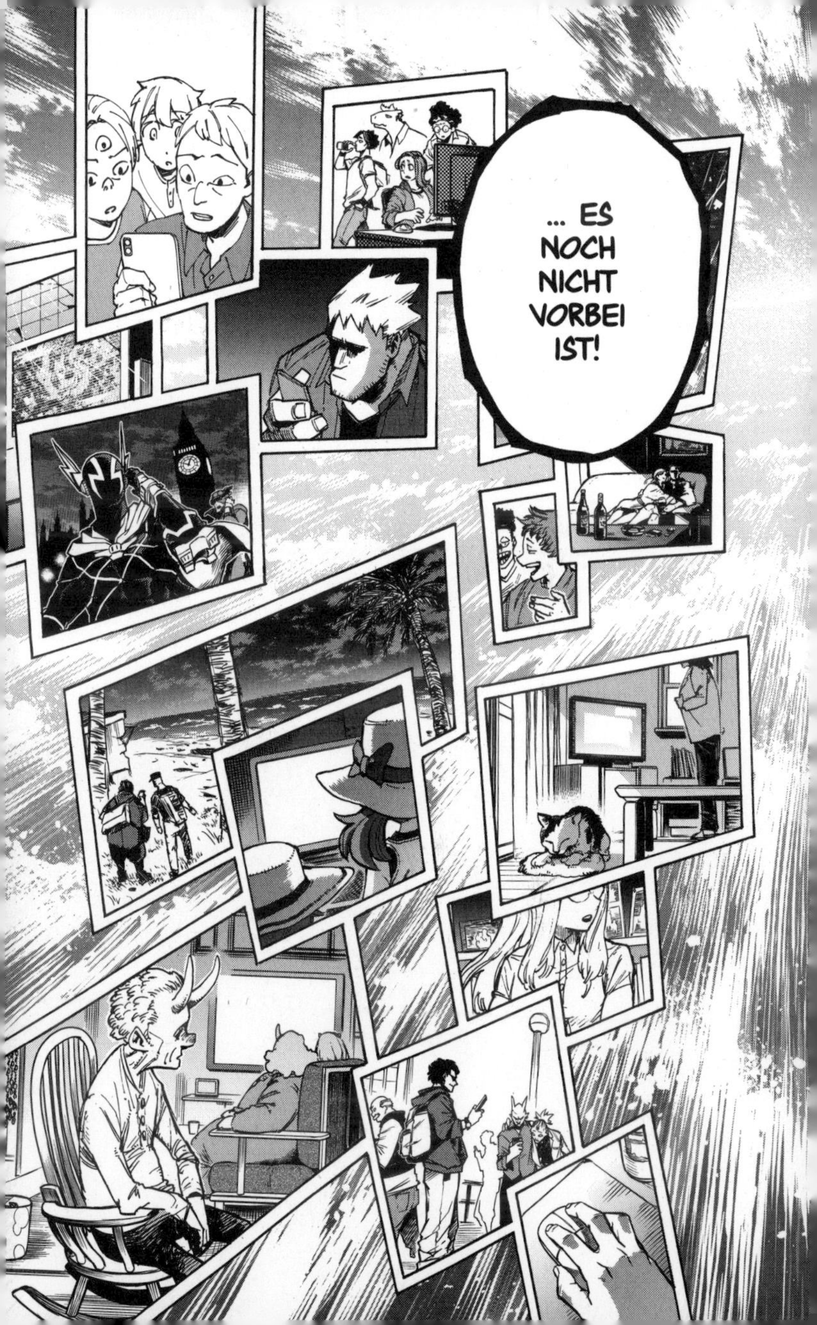
... ES NOCH NICHT VORBEI IST!

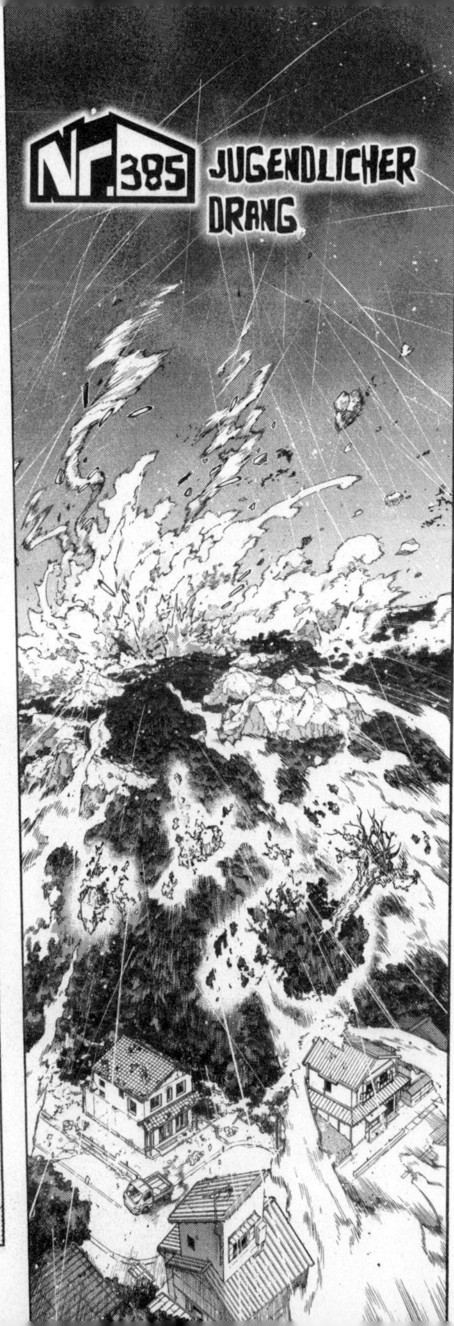

Nr. 385
JUGENDLICHER DRANG

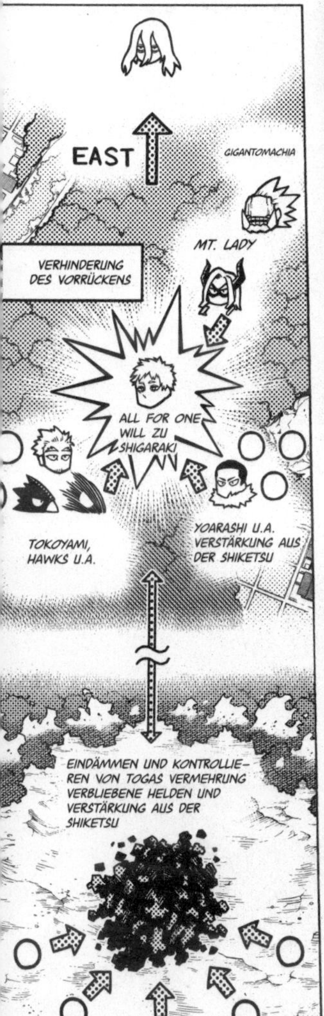

EAST
GIGANTOMACHIA
MT. LADY
VERHINDERUNG DES VORRÜCKENS
ALL FOR ONE WILL ZU SHIGARAKI
YOARASHI U.A. VERSTÄRKUNG AUS DER SHIKETSU
TOKOYAMI, HAWKS U.A.
EINDÄMMEN UND KONTROLLIEREN VON TOGAS VERMEHRUNG VERBLIEBENE HELDEN UND VERSTÄRKUNG AUS DER SHIKETSU

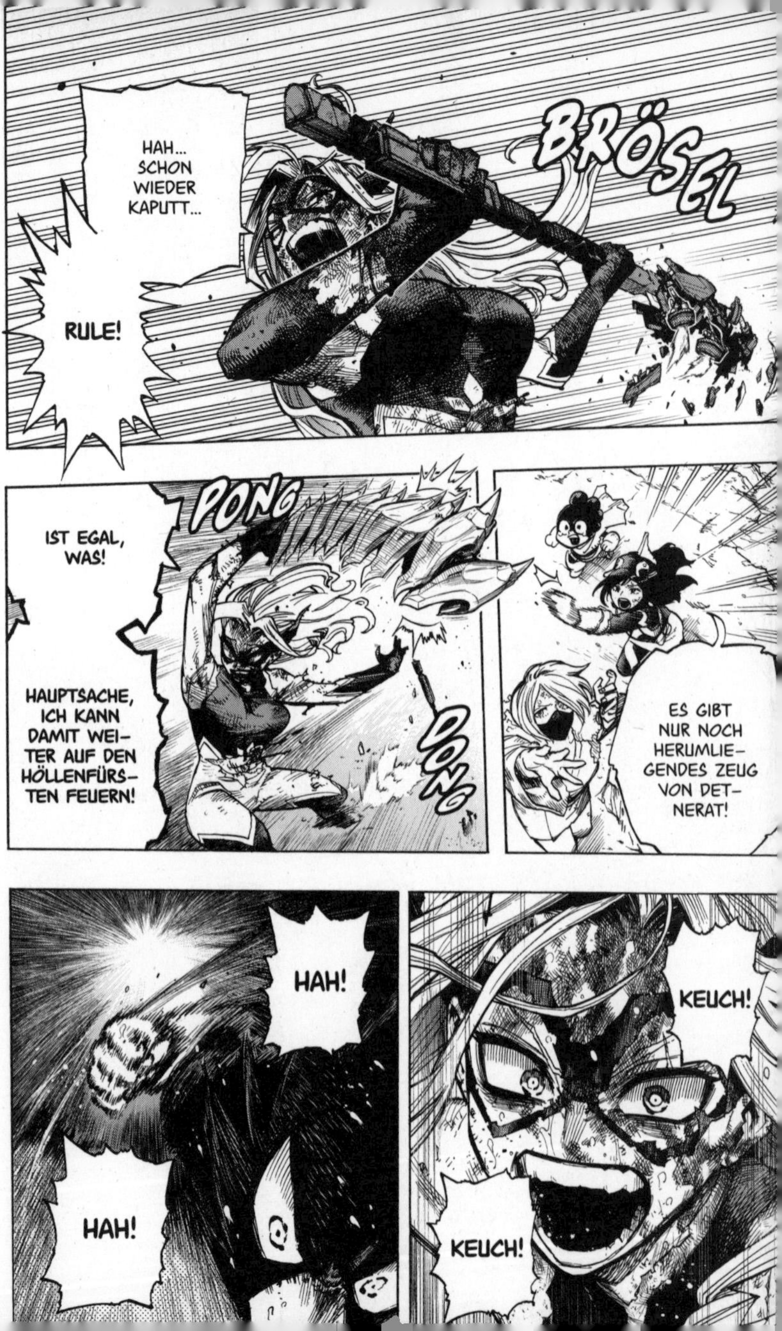
BRÖSEL
HAH... SCHON WIEDER KAPUTT...
RULE!
ES GIBT NUR NOCH HERUMLIEGENDES ZEUG VON DETNERAT!
PONG
IST EGAL, WAS!
HAUPTSACHE, ICH KANN DAMIT WEITER AUF DEN HÖLLENFÜRSTEN FEUERN!
DONG
KEUCH!
KEUCH!
HAH!
HAH!

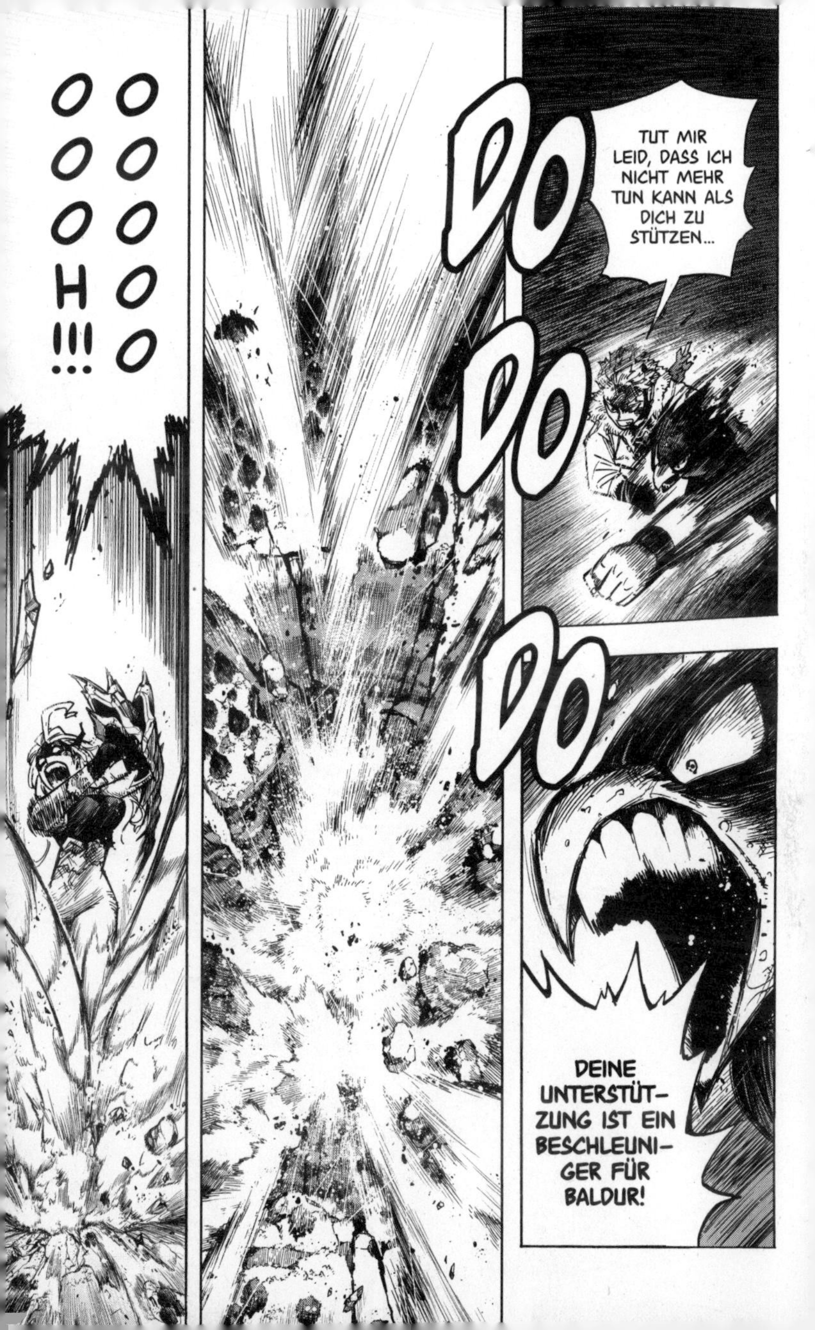

TUT MIR LEID, DASS ICH NICHT MEHR TUN KANN ALS DICH ZU STÜTZEN...
DO
DO
DO
DEINE UNTERSTÜT-ZUNG IST EIN BESCHLEUNI-GER FÜR BALDUR!
OOOOO
OOOOH!!!

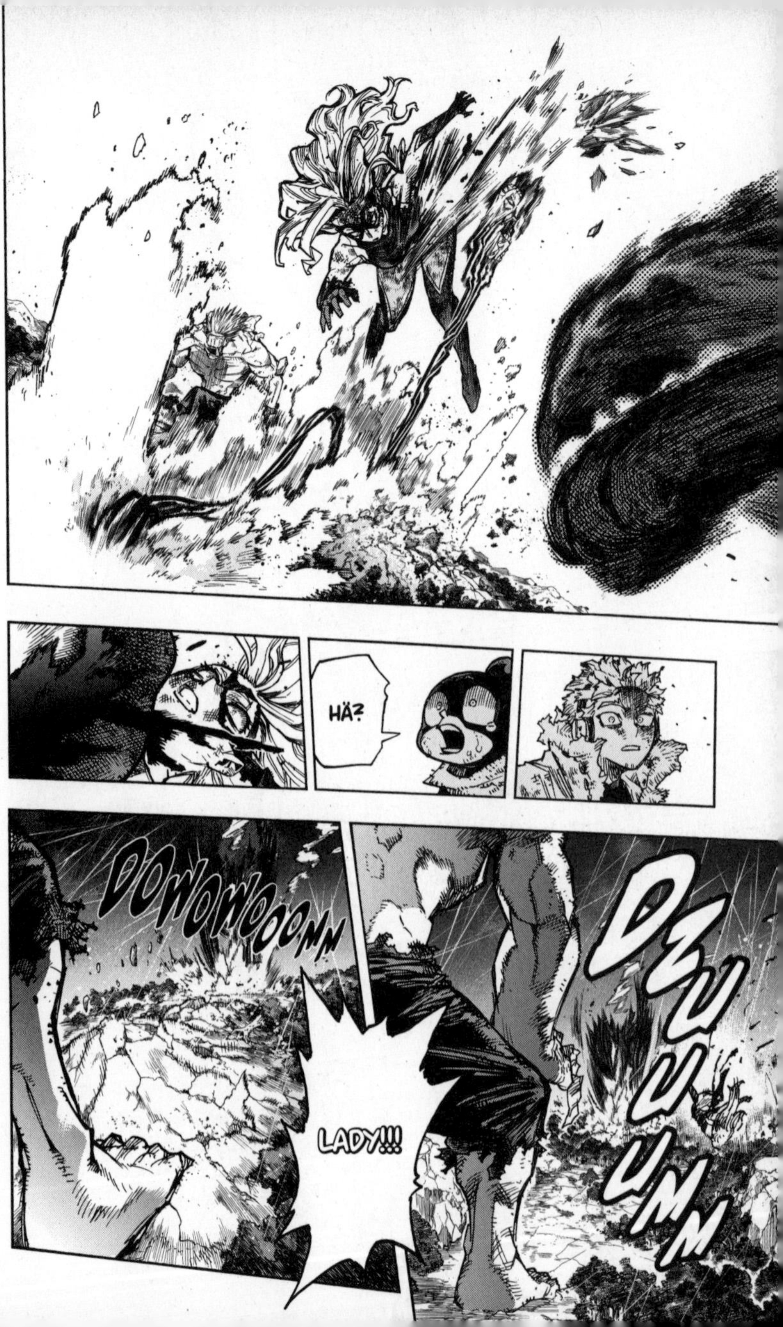

HÄ?
DOWOWOOONN
LADY!!!
DZUUUUMM

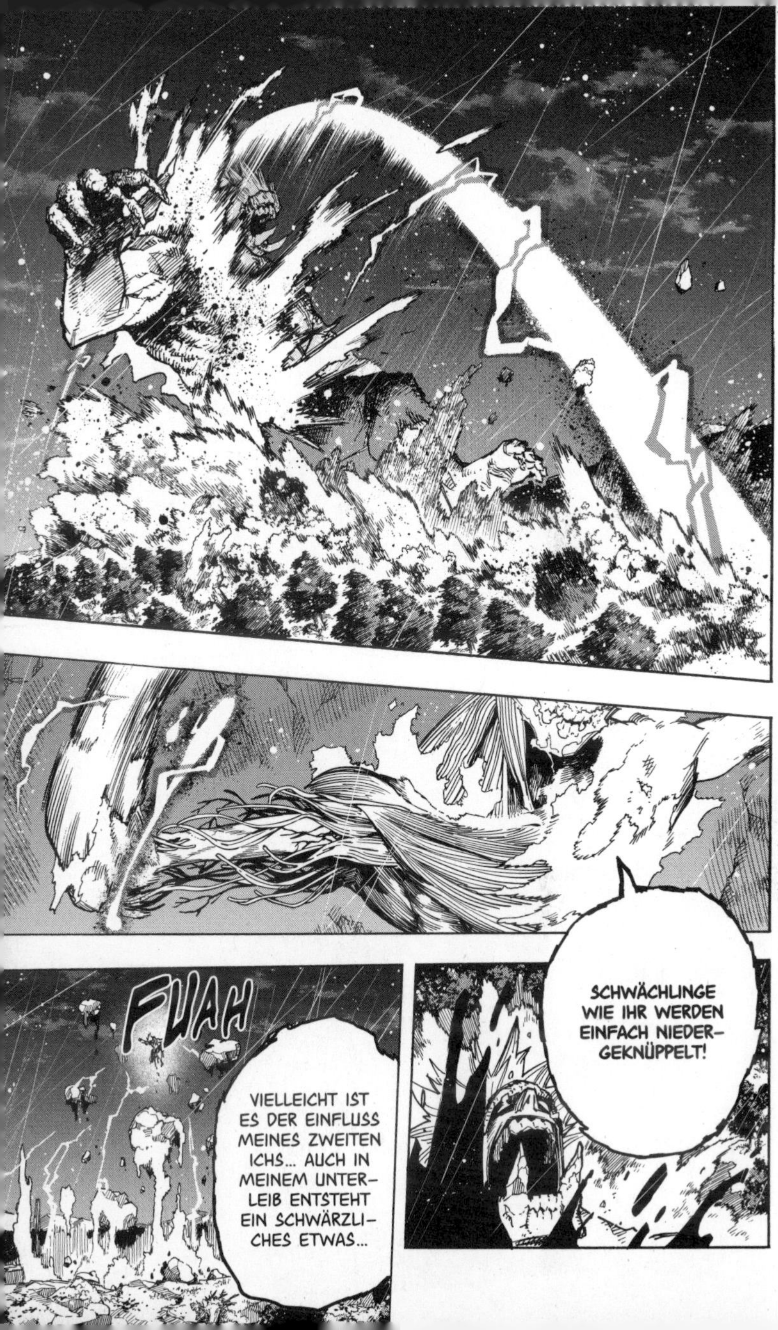
SCHWÄCHLINGE WIE IHR WERDEN EINFACH NIEDER-GEKNÜPPELT!
FUAH
VIELLEICHT IST ES DER EINFLUSS MEINES ZWEITEN ICHS... AUCH IN MEINEM UNTER-LEIB ENTSTEHT EIN SCHWÄRZLICHES ETWAS...

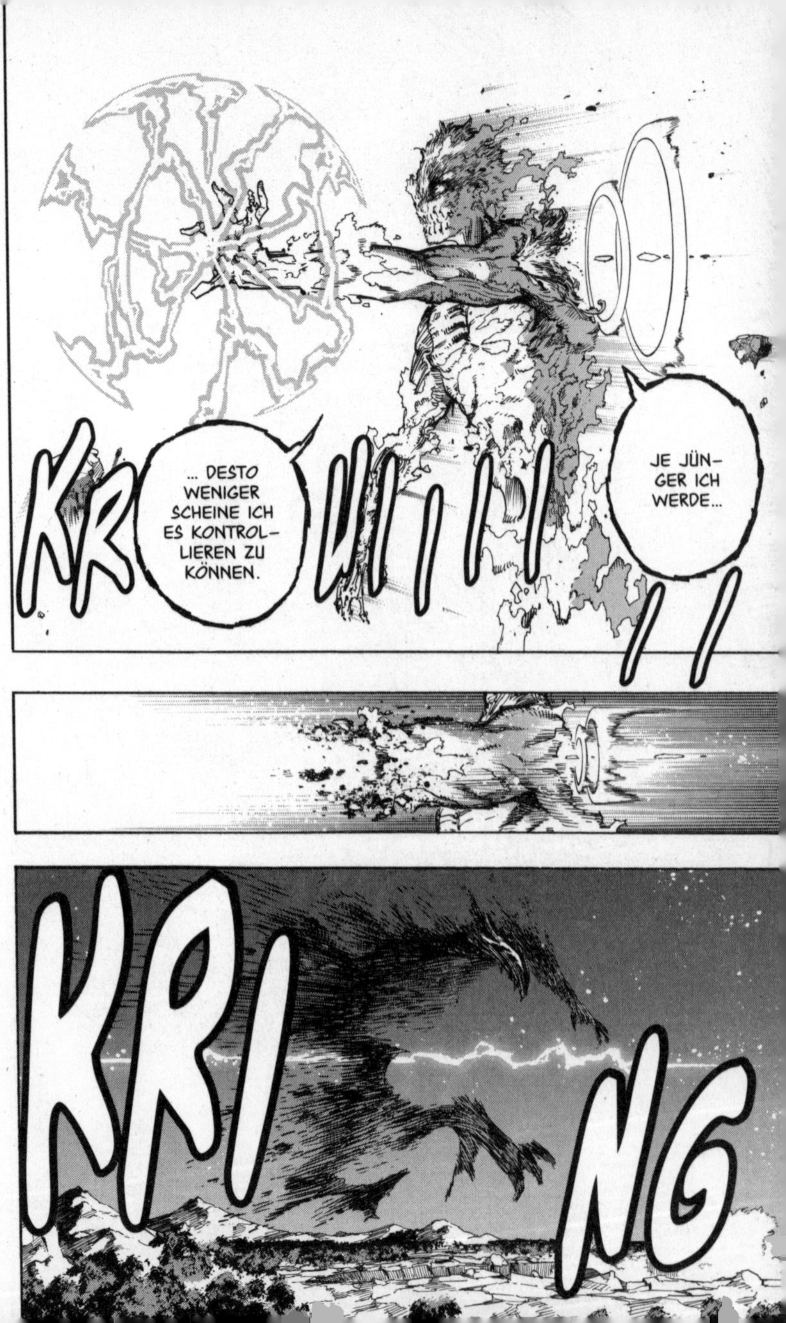
JE JÜNGER ICH WERDE...
... DESTO WENIGER SCHEINE ICH ES KONTROLLIEREN ZU KÖNNEN.
KRING

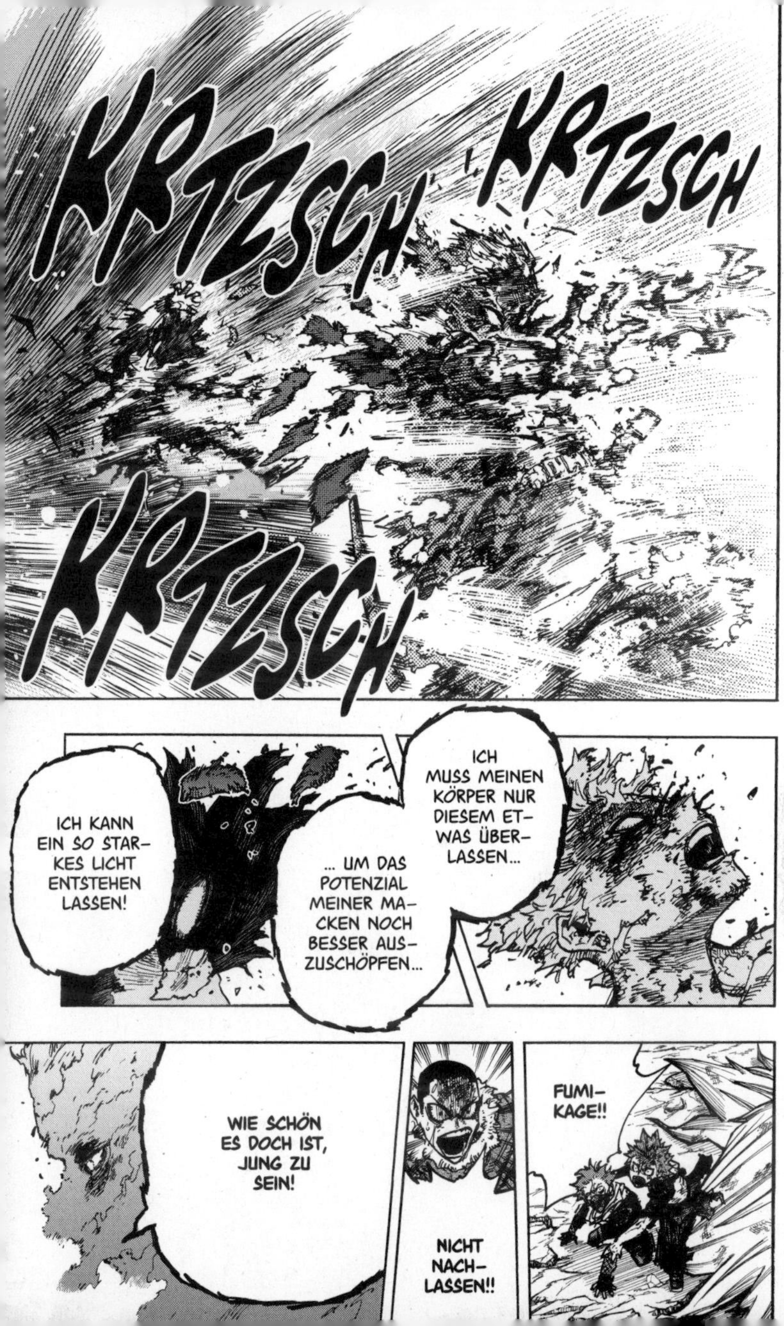
KRTZSCH
KRTZSCH
KRTZSCH
ICH MUSS MEINEN KÖRPER NUR DIESEM ETWAS ÜBERLASSEN...
... UM DAS POTENZIAL MEINER MACKEN NOCH BESSER AUSZUSCHÖPFEN...
ICH KANN EIN SO STARKES LICHT ENTSTEHEN LASSEN!
FUMIKAGE!!
NICHT NACHLASSEN!!
WIE SCHÖN ES DOCH IST, JUNG ZU SEIN!

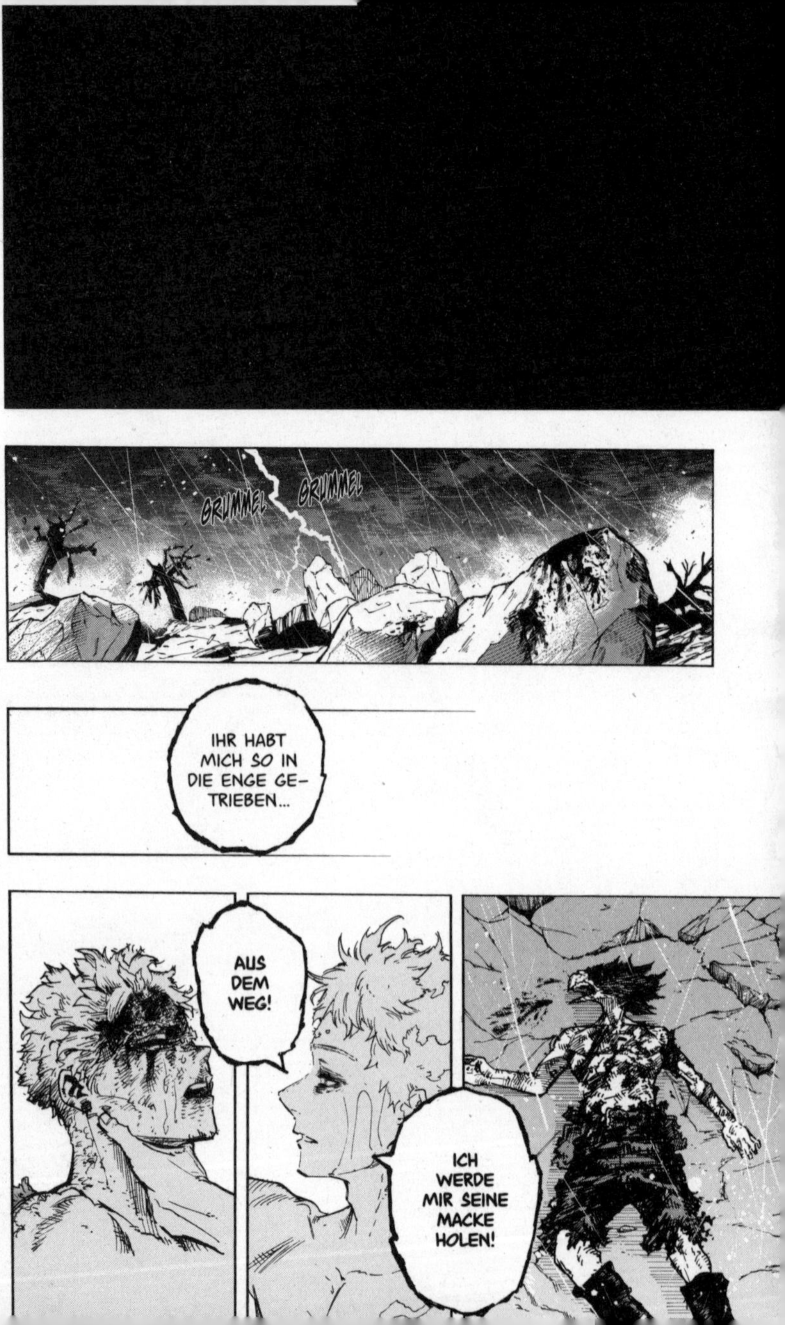
GRUMMEL
GRUMMEL
IHR HABT MICH SO IN DIE ENGE GE-TRIEBEN...
AUS DEM WEG!
ICH WERDE MIR SEINE MACKE HOLEN!

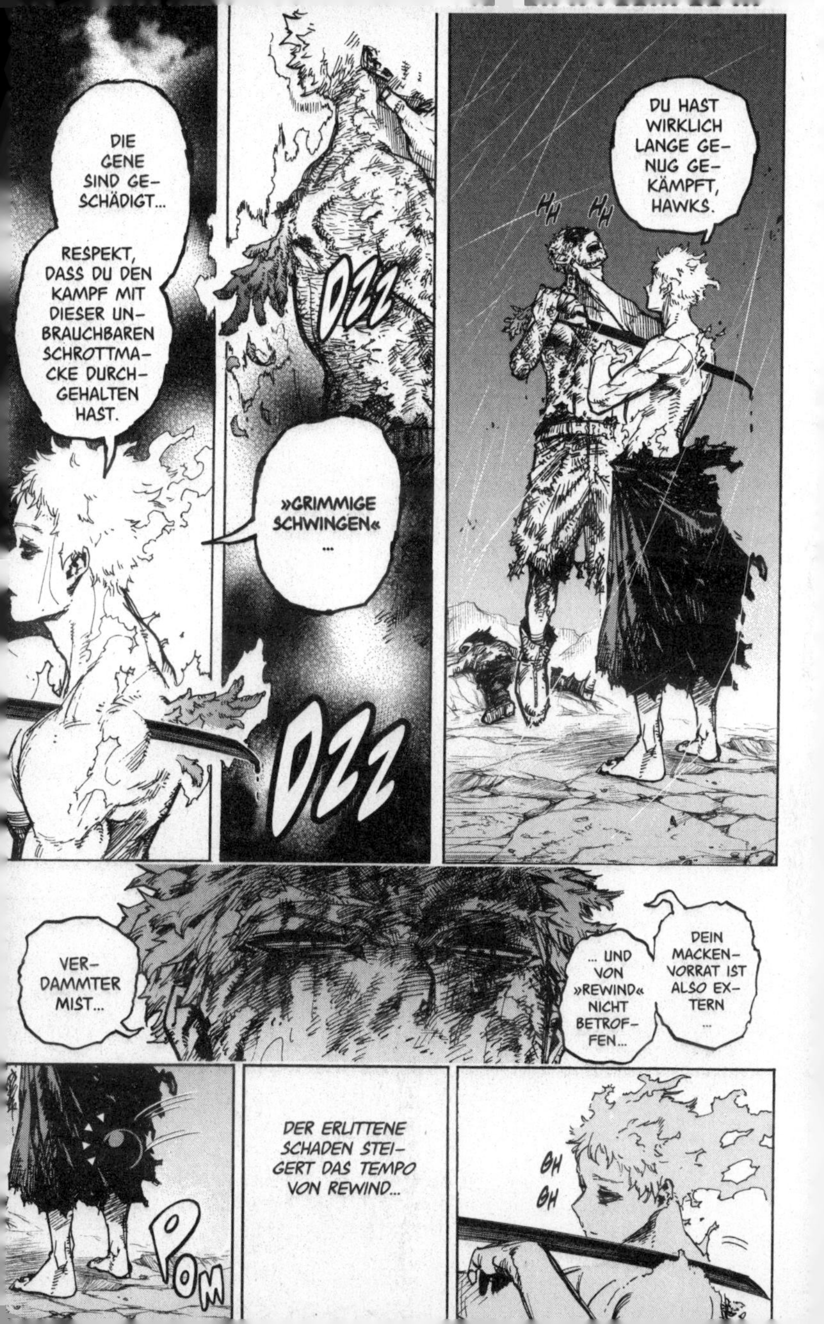
HH HH
DU HAST WIRKLICH LANGE GENUG GEKÄMPFT, HAWKS.
DZZ
DZZ
»GRIMMIGE SCHWINGEN« ...
DIE GENE SIND GESCHÄDIGT...
RESPEKT, DASS DU DEN KAMPF MIT DIESER UNBRAUCHBAREN SCHROTTMACKE DURCHGEHALTEN HAST.
DEIN MACKENVORRAT IST ALSO EXTERN ...
... UND VON »REWIND« NICHT BETROFFEN...
VERDAMMTER MIST...
DER ERLITTENE SCHADEN STEIGERT DAS TEMPO VON REWIND...
POM

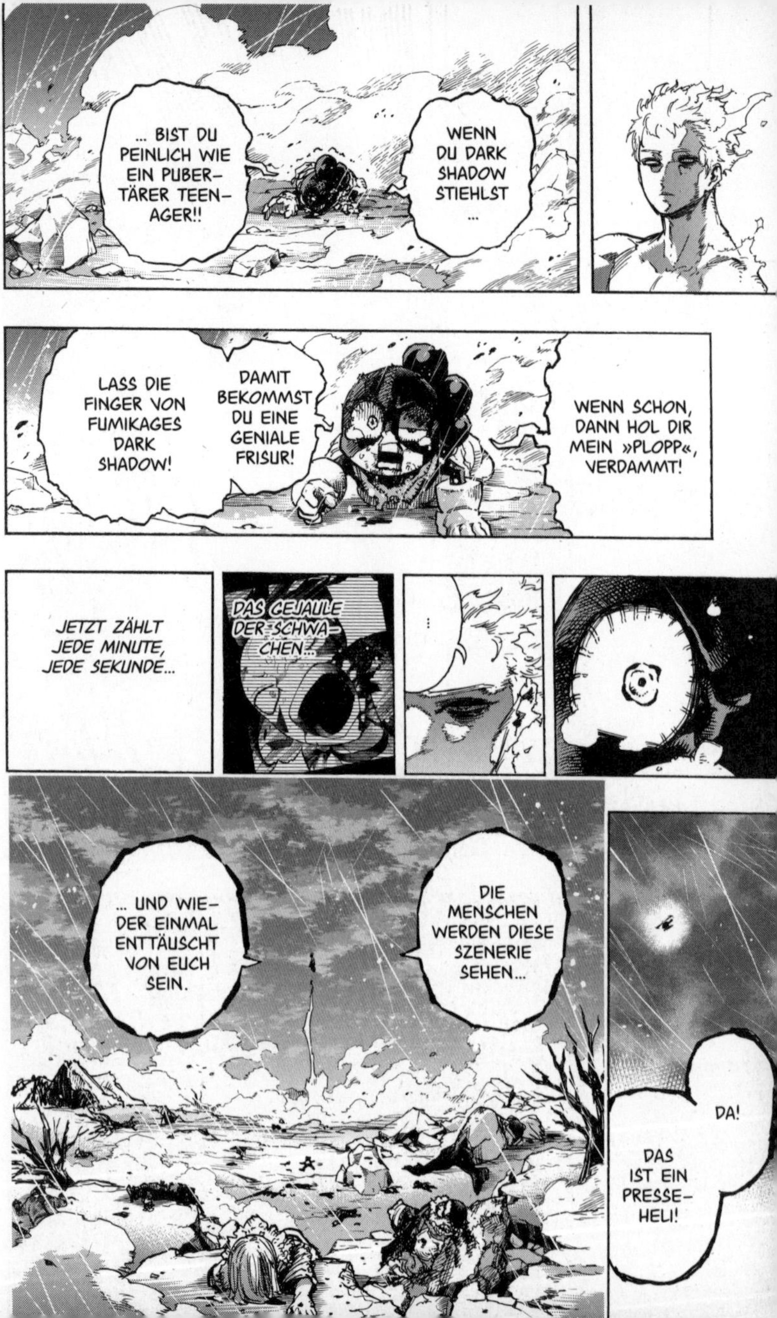

WENN DU DARK SHADOW STIEHLST …
… BIST DU PEINLICH WIE EIN PUBERTÄRER TEENAGER!!
WENN SCHON, DANN HOL DIR MEIN »PLOPP«, VERDAMMT!
DAMIT BEKOMMST DU EINE GENIALE FRISUR!
LASS DIE FINGER VON FUMIKAGES DARK SHADOW!
…
DAS GEJAULE DER SCHWACHEN …
JETZT ZÄHLT JEDE MINUTE, JEDE SEKUNDE …
DA!
DAS IST EIN PRESSEHELI!
DIE MENSCHEN WERDEN DIESE SZENERIE SEHEN …
… UND WIEDER EINMAL ENTTÄUSCHT VON EUCH SEIN.

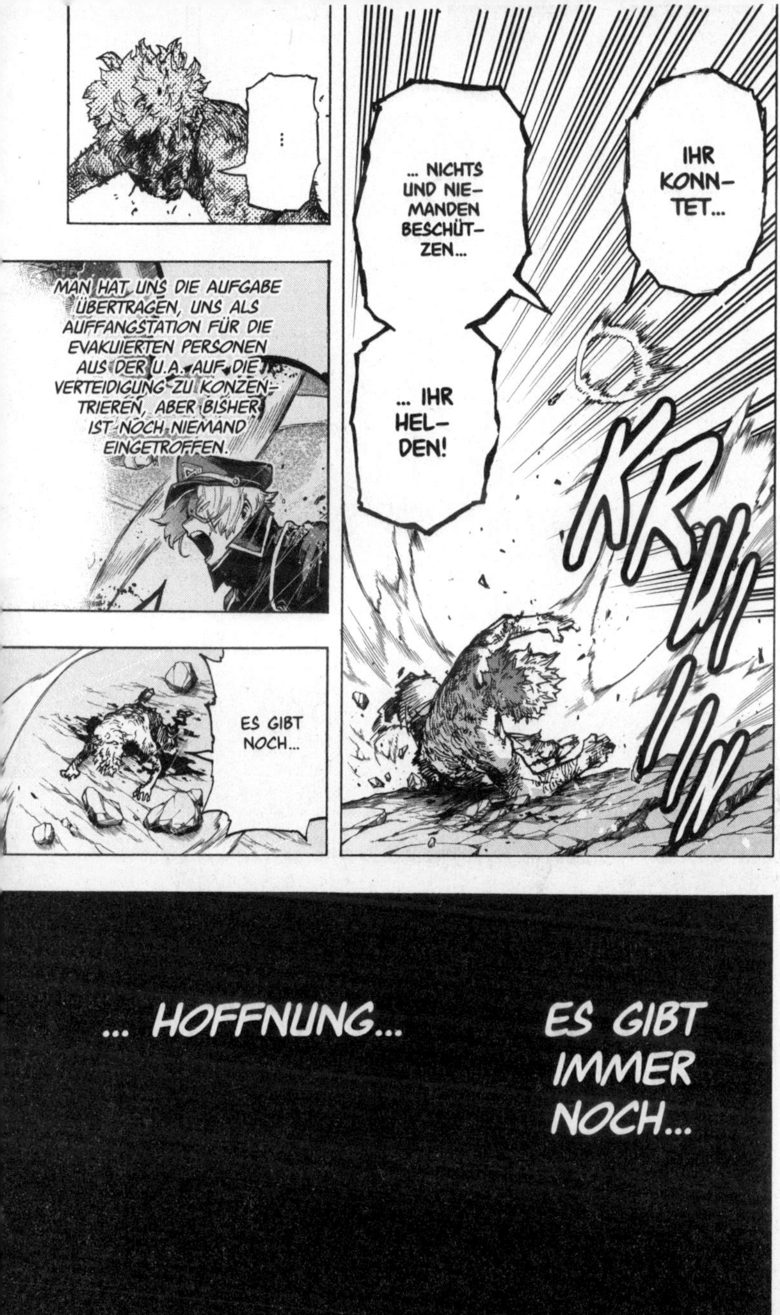
IHR KONNTET...
... NICHTS UND NIEMANDEN BESCHÜTZEN...
... IHR HELDEN!
...
MAN HAT UNS DIE AUFGABE ÜBERTRAGEN, UNS ALS AUFFANGSTATION FÜR DIE EVAKUIERTEN PERSONEN AUS DER U.A. AUF DIE VERTEIDIGUNG ZU KONZENTRIEREN, ABER BISHER IST NOCH NIEMAND EINGETROFFEN.
ES GIBT NOCH...
ES GIBT IMMER NOCH...
... HOFFNUNG...

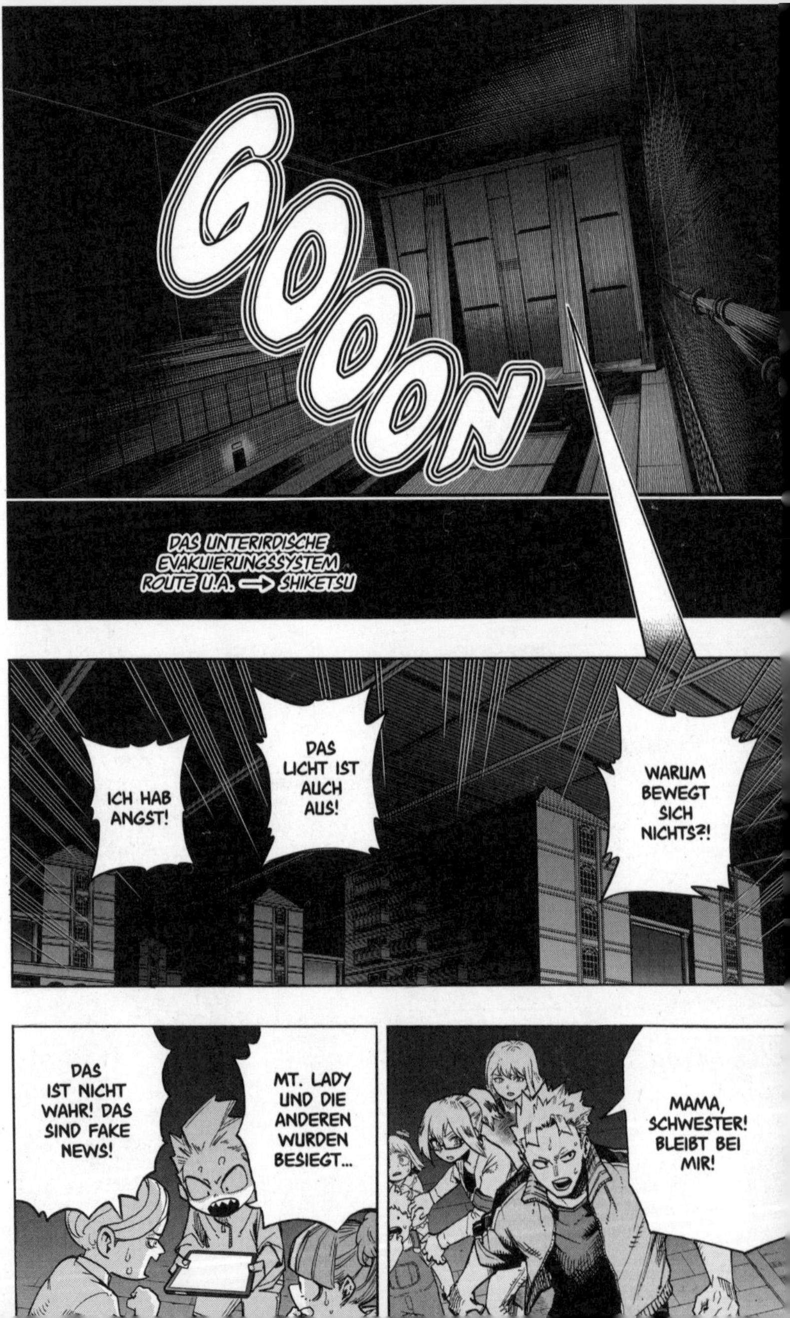
GOOOON
DAS UNTERIRDISCHE EVAKUIERUNGSSYSTEM ROUTE U.A. → SHIKETSU
WARUM BEWEGT SICH NICHTS?!
DAS LICHT IST AUCH AUS!
ICH HAB ANGST!
MAMA, SCHWESTER! BLEIBT BEI MIR!
MT. LADY UND DIE ANDEREN WURDEN BESIEGT...
DAS IST NICHT WAHR! DAS SIND FAKE NEWS!

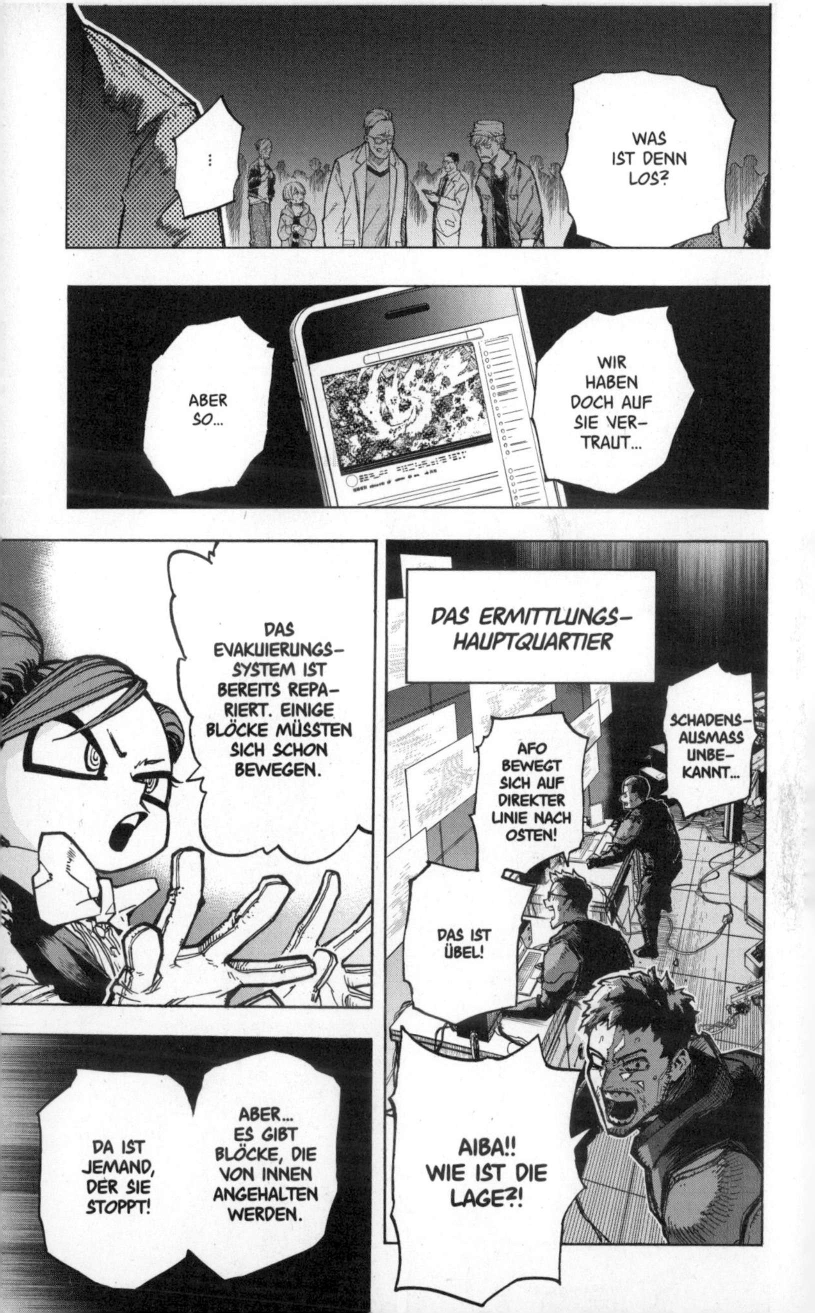
WAS IST DENN LOS?
…
WIR HABEN DOCH AUF SIE VERTRAUT…
ABER SO…
DAS ERMITTLUNGS-HAUPTQUARTIER
SCHADENSAUSMASS UNBEKANNT…
AFO BEWEGT SICH AUF DIREKTER LINIE NACH OSTEN!
DAS IST ÜBEL!
AIBA!! WIE IST DIE LAGE?!
DAS EVAKUIERUNGSSYSTEM IST BEREITS REPARIERT. EINIGE BLÖCKE MÜSSTEN SICH SCHON BEWEGEN.
ABER… ES GIBT BLÖCKE, DIE VON INNEN ANGEHALTEN WERDEN.
DA IST JEMAND, DER SIE STOPPT!

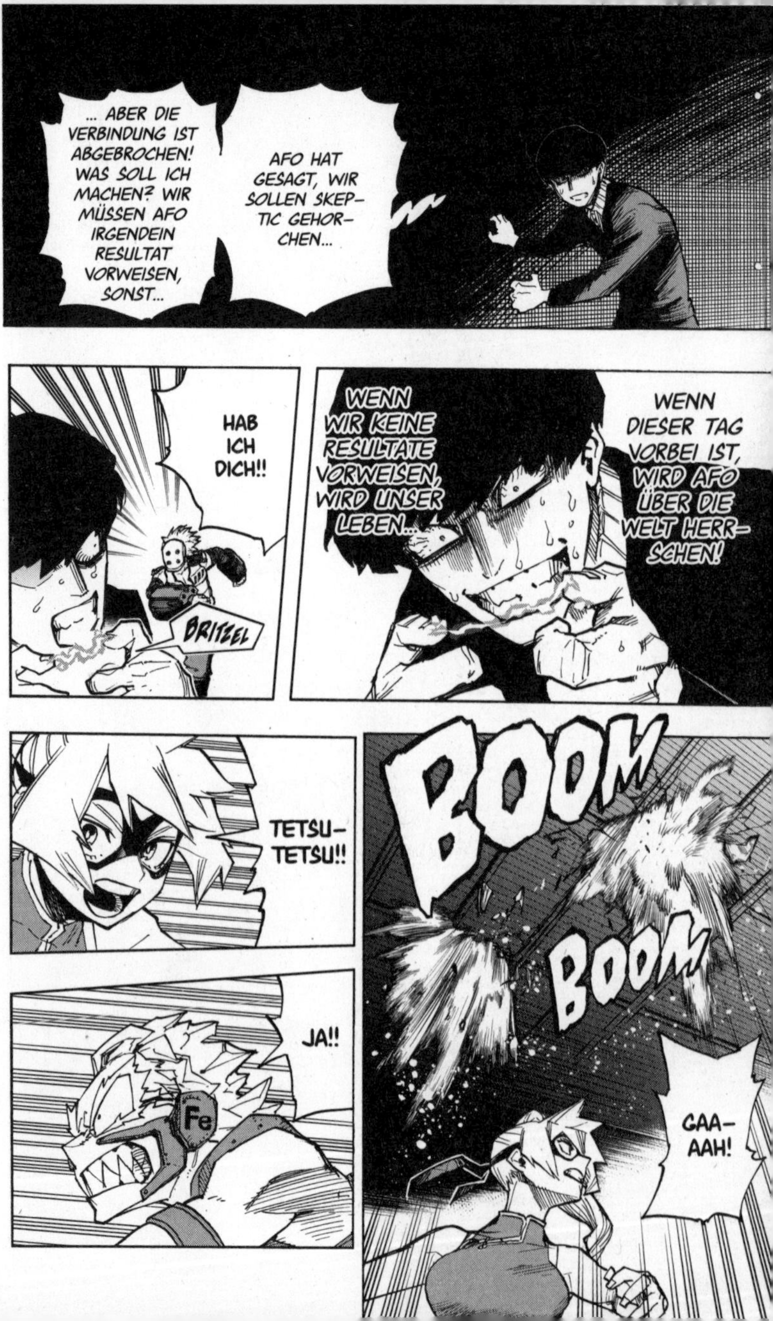
AFO HAT GESAGT, WIR SOLLEN SKEPTIC GEHORCHEN...
... ABER DIE VERBINDUNG IST ABGEBROCHEN! WAS SOLL ICH MACHEN? WIR MÜSSEN AFO IRGENDEIN RESULTAT VORWEISEN, SONST...
WENN DIESER TAG VORBEI IST, WIRD AFO ÜBER DIE WELT HERRSCHEN!
WENN WIR KEINE RESULTATE VORWEISEN, WIRD UNSER LEBEN...
HAB ICH DICH!!
BRITZEL
BOOM
BOOM
GAA-AAH!
TETSU-TETSU!!
JA!!
Fe

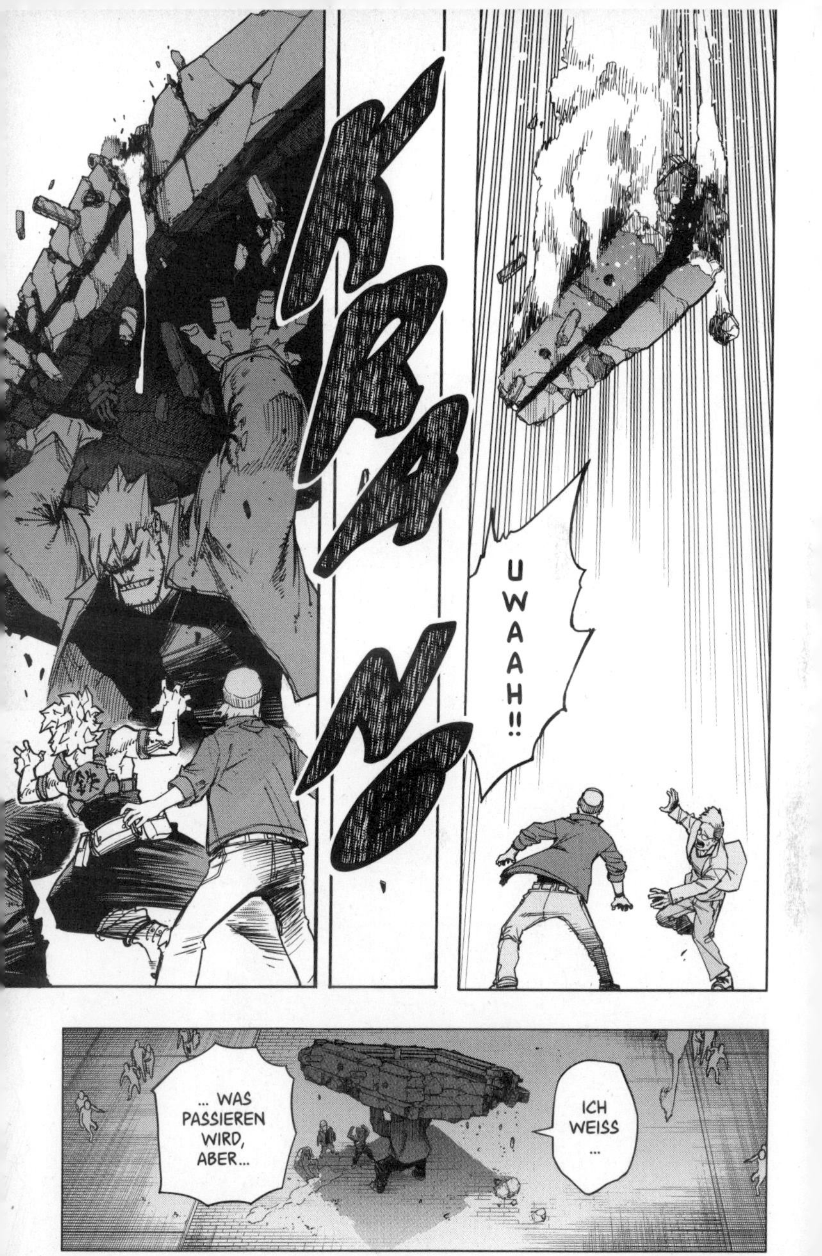
UWAAAH!!
ICH WEISS ...
... WAS PASSIEREN WIRD, ABER...

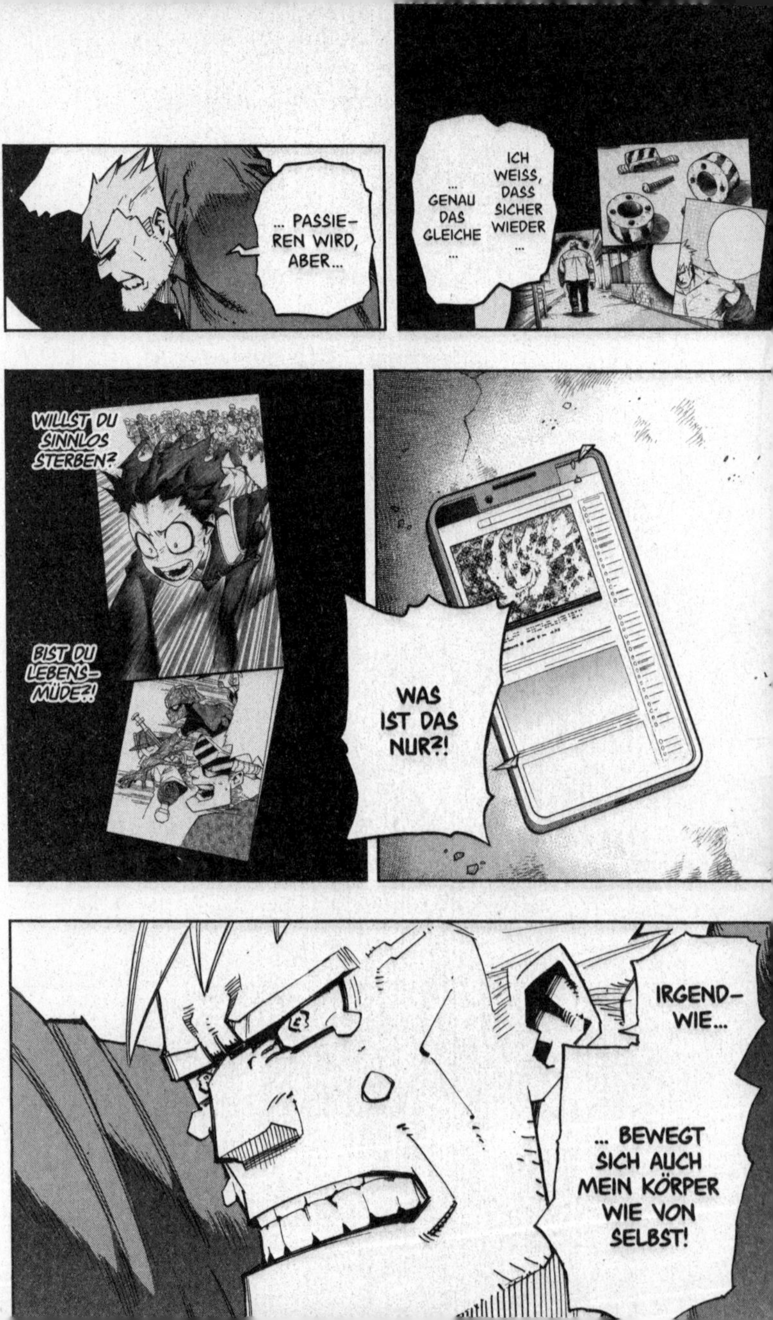
ICH WEISS, DASS SICHER WIEDER ...
... GENAU DAS GLEICHE ...
... PASSIEREN WIRD, ABER...
WAS IST DAS NUR?!
WILLST DU SINNLOS STERBEN?
BIST DU LEBENSMÜDE?!
IRGENDWIE...
... BEWEGT SICH AUCH MEIN KÖRPER WIE VON SELBST!

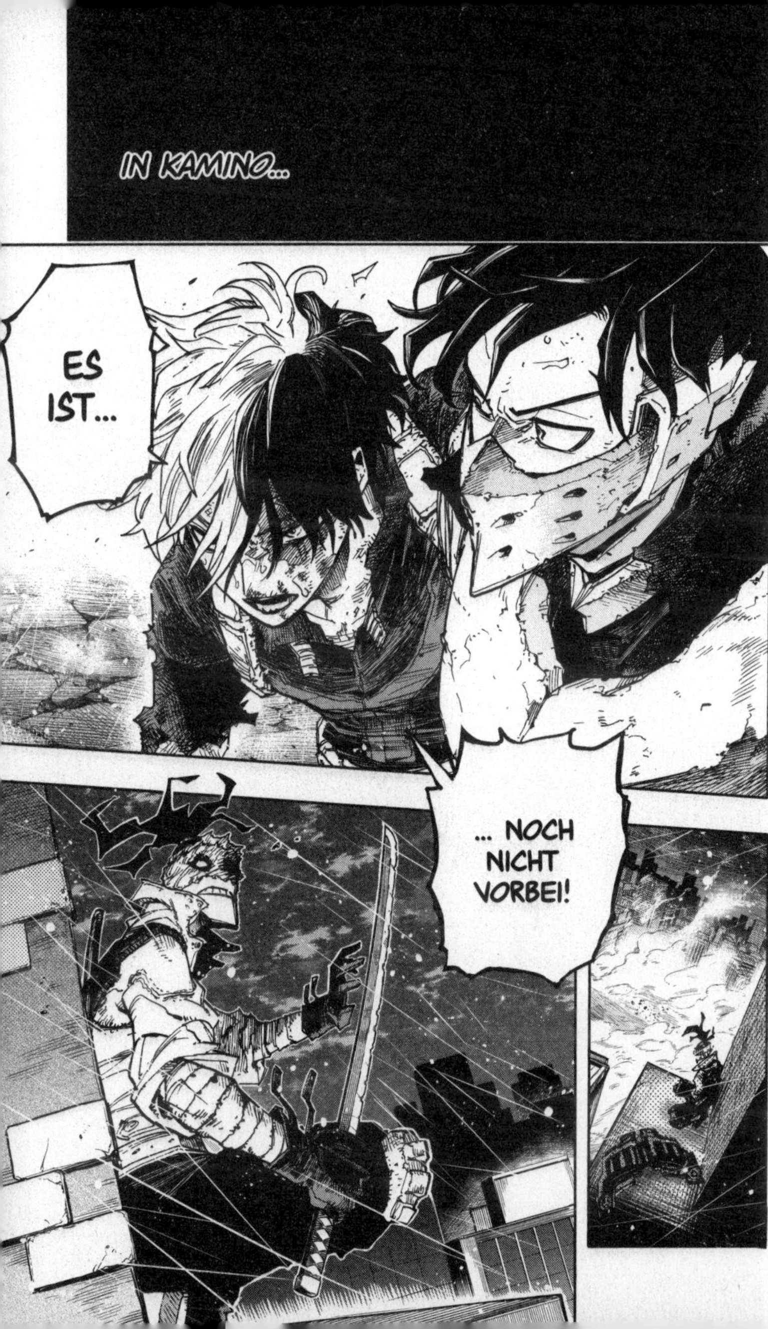
IN KAMINO...
ES IST...
... NOCH NICHT VORBEI!

Destegoro. Dienstältester Held, schon seit Band 1 dabei. Diese Szene ist eine Hommage an die Original-Szene in der ersten Episode des Anime, in der er die Bürger vor herabstürzenden Trümmern beschützt. Im Manga hatte ich diese Szene nicht gezeichnet, aber als ich den Anime sah, dachte ich: »Das muss ich ihn unbedingt auch im Manga tun lassen!« Danke, dass du das Trümmerteil aufgefangen hast, Destegoro.

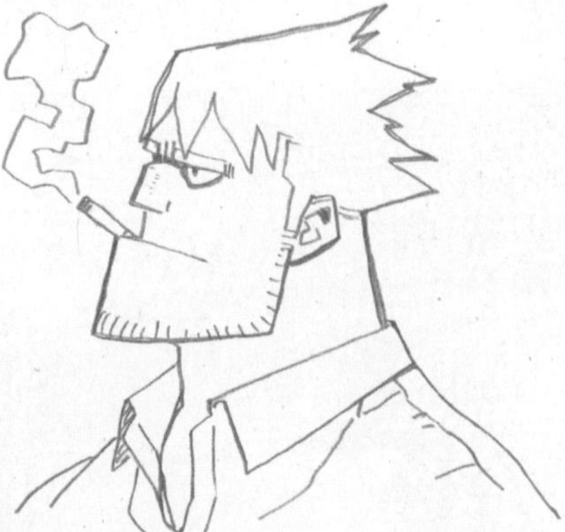

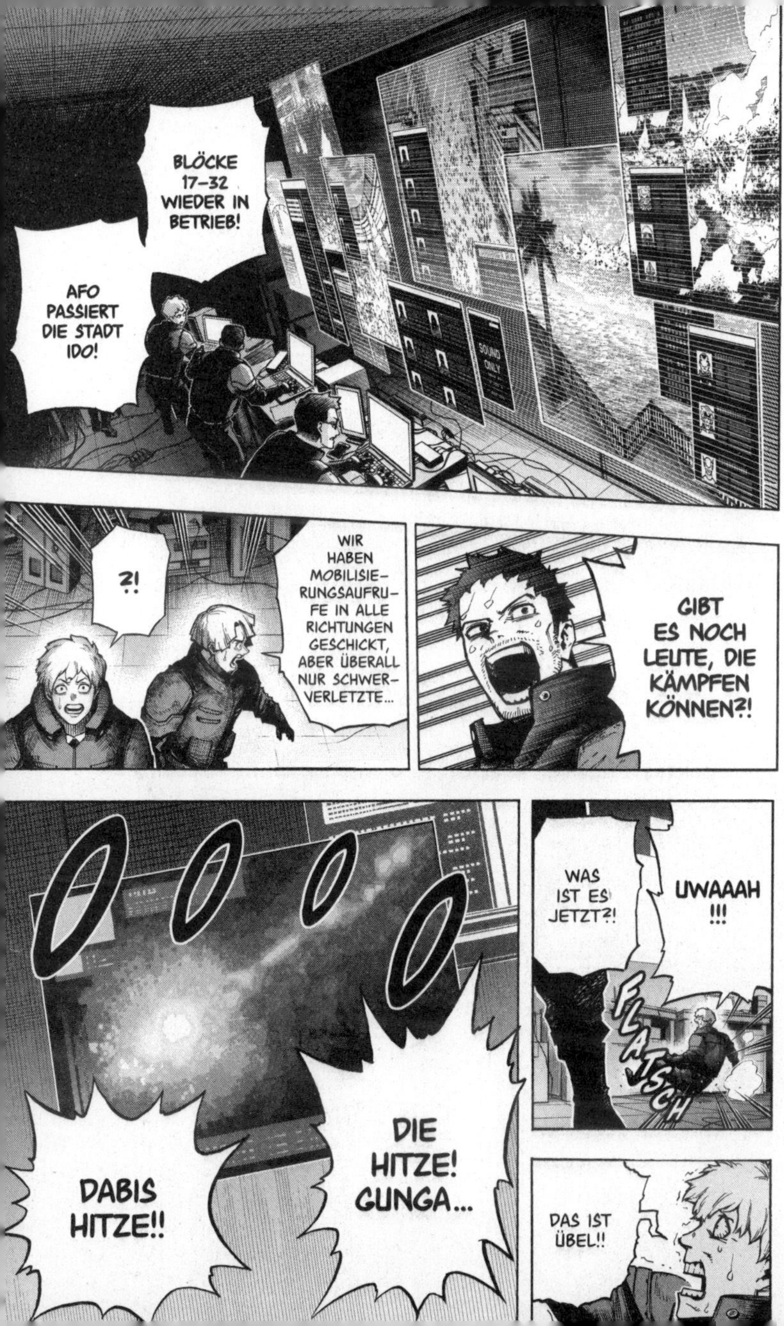
BLÖCKE 17–32 WIEDER IN BETRIEB!
AFO PASSIERT DIE STADT IDO!
SOUND ONLY
GIBT ES NOCH LEUTE, DIE KÄMPFEN KÖNNEN?!
WIR HABEN MOBILISIE-RUNGSAUFRU-FE IN ALLE RICHTUNGEN GESCHICKT, ABER ÜBERALL NUR SCHWER-VERLETZTE...
?!
UWAAAH !!!
WAS IST ES JETZT?!
FLATSCH
DIE HITZE! GUNGA...
DABIS HITZE!!
DAS IST ÜBEL!!

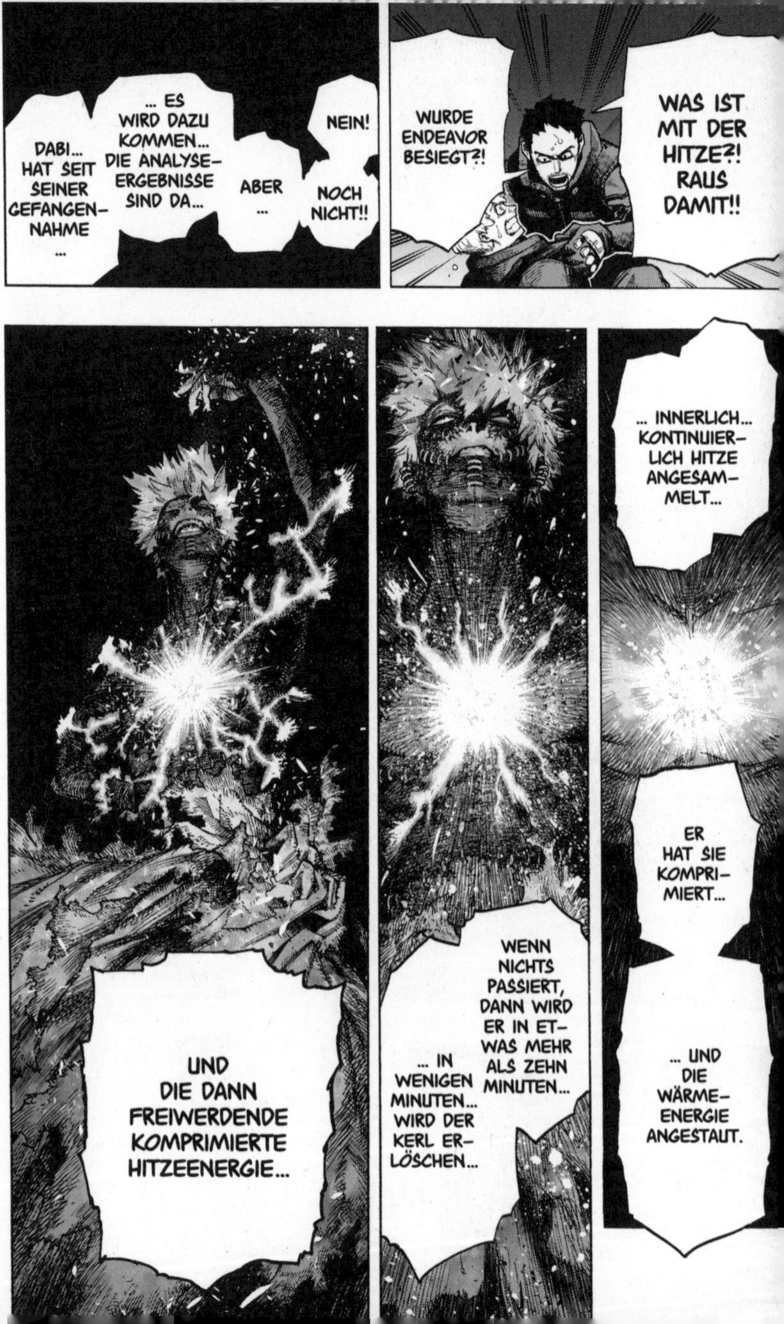
WAS IST MIT DER HITZE?! RAUS DAMIT!!
WURDE ENDEAVOR BESIEGT?!
NEIN!
NOCH NICHT!!
ABER ...
... ES WIRD DAZU KOMMEN... DIE ANALYSE-ERGEBNISSE SIND DA...
DABI... HAT SEIT SEINER GEFANGENNAHME ...
... INNERLICH... KONTINUIERLICH HITZE ANGESAMMELT...
ER HAT SIE KOMPRIMIERT...
... UND DIE WÄRME-ENERGIE ANGESTAUT.
WENN NICHTS PASSIERT, DANN WIRD ER IN ETWAS MEHR ALS ZEHN MINUTEN...
... IN WENIGEN MINUTEN... WIRD DER KERL ERLÖSCHEN...
UND DIE DANN FREIWERDENDE KOMPRIMIERTE HITZEENERGIE...

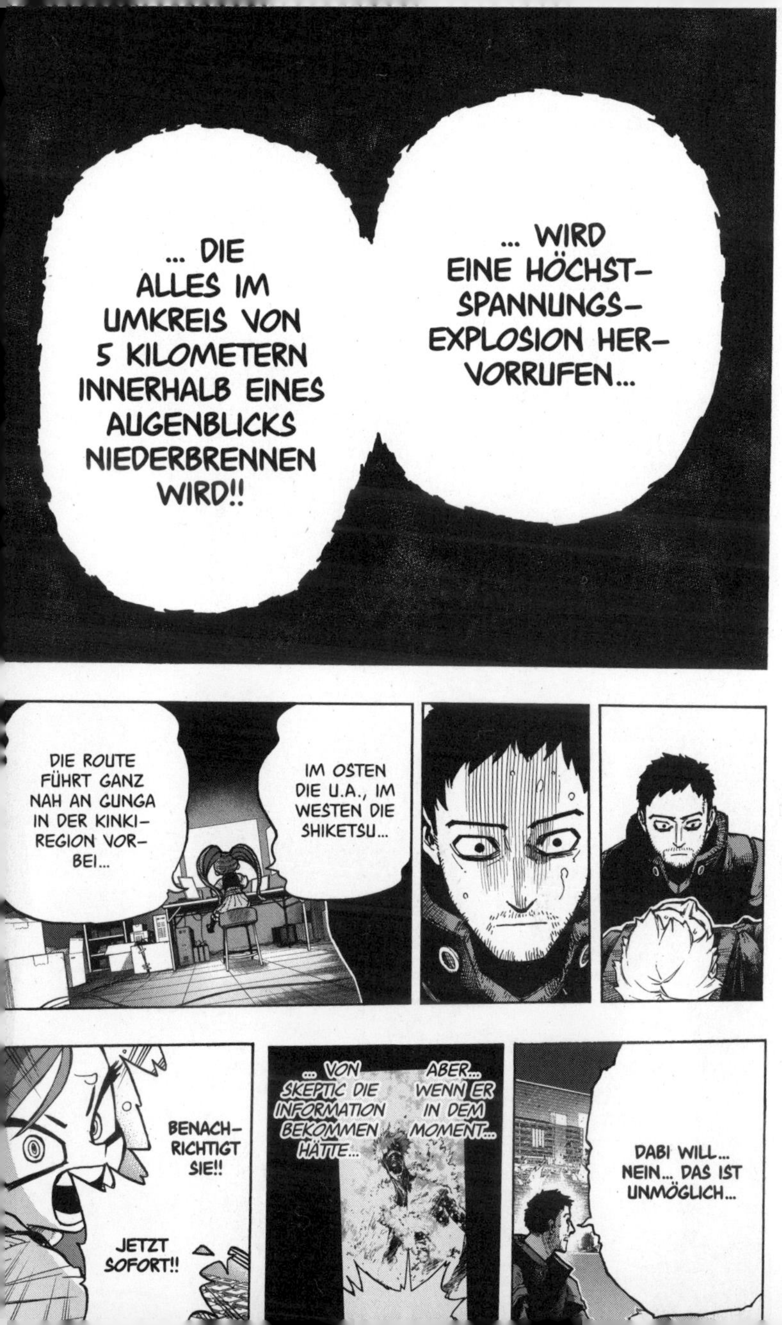
... WIRD EINE HÖCHST-SPANNUNGS-EXPLOSION HER-VORRUFEN...
... DIE ALLES IM UMKREIS VON 5 KILOMETERN INNERHALB EINES AUGENBLICKS NIEDERBRENNEN WIRD!!
IM OSTEN DIE U.A., IM WESTEN DIE SHIKETSU...
DIE ROUTE FÜHRT GANZ NAH AN GUNGA IN DER KINKI-REGION VOR-BEI...
DABI WILL... NEIN... DAS IST UNMÖGLICH...
ABER... WENN ER IN DEM MOMENT...
... VON SKEPTIC DIE INFORMATION BEKOMMEN HÄTTE...
BENACH-RICHTIGT SIE!!
JETZT SOFORT!!

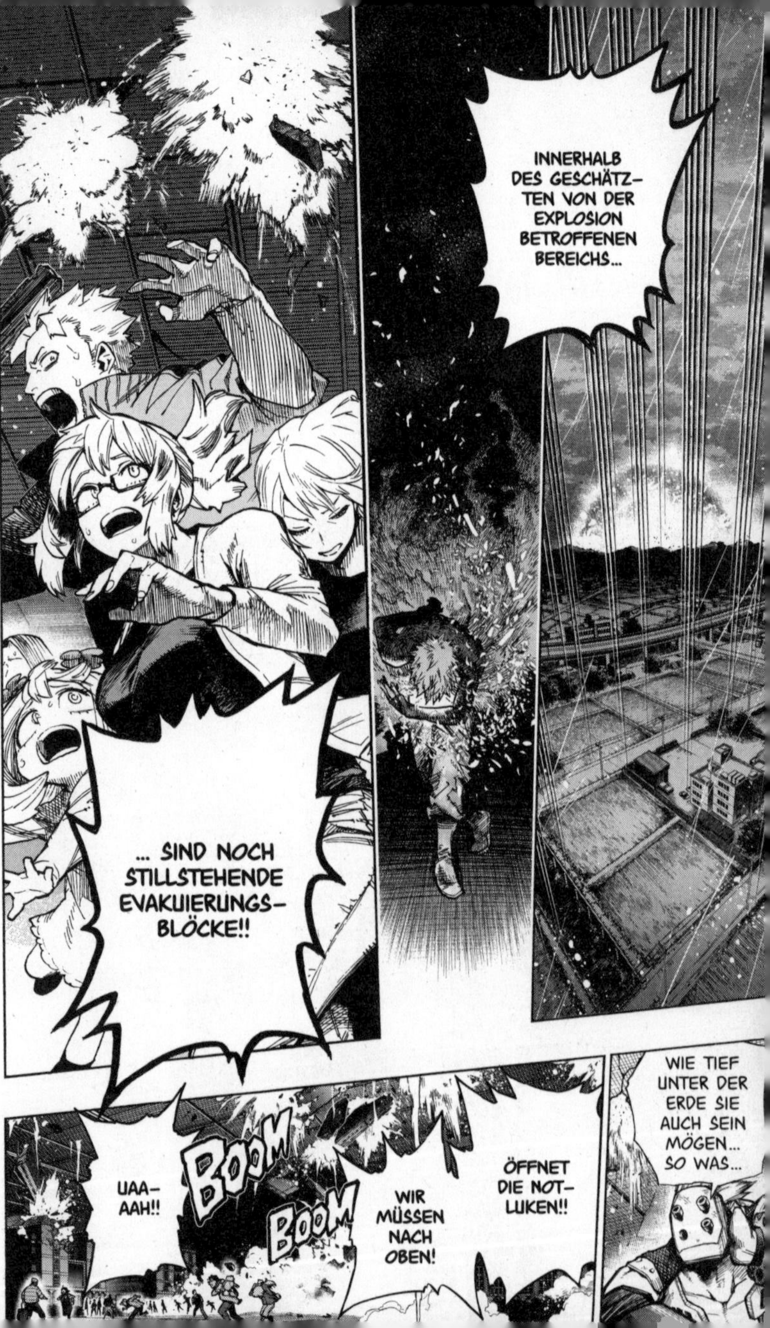
INNERHALB DES GESCHÄTZTEN VON DER EXPLOSION BETROFFENEN BEREICHS...
... SIND NOCH STILLSTEHENDE EVAKUIERUNGSBLÖCKE!!
WIE TIEF UNTER DER ERDE SIE AUCH SEIN MÖGEN... SO WAS...
ÖFFNET DIE NOTLUKEN!!
WIR MÜSSEN NACH OBEN!
BOOM
BOOM
UAAAAH!!

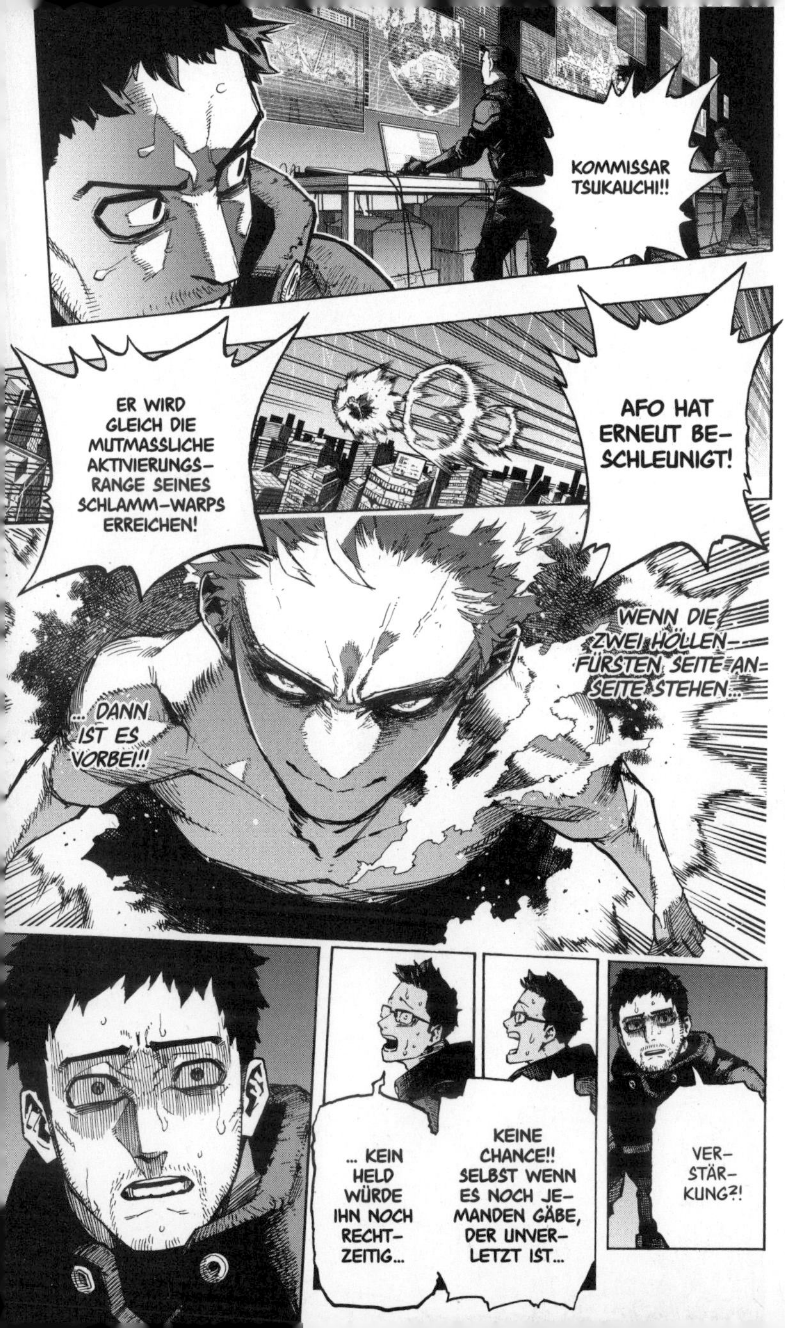
KOMMISSAR TSUKAUCHI!!
AFO HAT ERNEUT BE-SCHLEUNIGT!
ER WIRD GLEICH DIE MUTMASSLICHE AKTIVIERUNGS-RANGE SEINES SCHLAMM-WARPS ERREICHEN!
WENN DIE ZWEI HÖLLEN-FÜRSTEN SEITE AN SEITE STEHEN...
... DANN IST ES VORBEI!!
VER-STÄR-KUNG?!
KEINE CHANCE!! SELBST WENN ES NOCH JE-MANDEN GÄBE, DER UNVER-LETZT IST...
... KEIN HELD WÜRDE IHN NOCH RECHT-ZEITIG...

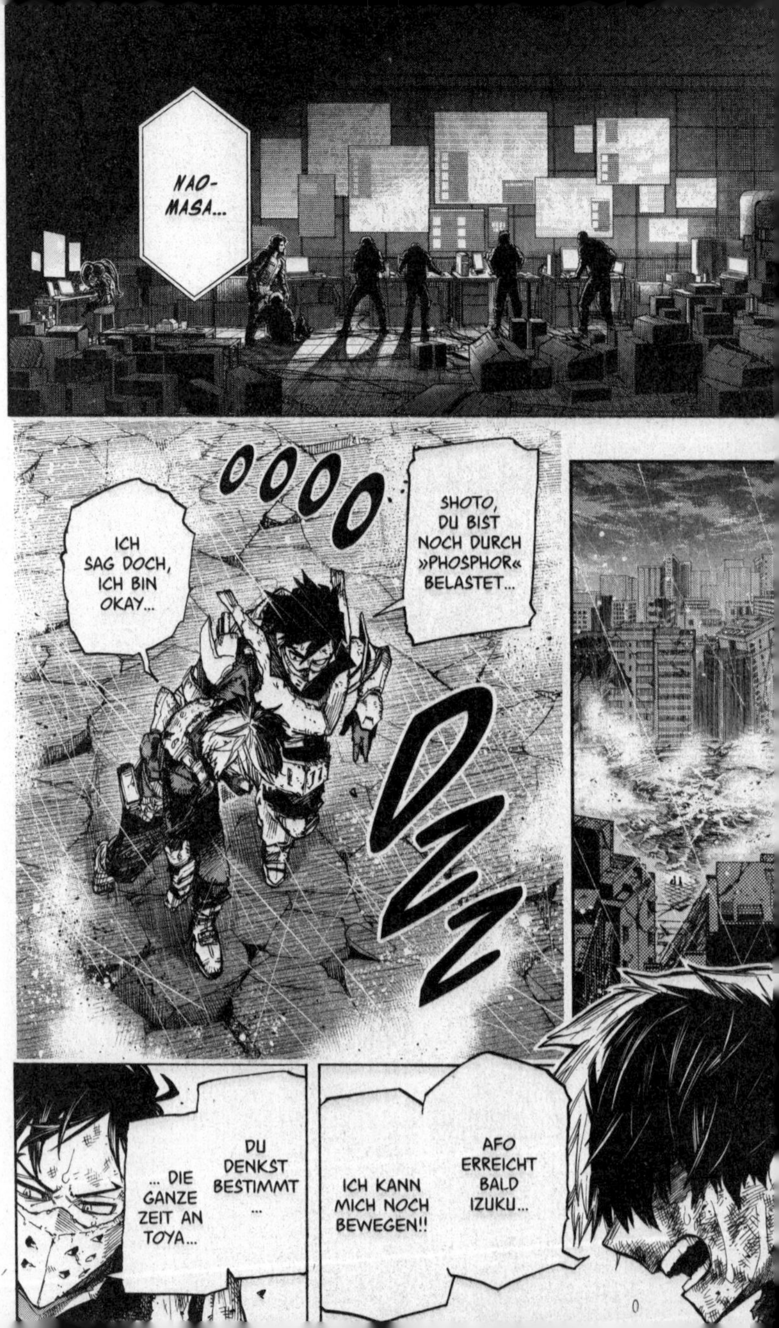
NAO-MASA...
SHOTO, DU BIST NOCH DURCH »PHOSPHOR« BELASTET...
ICH SAG DOCH, ICH BIN OKAY...
AFO ERREICHT BALD IZUKU...
ICH KANN MICH NOCH BEWEGEN!!
DU DENKST BESTIMMT ...
... DIE GANZE ZEIT AN TOYA...

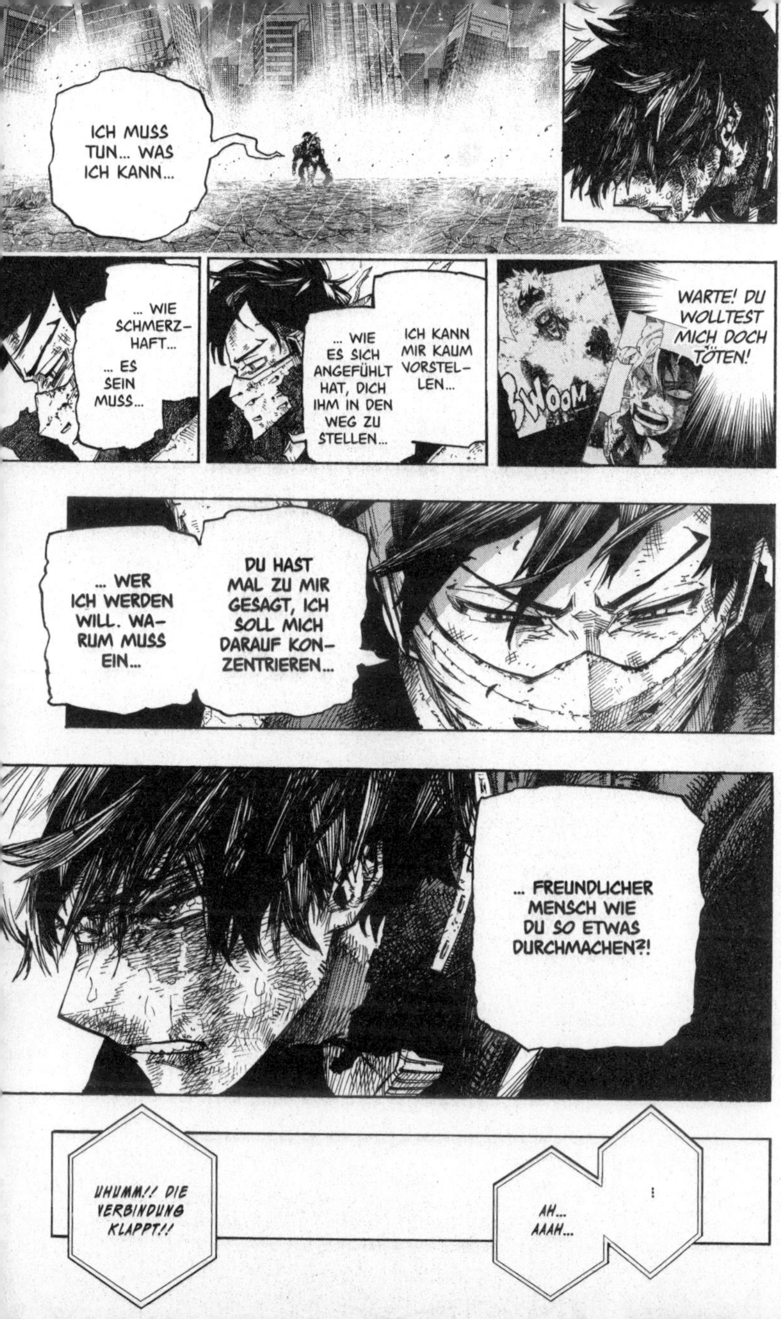
ICH MUSS TUN... WAS ICH KANN...
... WIE SCHMERZHAFT...
... ES SEIN MUSS...
ICH KANN MIR KAUM VORSTELLEN...
... WIE ES SICH ANGEFÜHLT HAT, DICH IHM IN DEN WEG ZU STELLEN...
WARTE! DU WOLLTEST MICH DOCH TÖTEN!
BWOOM
DU HAST MAL ZU MIR GESAGT, ICH SOLL MICH DARAUF KONZENTRIEREN...
... WER ICH WERDEN WILL. WARUM MUSS EIN...
... FREUNDLICHER MENSCH WIE DU SO ETWAS DURCHMACHEN?!
:
AH... AAAH...
UHUMM!! DIE VERBINDUNG KLAPPT!!

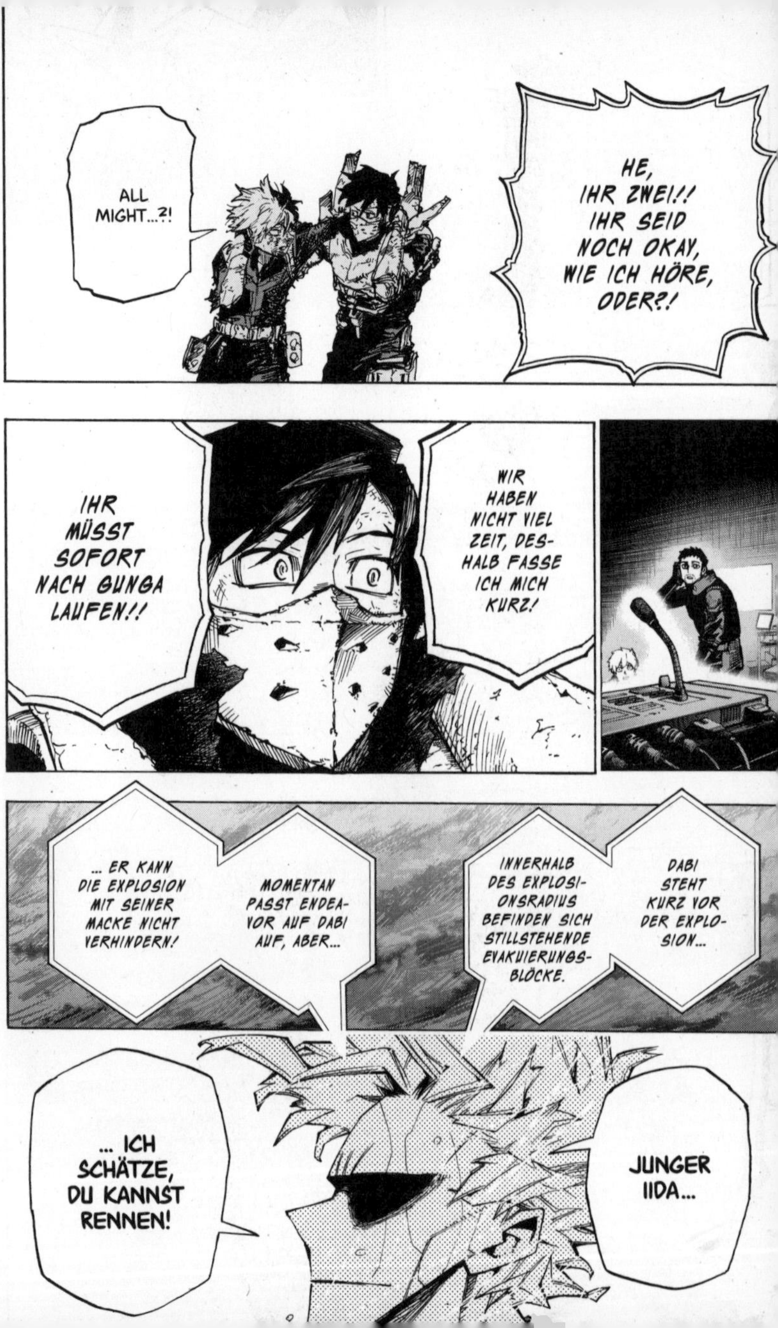
HE, IHR ZWEI!! IHR SEID NOCH OKAY, WIE ICH HÖRE, ODER?!
ALL MIGHT...?!
WIR HABEN NICHT VIEL ZEIT, DESHALB FASSE ICH MICH KURZ!
IHR MÜSST SOFORT NACH GUNGA LAUFEN!!
DABI STEHT KURZ VOR DER EXPLOSION...
INNERHALB DES EXPLOSIONSRADIUS BEFINDEN SICH STILLSTEHENDE EVAKUIERUNGSBLÖCKE.
MOMENTAN PASST ENDEAVOR AUF DABI AUF, ABER...
... ER KANN DIE EXPLOSION MIT SEINER MACKE NICHT VERHINDERN!
JUNGER IIDA...
... ICH SCHÄTZE, DU KANNST RENNEN!

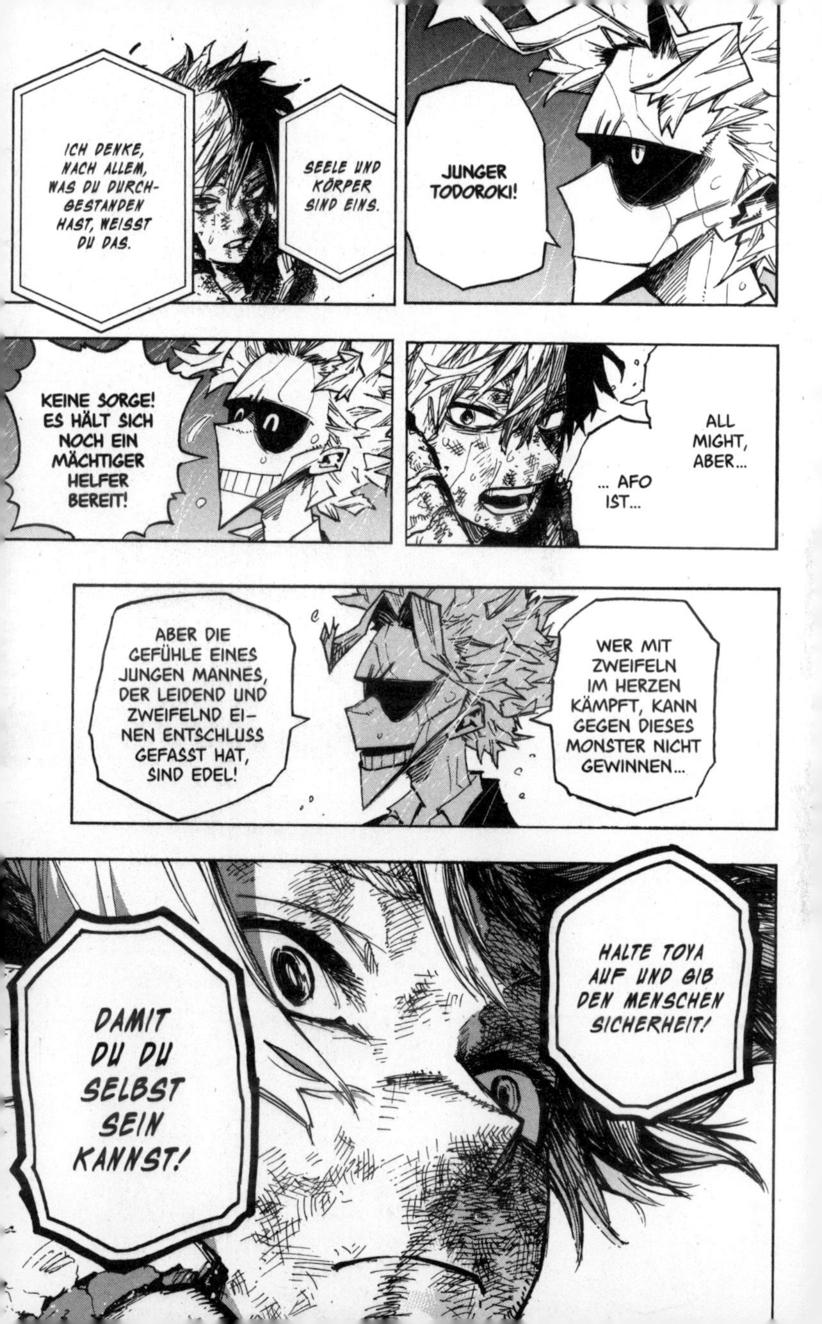

JUNGER TODOROKI!
SEELE UND KÖRPER SIND EINS.
ICH DENKE, NACH ALLEM, WAS DU DURCH-GESTANDEN HAST, WEISST DU DAS.
ALL MIGHT, ABER...
... AFO IST...
KEINE SORGE! ES HÄLT SICH NOCH EIN MÄCHTIGER HELFER BEREIT!
WER MIT ZWEIFELN IM HERZEN KÄMPFT, KANN GEGEN DIESES MONSTER NICHT GEWINNEN...
ABER DIE GEFÜHLE EINES JUNGEN MANNES, DER LEIDEND UND ZWEIFELND EI-NEN ENTSCHLUSS GEFASST HAT, SIND EDEL!
HALTE TOYA AUF UND GIB DEN MENSCHEN SICHERHEIT!
DAMIT DU DU SELBST SEIN KANNST!

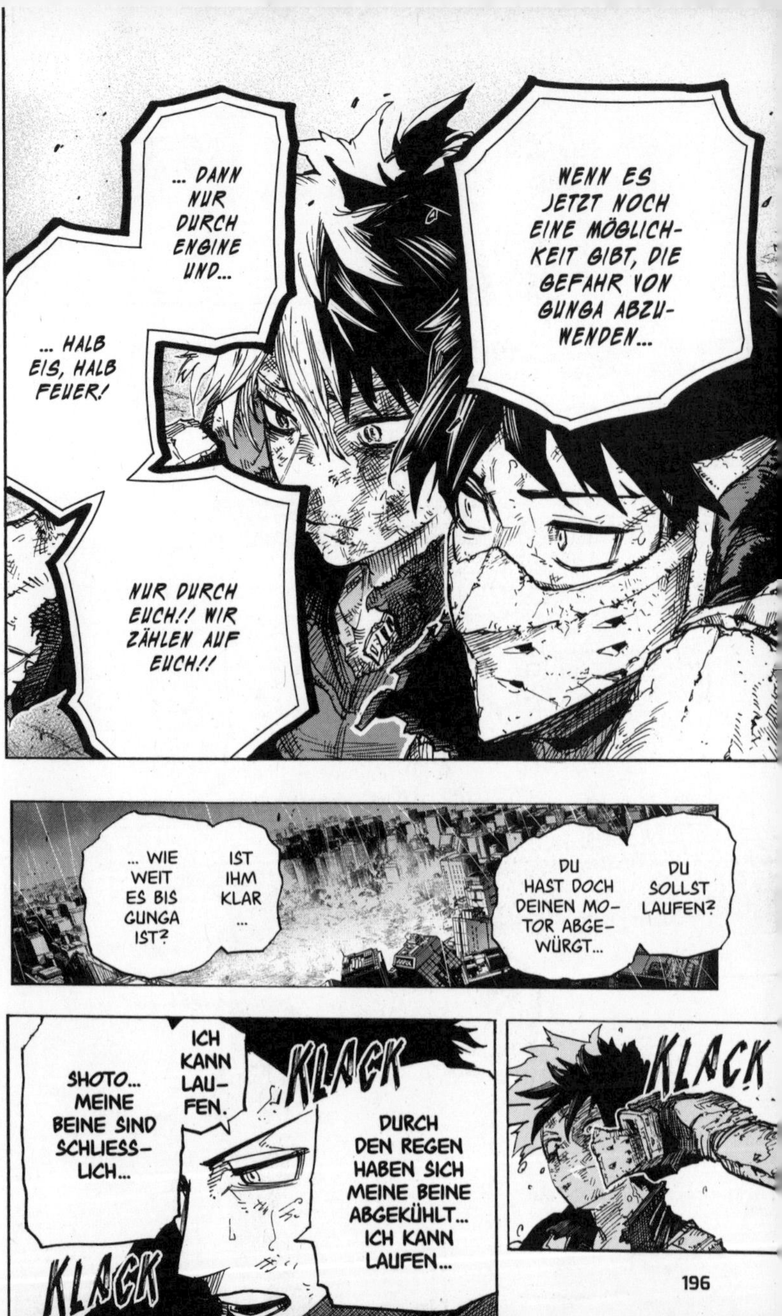
WENN ES JETZT NOCH EINE MÖGLICH-KEIT GIBT, DIE GEFAHR VON GUNGA ABZU-WENDEN...
... DANN NUR DURCH ENGINE UND...
... HALB EIS, HALB FEUER!
NUR DURCH EUCH!! WIR ZÄHLEN AUF EUCH!!
DU SOLLST LAUFEN?
DU HAST DOCH DEINEN MO-TOR ABGE-WÜRGT...
IST IHM KLAR ...
... WIE WEIT ES BIS GUNGA IST?
KLACK
ICH KANN LAU-FEN.
KLACK
SHOTO... MEINE BEINE SIND SCHLIESS-LICH...
DURCH DEN REGEN HABEN SICH MEINE BEINE ABGEKÜHLT... ICH KANN LAUFEN...
KLACK

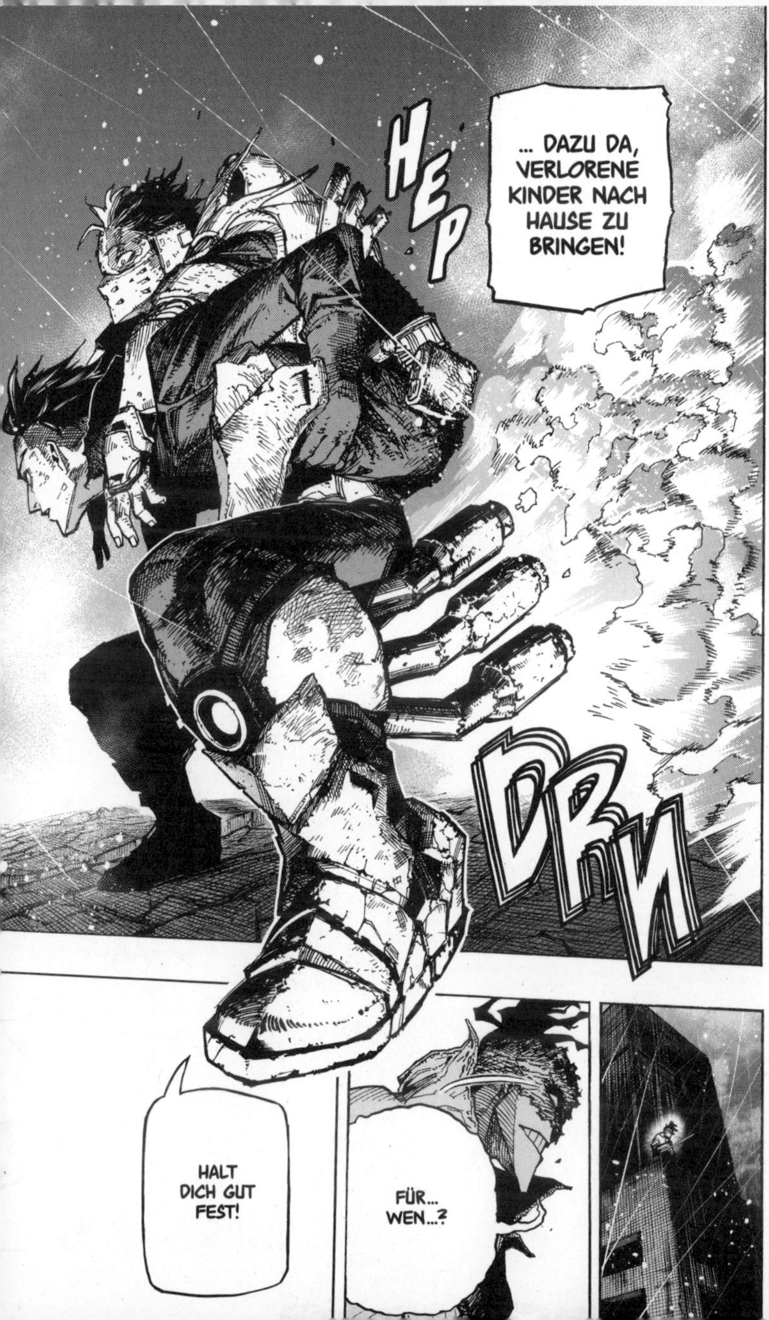
... DAZU DA, VERLORENE KINDER NACH HAUSE ZU BRINGEN!
HEP
FÜR... WEN...?
HALT DICH GUT FEST!

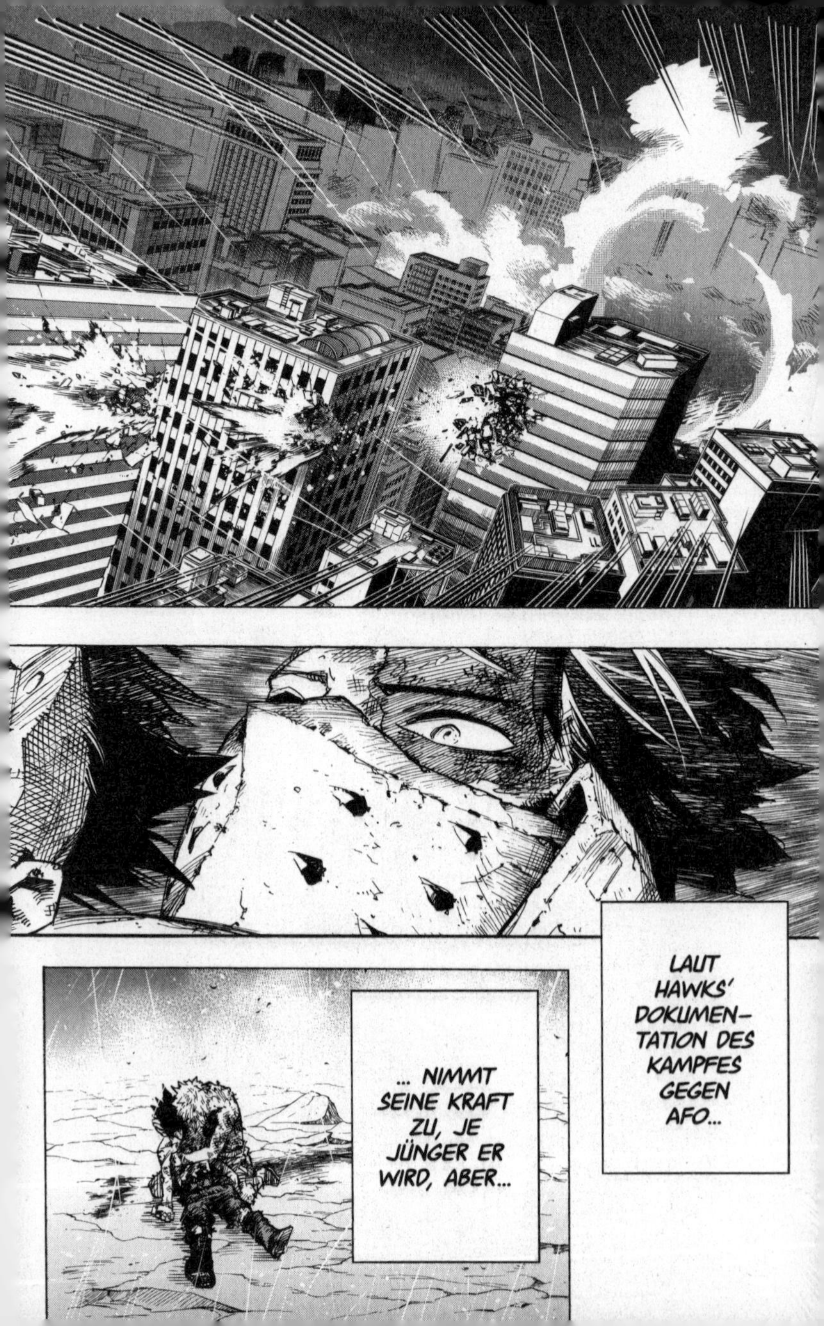
LAUT HAWKS' DOKUMENTATION DES KAMPFES GEGEN AFO...
... NIMMT SEINE KRAFT ZU, JE JÜNGER ER WIRD, ABER...

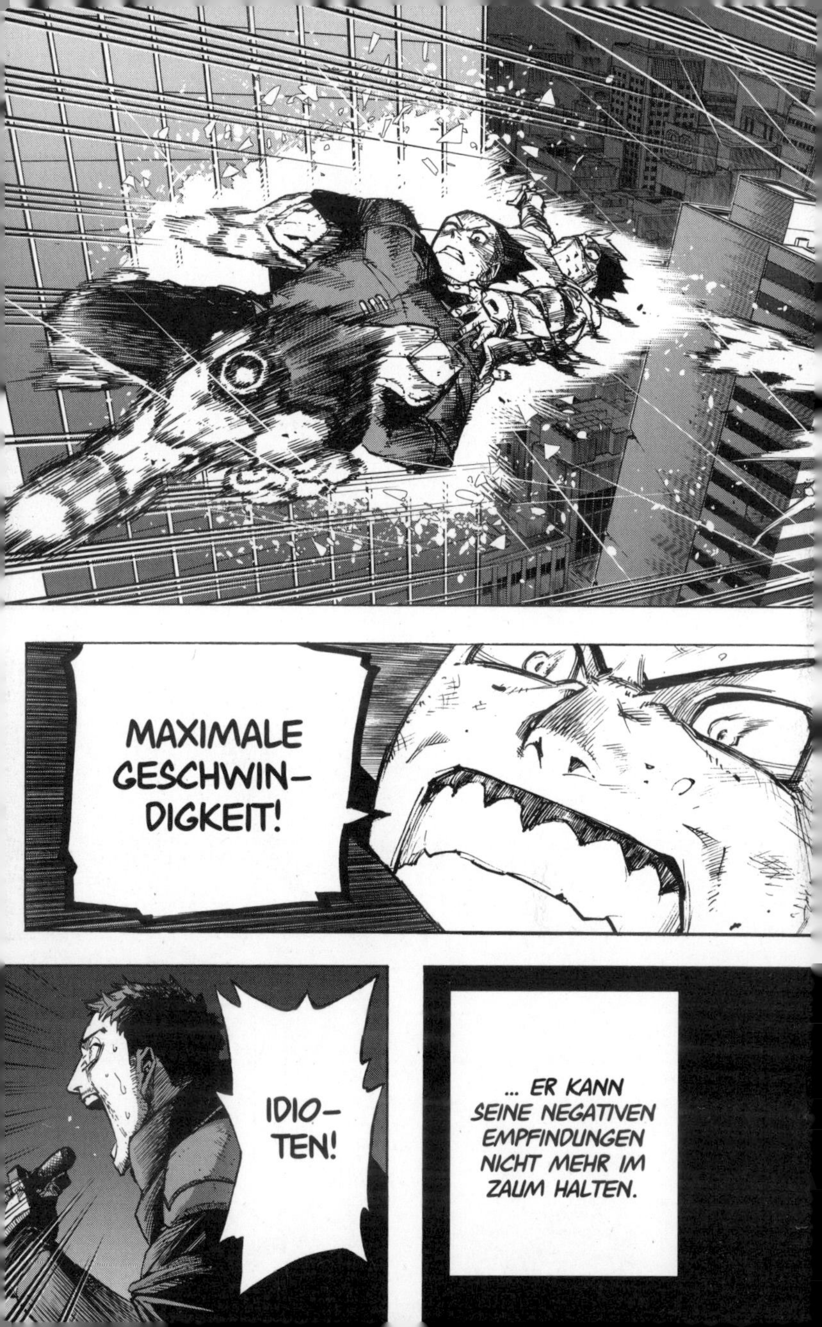
MAXIMALE GESCHWIN-DIGKEIT!
... ER KANN SEINE NEGATIVEN EMPFINDUNGEN NICHT MEHR IM ZAUM HALTEN.
IDIO-TEN!

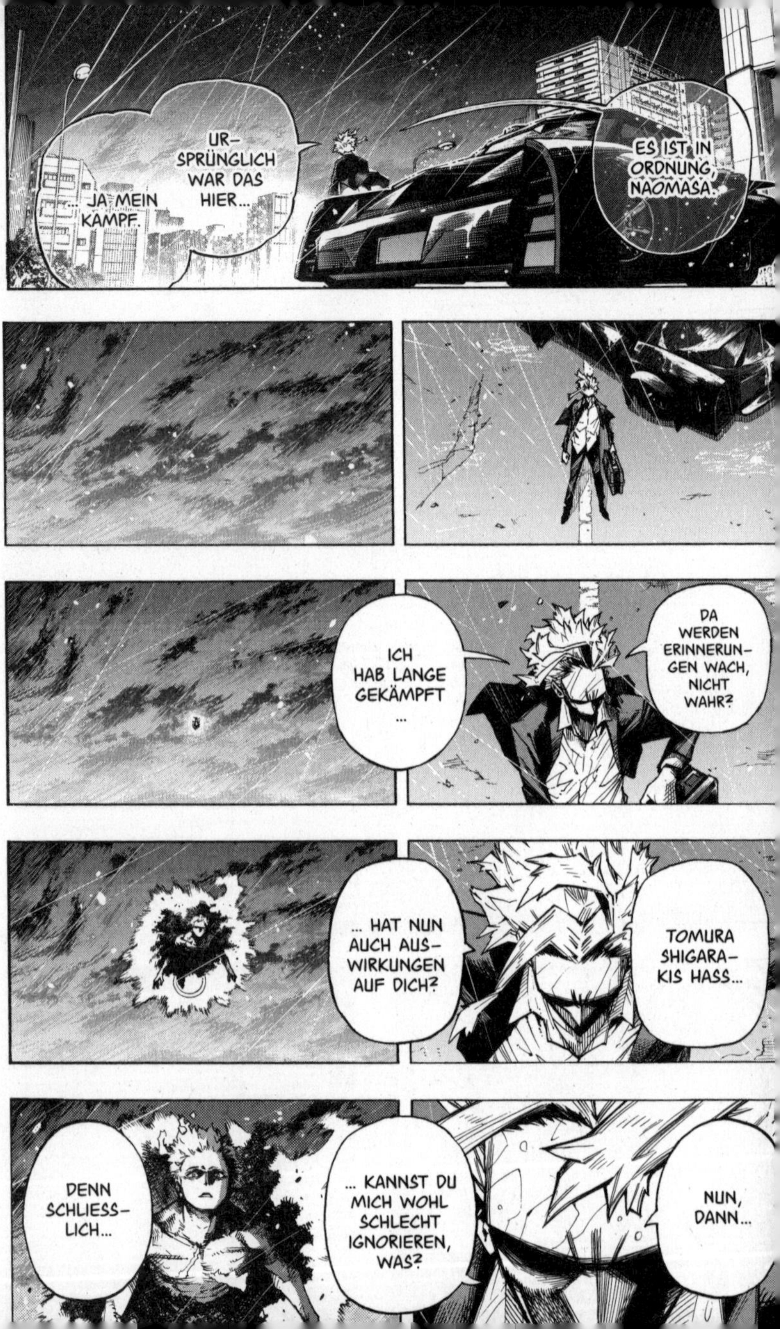
ES IST IN ORDNUNG, NAOMASA.
URSPRÜNGLICH WAR DAS HIER...
... JA MEIN KAMPF.
DA WERDEN ERINNERUNGEN WACH, NICHT WAHR?
ICH HAB LANGE GEKÄMPFT ...
TOMURA SHIGARAKIS HASS...
... HAT NUN AUCH AUSWIRKUNGEN AUF DICH?
NUN, DANN...
... KANNST DU MICH WOHL SCHLECHT IGNORIEREN, WAS?
DENN SCHLIESSLICH...

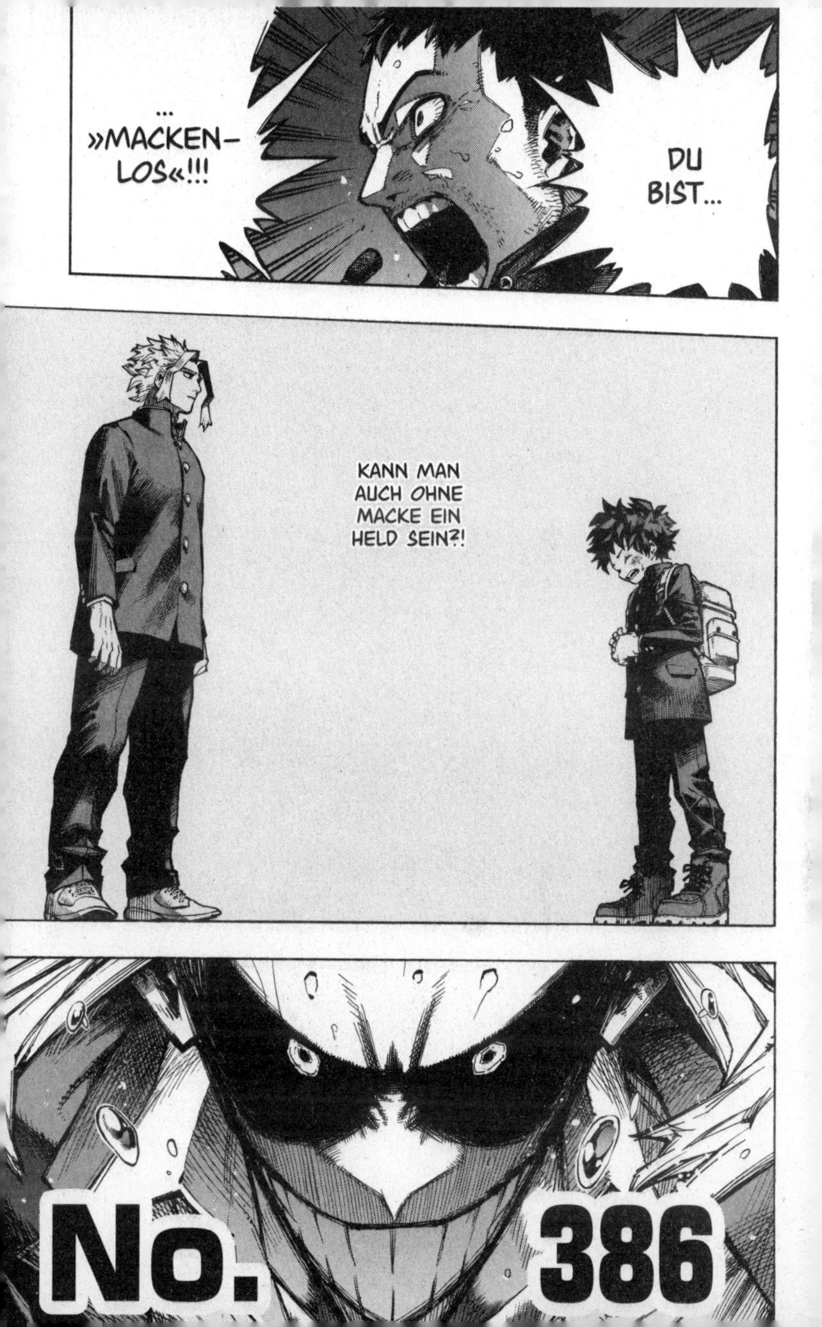
DU BIST...
... »MACKEN-LOS«!!!
KANN MAN AUCH OHNE MACKE EIN HELD SEIN?!
No. 386

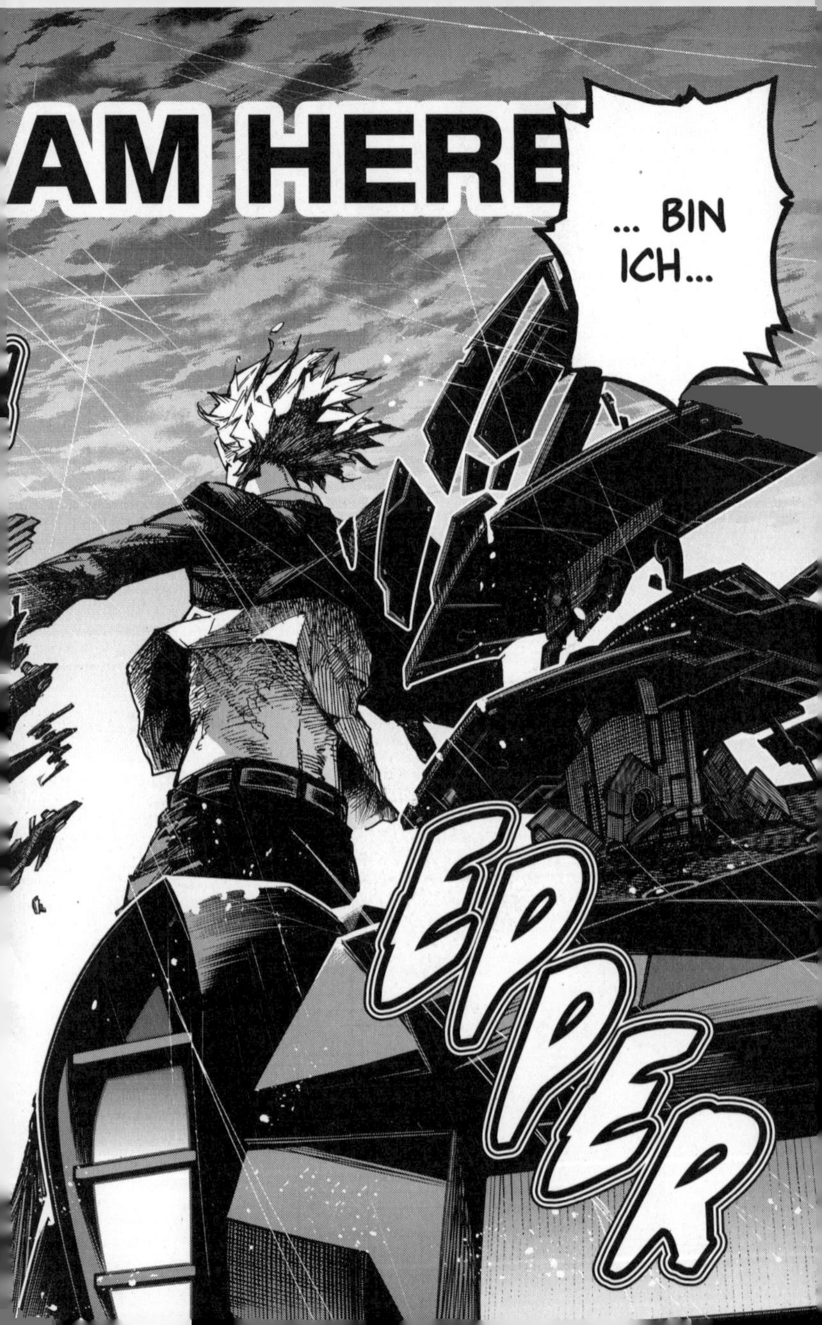
... BIN ICH...
AM HERE

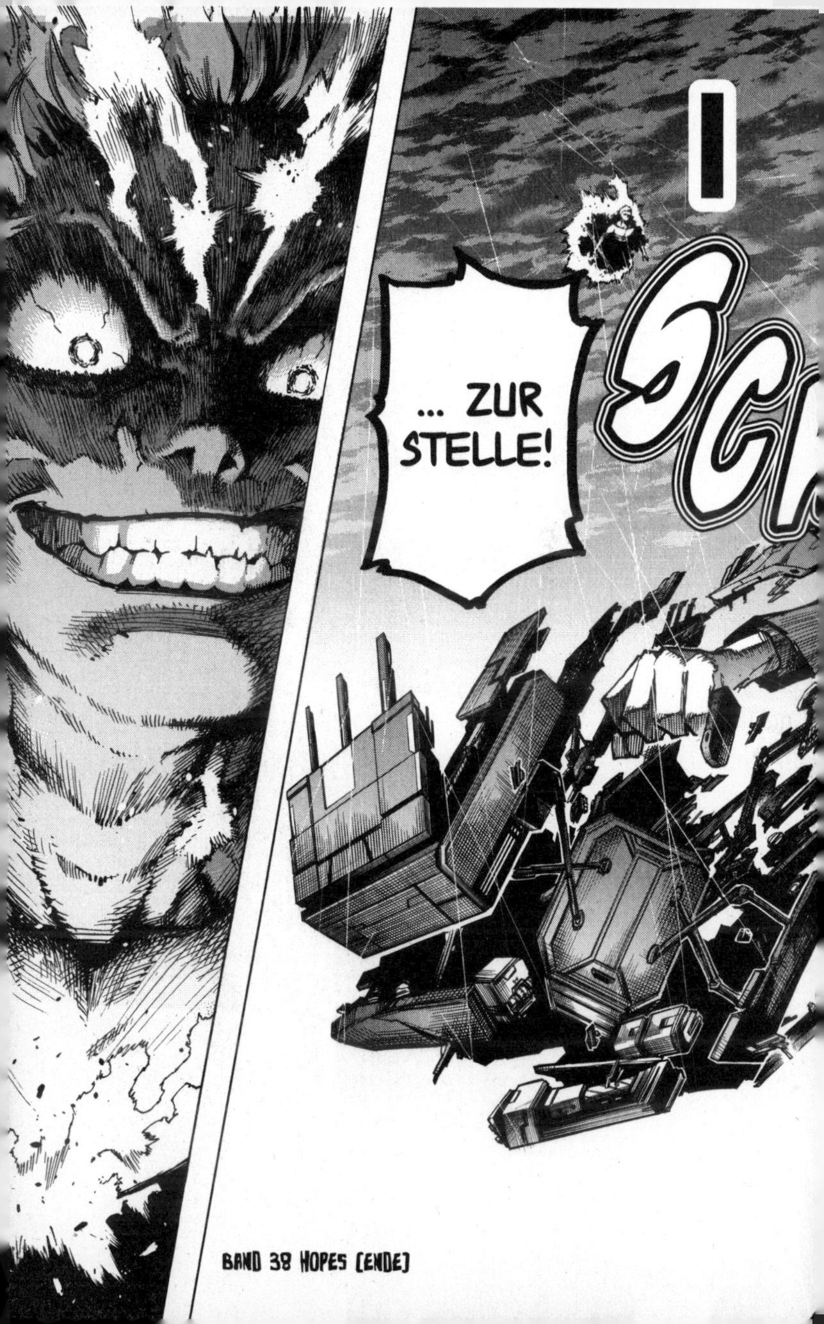
... ZUR STELLE!
BAND 38 HOPES [ENDE]

All Mights Auto und sein Aktenkoffer kamen in Band 32 vor. Es hat lange gedauert von der Einführung bis zum eigentlichen Einsatz.

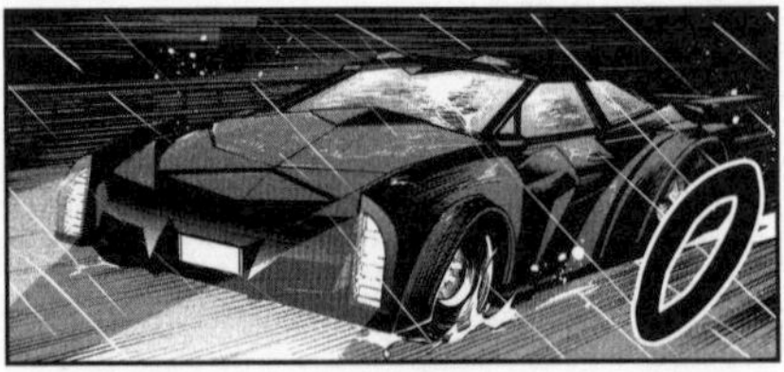

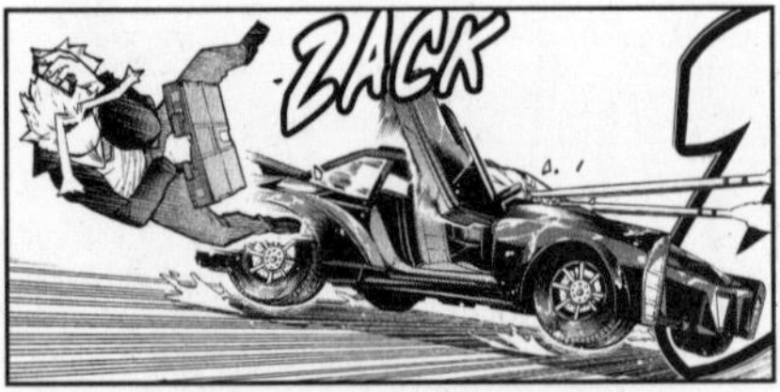

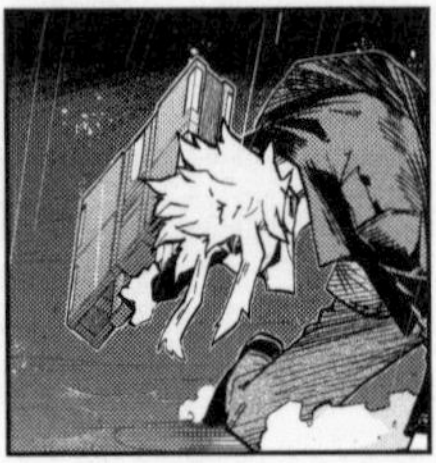

THE GASTBEITRAG

Auch dieses Mal habe ich wieder einen Gastbeitrag von Yoko Akiyama, der Zeichnerin des Spin-Off-Manga »Team Up Mission« bekommen!!
Ich freue mich!! Ich freue mich jedes Mal!!
Band 5 von »Team-Up Mission«, in meinem Inneren »Die unblutige, freundliche Hero Academia«, »Die wahre Hero Academia«, »Die New Hero Academia«, erscheint gleichzeitig mit diesem Band. Wen hat Yoko Akiyama wohl dieses Mal gezeichnet?! Blättert gleich mal um!

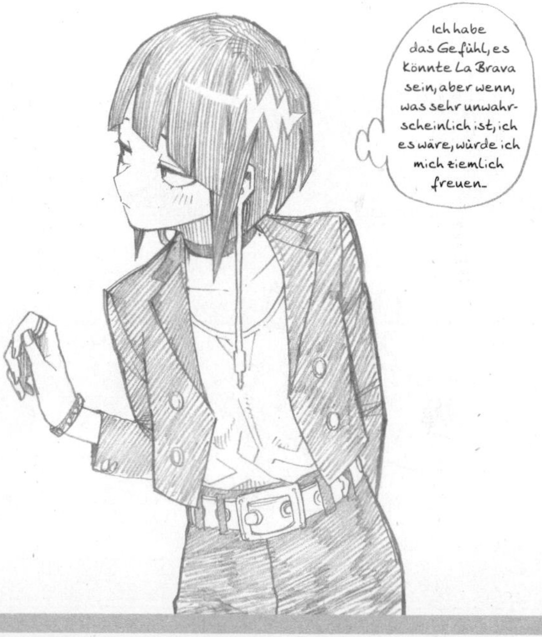

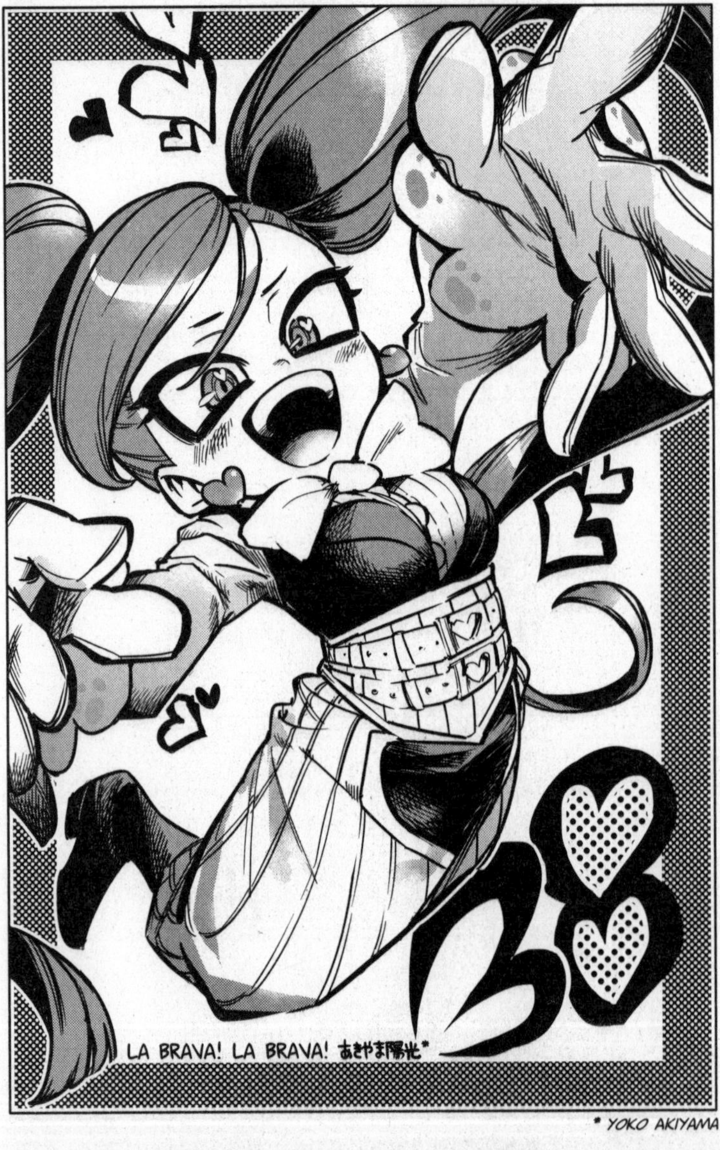

* YOKO AKIYAMA

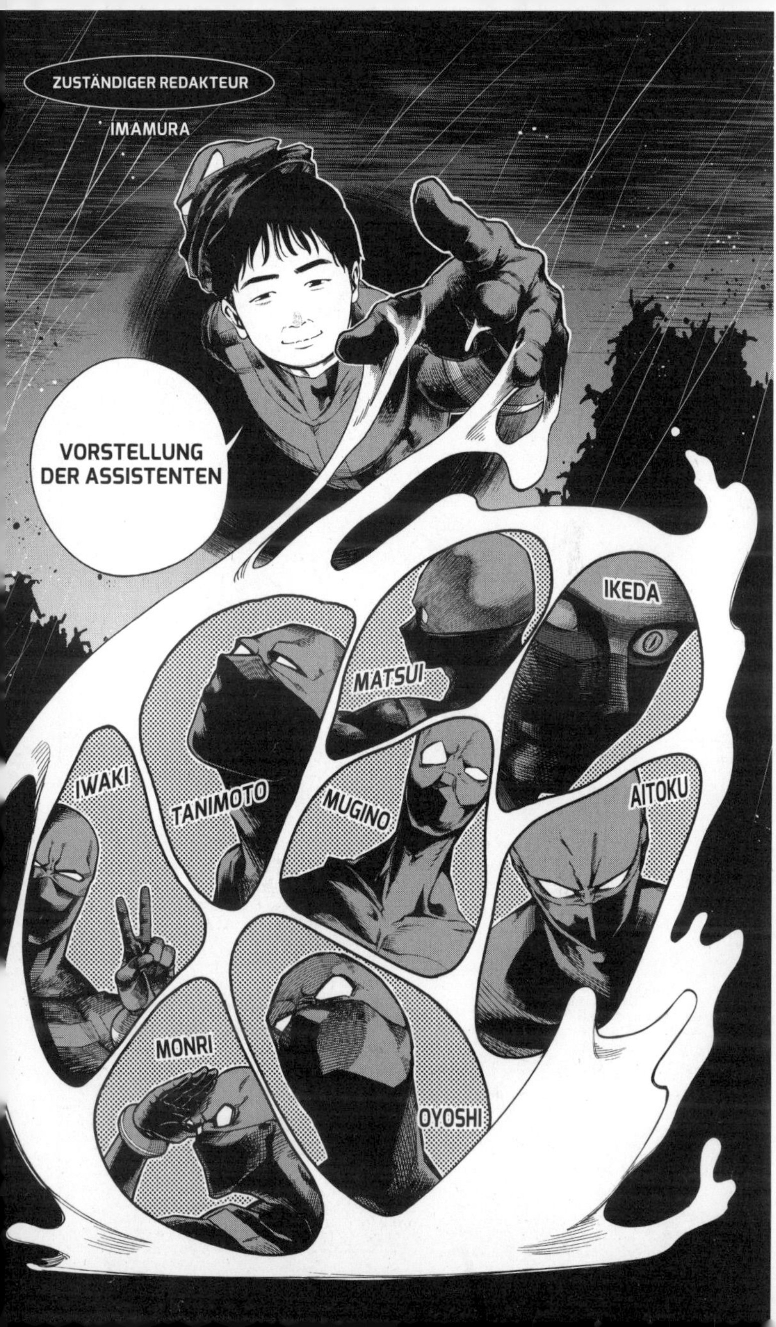
ZUSTÄNDIGER REDAKTEUR
IMAMURA
VORSTELLUNG DER ASSISTENTEN
IKEDA
MATSUI
TANIMOTO
IWAKI
MUGINO
AITOKU
MONRI
OYOSHI

HAAALT!

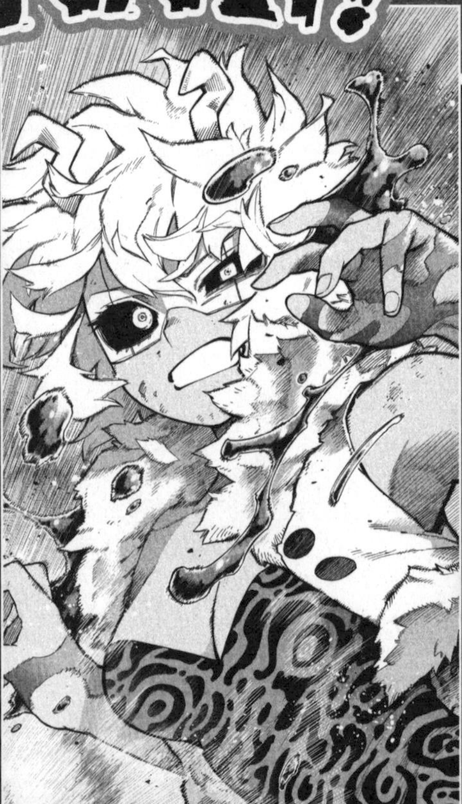

MY HERO ACADEMIA

ist eine japanische Serie, die originalgetreu von »hinten« nach »vorne« und von rechts nach links gelesen wird! Schlagt das Taschenbuch also »hinten« auf und blättert Seite für Seite nach »vorne« weiter! Auch die Bilder und Sprechblasen auf jeder Seite werden von rechts oben nach links unten gelesen, wie es in der Grafik gezeigt wird! Ihr seid alle Helden!

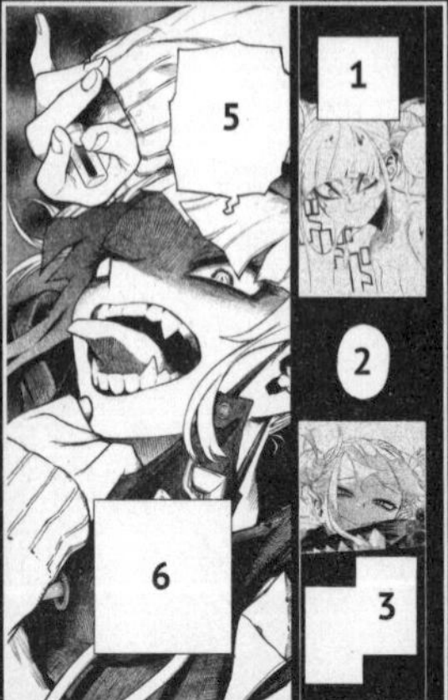